Start! 토익 보카 1500 $^{+\alpha}$

Start! 토익 보카 1500 $+\alpha$

2015년 7월 15일 초판 인쇄
2015년 7월 20일 초판 발행

지은이 김효상
발행인 손건
편집기획 손용희
마케팅 이언영
디자인 김선옥
제작 최승용
인쇄 선경프린테크

발행처 LanCom 랭컴
주소 서울시 영등포구 영신로 38길 17
등록번호 제 312-2006-00060호
전화 02) 2636-0895
팩스 02) 2636-0896
홈페이지 www.lancom.co.kr

ⓒ 김효상 2015
ISBN 978-89-98469-81-8 13740

이 책의 저작권은 저자에게 있습니다. 저자와 출판사의 허락없이
내용의 일부를 인용하거나 발췌하는 것을 금합니다.

토익 초보 후다닥 어휘부터 따라잡기

Start!
토익 보카 1500+α

김효상 지음

LanCom
Language & Communication

Preface

토익에 나오는 어휘는 **토플이나 텝스에 비해서 그 범위가 어느 정도 정해져** 있습니다.

그러므로 토익 단어 학습은 다른 시험에 비해서 쉽다고 할 수 있습니다.

그렇다고 해서 아무 책이나 무작정 붙잡고 단어를 외우는 것은 효율이 너무 떨어지겠지요.

토익 어휘는 제대로 된 토익 어휘책을 가지고 철저히 계획을 세워서 공부하면

길어도 50일이면 끝낼 수 있습니다.

이 책은 토익을 처음 보는 여러분들을 위해 개발된 것입니다.

어휘에 자신이 없는 분은 '이렇게 어려운 단어도?' 라고 하실 수도 있겠지만

이 책에 나온 단어들은 모두 토익에 출제된 적이 있는 것들입니다.

이 정도는 아셔야 토익 시험장에서 당황하지 않는다는 것입니다.

풀어야 할 문제는 많고 시간은 언제나 촉박한 것이 토익 시험이죠.

토익용 어휘를 제대로 공부하신다면 문제를 다 풀고 검토까지 마친 다음 여유 있게 답안지를 제출하실 수 있을 것입니다.

하루빨리 원하는 토익 점수를 획득하셔서 여러분의 꿈을 마음껏 펼치실 수 있기를 바랍니다.

I believe you can make it!

이 책의 특징

1. 토익에 출제되었던 어휘들 중 비교적 쉬운 어휘들을 난이도 순으로 수록했습니다.

2. 표제어의 파생어, 유의어, 반의어 등을 수록하여 입체적인 단어 학습을 도왔습니다.

3. 토익 어휘 학습에 초점을 맞춘 TOEIC Tips 를 다양하게 수록하여 흥미를 갖고 공부할 수 있게 했습니다.

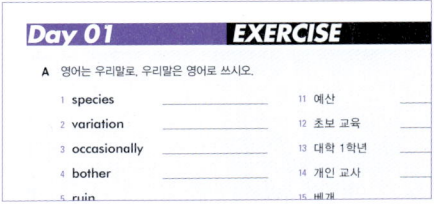

4. 하나의 DAY마다 연습 문제를 수록하여 곧바로 복습할 수 있도록 했습니다.

5. 단어를 빨리 암기하는 데 도움이 되는 짧은 암기구를 부록에 실었습니다.

이 책의 효과적인 활용법

1 이미 알고 있는 표제어는 예문을 한 번 읽어본 다음 넘어갑니다.

2 모르는 어휘는 일단 정확한 의미를 익히는 데 중점을 두어 학습합니다.

3 시간이 많지 않은 분들은 예문은 건너뛰고 암기구만 공부합니다.

4 이런 식으로 끝까지 한 번 다 공부한 뒤에는 유의어와 반의어, TOEIC Tips 까지 모두 함께 다시 한 번 봅니다.

5 Exercise는 처음부터 풀어볼 필요는 없고, 책을 한 번 정도 본 다음에 풀어 보면 좋습니다.

6 어휘는 복습을 하면 학습 효과가 몇 배로 늘어납니다. 이는 과학적으로 검증된 사실이기도 합니다. 하루에 공부한 어휘들을 몇 시간 뒤 또는 다음 날에 복습하고, 그 다음에는 3일, 그 다음에는 1주일, 이런 식으로 누적된 학습 내용을 간격을 늘려가며 복습합니다.

TOEIC이란 어떤 시험?

TOEIC은 Test Of English for International Communication의 약자로 영어가 모국어가 아닌 사람들을 대상으로 언어 본래의 기능인 '커뮤니케이션' 능력에 중점을 두고 일상생활 또는 국제 업무 등에 필요한 실용영어 능력을 평가하는 시험이다.

1979년 미국 ETS(Educational Testing Service)에 의해 개발된 이래 전 세계 약 90개 국가 9,000여 기관에서 승진 또는 해외파견 인원선발 등의 목적으로 널리 활용되고 있으며 우리나라에는 1982년 도입되었다.

현재 전 세계적으로 해마다 약 500만 명 이상이 응시하고 있다.

1 시험의 특징

- 영어의 4대 기능인 (말하기, 듣기, 읽기, 쓰기)의 종합적인 구사능력을 측정, 개인이 국제무대에 나아가 영어를 사용하여 어느 정도로 유창한 의사소통을 할 수 있는가를 알아보기 위해 개발된 시험이다.
- 타 영어 시험들은 수험자가 학교에서 배운 문법, 어휘, 독해 등에 관한 지식을 측정하는데 반해, TOEIC은 커뮤니케이션 수단으로서의 영어의 기능, 실용성을 측정 목표로 한다.
- 배운 내용을 바탕으로 하는 성취도 측정이 아니라 평소 가지고 있는 영어 활용 능력을 테스트하기 때문에 미리 준비하기가 쉽지 않지만, TOEIC의 구성과 특징, 출제 경향, 수험 요령 등은 숙지해 둘 필요가 있다.
- 2006년 5월부터는 현실적인 커뮤니케이션에 가까운 형태의 'New TOEIC'을 시행 중이다.
- 개정 NEW TOEIC은 보다 실제적인 커뮤니케이션에서 필요로 하는 영어 능력을 평가하기 위해 보다 현실에 입각한 상황이나 설정을 위해 지문을 장문화하고, 발음을 다양화(미국, 영국, 캐나다, 오스트레일리아, 뉴질랜드)하였으며, 틀린 문장 고치기는 삭제되었다.

2 출제분야 및 기준

TOEIC은 전 세계의 일상생활과 비즈니스 현장에서 자주사용 되는 말들이 문제로 출제된다. 이외 모든 응시자에 대한 타당한 시험이 될 수 있도록 다음과 같은 기준을 적용하고 있다.

- 어휘, 문법, 관용어 중에서 미국 영어에만 쓰이는 특정한 것은 피한다.
- 특정 문화에만 해당되거나 일부 문화권의 응시자에게는 생소할 수 있는 상황은 피한다.
- 여러 나라 사람의 이름을 고르게 등장시킨다.
- 다양한 문화와 성에 대한 편견이 없도록 유의한다.
- 듣기 평가에서는 다양한 국가(미국, 영국, 캐나다, 호주, 뉴질랜드)의 발음 및 악센트가 출제된다.

3 구성 및 등급

TOEIC은 Listening Comprehension(L/C)과 Reading Comprehension(R/C)으로 나뉘어 있으며, 각 섹션별로 100문항씩 총 200문항으로 이루어져 있다. 시험에 소요되는 시간은 대략 2시간 정도지만, 시험 전에 응시자들의 개인적인 신상이나 학력 그리고 경력 등에 관한 간단한 설문조사를 하는 답안지Orientation 시간이 추가적으로 필요하므로 약 2시간 30분 정도가 소요된다.

● 구성

구성	Part	Part별 내용		문항수	시간	배점
LC	1	사진 묘사		10	45분	495점
	2	질의 응답		30		
	3	짧은 대화		30		
	4	설명문		30		
RC	5	단문 공란 메우기 (문법/어휘)		40	75분	495점
	6	장문 공란 메우기		12		
	7	독해	1개의 문장	28		
			2개의 문장	20		
Total		7Parts		200문제	120분	990점

● 토익 점수와 의사소통 능력 상관표

테스트	Part	내용
A	860 이상	**Non-native로서 충분한 커뮤니케이션을 할 수 있다.** Native speaker의 수준에는 아직 미달되지만, 어휘, 문법 구문을 정확하게 파악하고 유창하게 영어를 구사할 수 있다.
B	730 이상	**어떤 상황에서도 적절한 커뮤니케이션을 할 수 있는 바탕을 갖추고 있다.** 일상 회화는 완전히 이해하고 응답도 빠르다. 정확성과 유창함에는 개인차가 있으며, 문법, 구문상의 잘못이 발견될 수 있으나 의사소통에 지장을 줄 정도는 아니다.
C	470 이상	**일상생활의 필요를 충족하고, 한정된 범위 내에서는 업무상의 커뮤니케이션이 가능하다.** 기본적인 문법, 구문은 익히고 있으며, 표현은 모자라지만 그런대로 자기의 사를 전달하는 어휘력을 갖추고 있다
D	220 이상	**일상 회화에서 최저한의 커뮤니케이션이 가능하다.** 상대방이 천천히 말하거나 되풀이 하여 말하면, 간단한 회화는 이해할 수 있다. 회화 문법 구문 모두 불충분한 점이 많으나, 상대방이 Non-native에게 각별한 배려를 해주면 의사소통을 할 수 있다.
E	220 미만	**커뮤니케이션을 할 수 있는 단계에 이르지 못했다.** 간단한 회화를 상대방이 천천히 말해도 부분적으로 밖에 이해하지 못한다. 단편적으로 단어를 나열하는 정도로서, 실질적인 의사소통은 어려운 단계이다.

○ **일러두기**

n. 명사　　*v.* 동사　　*a.* 형용사　　*ad.* 부사　　*prep.* 전치사　　*conj.* 접속사
pl. 복수형　　= 유의어　　↔ 반의어

Contents

Preface _ 4
이 책의 특징 _ 5
이 책의 효과적인 활용법 _ 6
TOEIC이란 어떤 시험? _ 7

Basic Stage

Day 01 _ 14
Day 02 _ 20
Day 03 _ 26
Day 04 _ 32
Day 05 _ 38
Day 06 _ 44
Day 07 _ 50
Day 08 _ 56
Day 09 _ 62
Day 10 _ 68
Day 11 _ 74

Essential Stage

Day **12** _ 82
Day **13** _ 88
Day **14** _ 94
Day **15** _ 100
Day **16** _ 106
Day **17** _ 112
Day **18** _ 118
Day **19** _ 124
Day **20** _ 130
Day **21** _ 136
Day **22** _ 142
Day **23** _ 148
Day **24** _ 154
Day **25** _ 160
Day **26** _ 166
Day **27** _ 172
Day **28** _ 178
Day **29** _ 184
Day **30** _ 190

Advanced Stage

Day **31** _ 198
Day **32** _ 204
Day **33** _ 210
Day **34** _ 216
Day **35** _ 222
Day **36** _ 228
Day **37** _ 234
Day **38** _ 240
Day **39** _ 246
Day **40** _ 252
Day **41** _ 258
Day **42** _ 264
Day **43** _ 270
Day **44** _ 276
Day **45** _ 282
Day **46** _ 288
Day **47** _ 294
Day **48** _ 300
Day **49** _ 306
Day **50** _ 312

Day 01

0001. boycott [bɔ́ikɑt]

n. v. 불매 동맹(을 맺다), 배척(하다)

They are asking people to **boycott** goods from sweatshops. 그들은 근무환경이 열악한 공장에서 생산한 제품의 불매 운동을 벌이고 있다.

0002. imitation [ìmətéiʃən]

imitate *v.* 흉내 내다

n. 모조품, 성대모사 = **impersonation**

He does an **imitation** of all the teachers. 그는 모든 선생들을 흉내 낸다.

0003. budget [bʌ́dʒit]

budgetary *a.* 예산의

n. 예산

The movie was made on a tight **budget**. 그 영화는 빠듯한 예산으로 만들었다.

0004. neighborhood [néibərhùd]

neighbor *n.* 이웃

n. 근처, 동네 = **vicinity**

He and I grew up in the same **neighborhood**. 그와 나는 어렸을 때 같은 동네에서 살았다.

0005. species [spíːʃiːz]

n. 〈생물〉 종(種)

There are many **species** of cats. 고양이 종은 여러 가지가 있다.

☐ boycott   ☐ imitation   ☐ budget   ☐ neighborhood   ☐ species

Day 01

0006. variation
[vèəriéiʃən]
vary v. 다르다

n. 변화 = **alteration**, 차이
Fuel prices are subject to **variation**.
연료비는 수시로 달라질 수 있다.
▶ 507 vary

0007. occasionally
[əkéiʒənəli]
occasional a. 드문드문한

ad. 가끔, 때때로 = **sometimes**
The flu can be fatal **occasionally**.
인플루엔자는 가끔 치명적일 수도 있다.

0008. ruin
[rú(:)in]

v. 부수다 = **wreck** n. 파괴 = **destruction**, 폐허
The rain **ruined** our picnic.
비가 우리 소풍을 망쳤다.

0009. bother
[báðər]
bothersome a. 성가신

v. 괴롭히다, 성가시게 하다 = **irritate**, **disturb**
I'm sorry to **bother** you.
귀찮게 해서 미안합니다.

0010. orientation
[ɔ̀:riəntéiʃən]
orientate v. 겨누다

n. 지향점 = **aim**, 성향, 초보 교육 = **adaptation**
You'd better take an **orientation** course.
초보 교육을 받는 것이 좋겠다.

0011. freshman
[fréʃmən]

n. 〈고교, 대학〉 1학년
He's a **freshman** at Harvard.
그는 하버드대 1학년이다.

☐ variation ☐ occasionally ☐ ruin ☐ bother ☐ orientation ☐ freshman

Basic Stage

0012. **sophomore**
[sáfəmɔ̀ːr / sɔf-]

n. 〈고교, 대학〉 2학년들

She's a **sophomore** at Cambridge.
그녀는 캠브리지대 2학년이다.

0013. **junior**
[dʒúːnjər]

n. 대학 3학년, 연하 ↔ **senior**

He's my **junior** by three years.
그는 나보다 세 살 어리다.

0014. **senior**
[síːnjər]

n. 대학 4학년, 연상 ↔ **junior**

His wife is his **senior** by four years.
그의 아내는 그보다 네 살 많다.

0015. **tutor**
[tjúːtər]
tutorial *n.* 초보용 교재

n. 개인 교사

A lot of college students make money as **tutors**.
많은 대학생들이 개인교사로 일해서 돈을 번다.

0016. **ashamed**
[əʃéimd]
shame *n.* 치욕

a. 창피해하는 = **regretful**

I felt **ashamed** of what I said to her.
나는 그녀에게 했던 말이 창피스러웠다.

0017. **circumstance**
[sɔ́ːrkəmstæns / -stəns]
circumstantial *a.* 상황의

n. 사정, 상황 = **situation**

He died in suspicious **circumstances**.
그가 죽은 상황이 석연치 않았다.

☐ sophomore ☐ junior ☐ senior ☐ tutor ☐ ashamed ☐ circumstance

Day 01

0018. pillow
[pílou]

n. 배개

I fell asleep as soon as my head hit the **pillow**.
나는 베개를 베자마자 잠이 들었다.

0019. persuade
[pərswéid]

persuasion *n.* 설득
persuasive *a.* 설득력 있는

v. 설득하다 = **induce** ↔ **dissuade**

I **persuaded** her to see a doctor.
나는 그녀를 설득해 병원에 가 보게 했다.

0020. register
[rédʒəstər]

registration *n.* 등록
registry *n.* 등기

v. 등록하다 = **enroll**

The couple has not yet **registered** the baby's birth.
그 부부는 아직 아기의 출생신고를 하지 않았다.

0021. awful
[ɔ́:fəl]

a. 끔찍한, 심한 = **terrible, horrible**

The weather was **awful**, so we had to call off the game. 날씨가 무척 안 좋아서 우리는 경기를 취소해야 했다.

TOEIC Tips awesome *a.* 멋진, 굉장한

0022. historical
[histɔ́(:)rikəl]

history *n.* 역사
historic *a.* 역사적으로 중요한
historian *n.* 역사가

a. 역사의, 실제 있었던

The bridge is of **historical** importance.
그 다리는 역사적인 중요성을 지닌다.

0023. characteristic
[kæ̀riktərístik]

character *n.* 성격

a. 특유의 = **distinctive** *n.* 특성 = **trait**

The two kids have quite different **characteristics**.
두 아이는 많이 다른 특성을 보인다.

☐ pillow ☐ persuade ☐ register ☐ awful ☐ historical ☐ characteristic

Basic Stage

0024. illustrate
[íləstrèit]
illustration *n.* 묘사

v. 그림을 넣다, 증명하다 = **demonstrate**

Most children prefer **illustrated** books.
대부분의 아이들은 그림이 있는 책을 더 좋아한다.

0025. originate
[ərídʒənèit]
origin *n.* 기원
original *a.* 독창적인

v. 생겨나다 = **result**, 만들다 = **create**

AIDS is thought to have **originated** in Africa.
에이즈는 아프리카에서 생긴 것으로 여겨진다.

0026. substance
[sʌ́bstəns]

n. 물질 = **material**, 실체

What is this sticky **substance**?
이 끈적거리는 건 뭐야?

0027. leak
[liːk]
leaky *a.* 새는

v. 새다, 누설하다 = **disclose** *n.* 누출

The list has been **leaked** to the press.
그 명단이 언론에 새어나갔다.

0028. decline
[dikláin]

v. 거절하다 = **reject, refuse**, 쇠퇴하다 = **lessen**

His health is **declining** rapidly.
그의 건강이 급격히 나빠지고 있다.

0029. livestock
[láivstàk / -stɔ̀k]

n. 가축

Livestock is usually kept in the barn in winter.
대개 겨울에는 외양간에서 가축을 키운다.

☐ illustrate ☐ originate ☐ substance ☐ leak ☐ decline ☐ livestock ☐ amaze

0030. **amaze**

[əméiz]

amazing *a.* 무척 놀라운
amazement *n.* 경악

v. 무척 놀라게 하다 = **astonish, astound**

I was **amazed** by his knowledge.
나는 그의 학식에 무척 놀랐다.

Day 01 EXERCISE

A 영어는 우리말로, 우리말은 영어로 쓰시오.

1. species _____
2. variation _____
3. occasionally _____
4. bother _____
5. ruin _____
6. sophomore _____
7. circumstance _____
8. characteristic _____
9. originate _____
10. imitation _____

11. 예산 _____
12. 초보 교육 _____
13. 대학 1학년 _____
14. 개인 교사 _____
15. 베개 _____
16. 설득하다 _____
17. 등록하다 _____
18. 새다 _____
19. 거절하다 _____
20. 가축 _____

B 다음 중 알맞은 어휘를 고르시오.

1. He and I grew up in the same [ⓐ neighbor / ⓑ neighborhood].

2. The bridge is of [ⓐ historical / ⓑ historian] importance.

3. The weather was [ⓐ awful / ⓑ awesome], so we had to call off the game.

정답 A 1. 종 2. 변화 3. 때때로 4. 성가시게 하다 5. 망치다 6. 2학년 7. 환경 8. 특유의, 특성 9. 생겨나다, 만들다 10. 모조품, 성대모사 11. budget 12. orientation 13. freshman 14. tutor 15. pillow 16. persuade 17. register 18. leak 19. deciine 20. livestock B 1. ⓑ 2. ⓐ 3. ⓐ

Basic Stage

월 일

0031. uncomfortable
[ʌnkʌ́mfərtəbl]
uncomfortably *ad.* 불편하게

a. 불편한, 불쾌한 = **discomforting** ↔ **comfortable**

I couldn't stand the **uncomfortable** silence.
나는 불편한 침묵을 참을 수가 없었다.

0032. exhibit
[igzíbit]
exhibition *n.* 전시(회)

v. 전시하다, 보이다 = **display** ↔ **conceal**

The painter is **exhibiting** in the art gallery.
그 화가는 미술관에서 전시회를 하고 있다.

0033. disappoint
[dìsəpɔ́int]
disappointment *n.* 실망

v. 실망시키다 = **dismay**

His cancellation of the concert **disappointed** his fans.
그의 공연 취소는 팬들을 실망시켰다.

0034. recently
[ríːsntli]
recent *a.* 최근의

ad. 최근에 = **lately**

I talked with him on the phone **recently**.
나는 얼마 전 그와 통화를 했다.

0035. pill
[pil]

n. 알약

Why don't you take some vitamin **pills** every day?
매일 비타민 약을 좀 먹는 게 어떠니?

☐ uncomfortable ☐ exhibit ☐ disappoint ☐ recently ☐ pill

Day 02

0036. further
[fə́ːrðər]

a. 더 먼, 더 심한 *ad.* 더 멀리, 더 심하게 = **farther**

The post office is **further** down the road.
우체국은 길을 좀 더 내려가면 있다.

0037. suck
[sʌk]

v. 빨다, 빨아먹다 = **absorb**

The girl **sucked** on a candy.
그 소녀는 사탕을 빨아먹었다.

0038. flatter
[flǽtər]

flattery *n.* 아첨

v. 아첨하다 = **adulate, praise**

It's no use trying to **flatter** me.
나한테 잘 보이려고 해 봤자 소용없어.

0039. bud
[bʌd]

n. 봉오리, 꽃눈, 잎눈 = **sprout**

The first **buds** of the tree are appearing.
나무의 새눈이 돋아나고 있다.

0040. struggle
[strʌ́gl]

n. 투쟁 = **strife**
v. 발버둥 치다, 애쓰다 = **endeavor, strive**

She **struggled** for breath.
그녀는 가쁘게 숨을 쉬었다.

0041. lack
[læk]

n. 부족함, 결핍 = **scarcity, shortage**
v. 부족하다, 없다

The building **lacks** basic amenities.
그 건물에는 편의시설이 부족하다.

☐ further ☐ suck ☐ flatter ☐ bud ☐ struggle ☐ lack

Basic Stage

0042. **ordinary**
[ɔ́ːrdənèri / ɔ́ːdənəri]
ordinarily *ad.* 보통은

a. 평범한 = **common** ↔ **extraordinary**

He had a very **ordinary** childhood.
그는 아주 평범한 어린 시절을 보냈다.

0043. **popular**
[pɑ́pjələr / pɔ́p-]
popularity *n.* 인기

a. 인기 있는, 대중적인 = **pop** ↔ **unpopular**

The idol group is very **popular** now.
그 아이돌 그룹은 요즘 인기가 높다.

0044. **unfortunately**
[ʌnfɔ́ːrtʃənitli]
unfortunate *a.* 운 없는

ad. 불행히도, 운 없게도
= **regrettably** ↔ **fortunately**

Unfortunately, I can't make it to the meeting.
아쉽지만 나는 회의에 갈 수 없다.

0045. **normally**
[nɔ́ːrməli]
normal *a.* 보통의
normalcy *n.* 평소

ad. 일반적으로 = **generally**, 평소대로

It's **normally** much colder than this in December.
보통 12월은 이보다 훨씬 더 춥다.

0046. **relax**
[rilǽks]
relaxation *n.* 쉼

v. 푹 쉬다, 긴장을 풀다 = **unwind**

Relax. You'll be O.K.
긴장 풀어. 괜찮을 거야.

0047. **operation**
[ὰpəréiʃən / ɔ̀p-]
operate *v.* 작동하다, 수술하다

n. 작동, 수술 = **surgery**

Operation of the equipment is quite simple.
그 장비의 작동은 아주 간단하다.

☐ ordinary ☐ popular ☐ unfortunately ☐ normally ☐ relax ☐ operation

Day 02

0048. fix
[fiks]

v. 확정하다 = **set**, 고치다 = **repair**, **mend**
Their wedding date has not been **fixed** yet.
그들의 결혼일은 아직 정해지지 않았다.

0049. sack
[sæk]

n. 자루, 포대 = **bag**, **pouch**
He was carrying a **sack** of potatoes.
그는 감자 한 포대를 나르고 있었다.

0050. dumb
[dʌm]

a. 멍청한 = **stupid**,
  말을 못하는 = **speech-impaired**
He's too **dumb** to succeed.
그는 너무 멍청해서 성공하지 못한다.

0051. crush
[krʌʃ]

v. 으깨다 = **squeeze**,
  진압하다 = **put down**, **quash**
Riot police were sent in to **crush** the rebellion.
폭동을 진압하기 위해 전경이 투입되었다.

0052. progress
[prágrəs / próug-]

progressive *a.* 진보적인

n. 발전, 진보, 진척
Lack of training acts as a block to **progress** in career.
교육을 잘 받지 못하면 사회에 나가 일을 할 때 발전에 걸림돌이 된다.

0053. positive
[pázətiv / póz-]

a. 긍정적인, 효과적인, 양성의 ↔ **negative**
He made a very **positive** contribution to the success of the project.
그는 그 프로젝트의 성공에 대단히 효과적인 기여를 했다.

☐ fix ☐ sack ☐ dumb ☐ crush ☐ progress ☐ positive

Basic Stage

0054. **cash**
[kæʃ]

n. 현금 *v.* 현금으로 바꾸다

I had to **cash** the checks as the clerk wouldn't take them.
점원이 수표를 안 받으려 해서 수표를 현금으로 바꿔야 했다.

0055. **denial**
[dináiəl]
deny *v.* 부인하다

n. 부정, 부인, 거절 = **rejection**

His **denial** of his heart condition keeps him from getting the medical care he needs for it.
자기는 심장병에 걸리지 않았다고 부정하는 바람에 그가 받아야 할 치료를 못 받고 있다.

0056. **alternative**
[ɔːltə́ːrnətiv]
alternate *v.* 번갈아 하다
alternatively *ad.* 양자택일로

n. 대안 *a.* 대안적인

Alternative medicine has been gaining credence.
대체 의학이 점점 더 널리 받아들여지고 있다.

0057. **coworker**
[kóuwə̀ːrkər]

n. 동료 = **colleague**

My **coworker** was sick, so I had to fill in for him.
동료가 아파서 내가 그의 일을 대신 해야 했다.

0058. **specific**
[spisífik]
specifically *ad.* 구체적으로

a. 특정한 = **particular**,
　　구체적인 = **concrete**, **precise**

The gene is activated by a **specific** protein.
유전자는 특정 단백질에 의해 활성화된다.

0059. **refill**
[riːfíl]
refillable *a.* 다시 채워 쓸 수 있는

v. 다시 채우다 *n.* 한 잔 더

He emptied his glass and asked for a **refill**.
그는 잔을 비우고는 한 잔 더 달라고 했다.

☐ cash　☐ denial　☐ alternative　☐ coworker　☐ specific　☐ refill　☐ application

Day 02

application
[ǽplikéiʃən]

apply *v.* 신청하다, 적용하다
applicant *n.* 신청자

n. 신청, 적용, 응용

Address your application to the personnel manager. 지원서의 수취인 란에 인사부장이라고 적어라.
▶ 1060 **apply** / 1099 **applicant**

Day 02   *EXERCISE*

A 영어는 우리말로, 우리말은 영어로 쓰시오.

1. specific _____
2. coworker _____
3. denial _____
4. crush _____
5. bud _____
6. popular _____
7. progress _____
8. operation _____
9. recently _____
10. ordinary _____

11. 다시 채우다 _____
12. 현금 _____
13. 긍정적인 _____
14. 실망시키다 _____
15. 아첨하다 _____
16. 알약 _____
17. 빨아먹다 _____
18. 발버둥 치다 _____
19. 푹 쉬다 _____
20. 부족하다 _____

B 다음 중 알맞은 어휘를 고르시오.

1. Address your [ⓐ application / ⓑ applicant] to the personnel manager.

2. [ⓐ Alternate / ⓑ Alternative] medicine has been gaining credence.

3. It's [ⓐ normalcy / ⓑ normally] much colder than this in December.

정답 **A** 1. 특정한, 구체적인 2. 동료 3. 부정, 부인 4. 으깨다, 진압하다 5. 봉오리, 꽃눈 6. 인기 있는 7. 발전 8. 작동, 수술 9. 최근에 10. 평범한 11. refill 12. cash 13. positive 14. disappoint 15. flatter 16. pill 17. suck 18. struggle 19. relax 20. lack **B** 1. ⓐ 2. ⓑ 3. ⓑ

Basic Stage

월   일

0061. **equipment**
[ikwípmənt]
equip v. 장비를 주다

n. 기구, 장비

All the **equipment** must be cleaned down regularly. 모든 장비를 정기적으로 청소해 주어야 한다.

0062. **institution**
[ìnstətjúːʃən]
institutional a. 기관의
institutionalize v. 기관에 보내다

n. 기관, 조직, 제도

A major study of women and heart disease is being carried out by the medical **institution**. 여성과 심장병에 관한 대규모 연구가 그 의료기관에 의해 이루어지고 있다.

0063. **medical**
[médikəl]
medicine n. 의학, 약

a. 의학의, 의료의

Everyone has the right to good **medical** care regardless of their ability to pay. 누구나 의료비 지불 능력에 상관없이 양질의 진료를 받을 권리가 있다.

0064. **reward**
[riwɔ́ːrd]

n. v. 보상(하다)

He was **rewarded** for his efforts with a cash bonus. 그는 노력에 대한 보상을 현금 보너스로 받았다.

0065. **nearly**
[níərli]

ad. 거의 = **almost**

There isn't **nearly** enough time to get there. 거기까지 갈 시간이 너무나 부족하다.

☐ equipment   ☐ institution   ☐ medical   ☐ reward   ☐ nearly

Day 03

0066. outer [áutər]

a. 외부의, 맨 바깥의 = **external** ↔ **inner**

Boil the beans for ten minutes and then remove the tough **outer** skin.
콩을 10분 동안 삶은 다음 거친 바깥쪽 껍질을 벗겨 내시오.

0067. penny [péni]

n. 1센트

You have to account for every **penny** you spend on your business trips.
출장 다닐 때 쓰는 모든 돈의 용도를 밝혀야 한다.

0068. profit [práfit / prɔ́f-]

profitable *a.* 이익을 내는

n. 이익, 수익 = **benefit** ↔ **loss**

It was astonishing that the independent movie turned a **profit**.
그 독립영화가 수익을 낸 것은 무척 놀라운 일이었다.

0069. resource [ríːsɔːrs / rizɔ́ːrs]

n. 자원

Time is the most valuable **resource** for those taking TOEIC.
토익 수험생들에게 시간은 가장 귀중한 자원이다.

0070. gallery [gǽləri]

n. 전시관, 2층석 = **balcony**

We could only afford seats up in the **gallery**.
우리는 2층 좌석밖에 살 수가 없었다.

0071. luxury [lʌ́kʃəri]

luxurious *a.* 사치스러운

n. 사치, 호화 = **extravagance**, 호사 = **indulgence**

It was a **luxury** if you had a refrigerator in those days. 그 당시에 냉장고를 갖고 있는 것은 사치였다.

☐ outer ☐ penny ☐ profit ☐ resource ☐ gallery ☐ luxury

Basic Stage

0072. well-known
[wel noun]

a. 유명한 = **noted, renowned**, 널리 알려진
It is a **well-known** fact that caffeine is addictive.
카페인이 중독성 물질이라는 것은 잘 알려진 사실이다.

0073. sensitive
[sénsətiv]
sensitivity *n.* 민감함

a. 민감한, 예민한 ↔ **insensitive**
Cosmetics for **sensitive** skins are not very expensive.
민감한 피부를 위한 화장품은 그렇게 비싸지 않다.

0074. conclude
[kənklú:d]

v. 결론짓다
The report **concluded** that the cheapest option was to demolish the factory. 그 보고서의 결론은 공장을 철거하는 것이 가장 비용이 덜 드는 방법이라는 것이었다.
▶ 1349 **conclusion**

0075. accurate
[ǽkjərit]
accuracy *n.* 정확함

a. 정확한 = **correct**
An **accurate** diagnosis is essential for treatment of disease.
질병을 치료하기 위해서는 정확한 진단이 필수적이다.

0076. reaction
[ri:ǽkʃən]
react *v.* 반응하다

n. 반응, 반작용
It set off a chain **reaction** in the international money markets.
그것은 국제 통화 시장에서 연쇄 반응을 일으켰다.

0077. length
[leŋkθ]
lengthen *v.* 연장하다

n. 길이, 기간
He clipped off a **length** of wire.
그는 철사를 길게 잘라냈다.

☐ well-known ☐ sensitive ☐ conclude ☐ accurate ☐ reaction ☐ length

Day 03

0078. oven
[ʌ́vən]

n. 오븐, 화덕

Open the windows, it's like an **oven** in here.
창문 좀 열어. 안이 찜통 같네.

0079. ceremony
[sérəmòuni / -məni]
ceremonial *a.* 예식의

n. 예식, 의식

The wedding preparations take weeks but the actual **ceremony** takes less than an hour.
결혼식 준비는 몇 주일이 걸리는데 실제 결혼식은 한 시간도 안 걸린다.

0080. quantity
[kwántəti / kwɔ́n-]
quantitative *a.* 양의

n. 양, 분량 = **amount** ↔ **quality**

The data is insufficient in terms of both quality and **quantity**.
그 정보는 질과 양 두 측면 모두 충분치 못하다.

0081. rapid
[rǽpid]
rapidity *n.* 빠름

a. 빠른, 급격한

We live in an age of **rapid** technological advance.
우리는 급속한 기술 진보의 시대에 살고 있다.

0082. block
[blak / blɔk]

n. 구획 *v.* 가로막다, 못 하게 하다

The high-rise **blocked** the view from the window.
그 고층건물이 창밖의 시야를 가로막았다.

0083. employee
[implɔ́ii: / èmplɔií]
employ *v.* 고용하다

n. 직원 ↔ **employer**

The management is trying to keep **employee** motivation high.
경영진은 직원들의 의욕을 높게 유지하기 위해 노력하고 있다.

☐ oven ☐ ceremony ☐ quantity ☐ rapid ☐ block ☐ employee

Basic Stage

0084. **custom**
[kʌ́stəm]
customary *a.* 관습적인

n. 관습 = **practice**, 습관 = **habit**

As was his **custom**, he cleared his throat.
그는 습관적으로 목청을 가다듬었다.

0085. **close**
[klouz]
closure *n.* 폐업

v. 영업을 끝내다 ↔ **open** *a.* 가까운 *ad.* 가까이

The department store has been **closed** for renovation.
그 백화점은 보수공사 때문에 영업을 하지 않았다.

0086. **talent**
[tǽlənt]
talented *a.* 재능 있는

n. 재능, 인재

The company is crying out for fresh new **talent**.
그 회사는 새롭고 참신한 인재를 절실히 구하고 있다.

0087. **experiment**
[ikspérəmənt]
experimental *a.* 실험적인

n. 실험 *v.* 실험하다

Some people do not like the idea of **experimenting** on animals.
어떤 사람들은 동물을 대상으로 실험한다는 것을 좋아하지 않는다.

0088. **influence**
[ínfluːəns]
influential *a.* 영향을 주는

n. 영향 = **effect** *v.* 영향을 주다

The wording of questions can **influence** how people answer. 어떤 말을 사용해서 질문하느냐에 따라 사람들의 대답이 달라질 수 있다.

0089. **exist**
[igzíst]
existing *a.* 기존의
existent *a.* 존재하는
existence *n.* 존재, 생존

v. 존재하다, 생존하다 = **survive**

The sea turtle may soon cease to **exist**.
얼마 안 있어 바다거북이 멸종할지도 모른다.

☐ custom ☐ close ☐ talent ☐ experiment ☐ influence ☐ exist ☐ duty

Day 03

0090. **duty**
[djúːti]

n. 세금, 관세 = **customs**, 의무, 업무

Most countries impose heavy **duties** on cigarettes.
대부분의 국가가 담배에 무거운 세금을 물린다.

Day 03 EXERCISE

A 영어는 우리말로, 우리말은 영어로 쓰시오.

1. talent _____
2. exist _____
3. rapid _____
4. quantity _____
5. ceremony _____
6. accurate _____
7. conclude _____
8. reward _____
9. medical _____
10. equipment _____

11. 영향 _____
12. 실험 _____
13. 관습 _____
14. 직원 _____
15. 길이 _____
16. 사치 _____
17. 이익 _____
18. 가로막다 _____
19. 2층석 _____
20. 외부의 _____

B 다음 중 알맞은 어휘를 고르시오.

1. Cosmetics for [ⓐ sensitive / ⓑ sensible] skins are not very expensive.

2. Time is the most valuable [ⓐ source / ⓑ resource] for those taking TOEIC.

3. There isn't [ⓐ near / ⓑ nearly] enough time to get there.

정답 **A** 1. 재능 2. 존재하다 3. 빠른 4. 분량 5. 예식 6. 정확한 7. 결론짓다 8. 보상 9. 의학의 10. 장비 11. influence 12. experiment 13. custom 14. employee 15. length 16. luxury 17. profit 18. block 19. gallery 20. outer
B 1. ⓐ 2. ⓑ 3. ⓑ

Basic Stage

월   일

0091. **expand**
[ikspǽnd]
expansion *n.* 확장

v. 늘다, 확장하다 ↔ **contract**

The government provided an additional $40 million to **expand** the service.
정부는 그 서비스를 확대하기 위해 4천만 달러를 추가로 지원했다.

0092. **minimum**
[mínəməm]

n. a. 최소(의) ↔ **maximum**

We aim to help you move house with **minimum** disruption to yourself. 우리는 고객 여러분이 생활에 지장을 최소한 받으면서 이사하실 수 있게 도와드리려 합니다.

0093. **presentation**
[prèzəntéiʃən]
present *v.* 수여하다
presentational *a.* 발표의

n. 발표, 제시

The newspaper maintains a good balance in its **presentation** of different opinions. 그 신문은 서로 다른 견해를 제시하는 데 훌륭한 균형 감각을 유지한다.

0094. **rush**
[rʌʃ]

v. 급히 몰다[가다] *n.* 다급함

The traffic in the city is chaotic in the **rush** hour.
그 도시는 러시아워 무렵이면 교통이 아수라장이 된다.

0095. **annoy**
[ənɔ́i]
annoyance *n.* 짜증

v. 짜증나게 하다 = **irritate**

It **annoys** me when people talk loud on the cellphone.
사람들이 휴대전화로 시끄럽게 통화를 하면 짜증이 난다.

☐ expand   ☐ minimum   ☐ presentation   ☐ rush   ☐ annoy

Day 04

0096. treatment
[trí:tmənt]

treat v. 취급하다, 치료하다

n. 취급, 치료 = **cure**

She is receiving **treatment** for shock.
그녀는 충격을 받아 치료를 받고 있다.

0097. crash
[kræʃ]

n. v. 충돌(하다), 추락(하다) = **blast**, **boom**

He **crashed** his car into a telephone pole.
그는 전봇대에 차를 들이받았다.

0098. pale
[peil]

paleness n. 창백함

a. 혈색이 없는, 창백한 = **pallid**

He went **pale** with fear.
그는 무서워서 창백해졌다.

0099. principle
[prínsəpəl]

n. 원리, 원칙 = **rule**

That's against my **principles**.
그것은 내 원칙에 어긋난다.

0100. sell
[sel]

seller n. 판매자, 판매물품

v. 팔다, 팔리다 ↔ **purchase**

The book still **sells** well.
그 책은 아직도 잘 팔린다.

0101. capital
[kǽpitəl]

capitalist n. 자본가
capitalism n. 자본주의

n. 수도 = **metropolis**, 대문자, 자본

He set up a business with a starting **capital** of $500,000.
그는 초기 자본 50만 달러로 사업을 시작했다.

☐ treatment ☐ crash ☐ pale ☐ principle ☐ sell ☐ capital

0102. sight
[sait]

n. 시력 = **eyesight**, 광경, 명소

There was nobody in **sight**.
아무도 보이지 않았다.

0103. dramatic
[drəmǽtik]

dramatically *ad.* 갑자기, 극적으로

n. 극적인, 갑작스러운, 대단한 = **impressive**

The company made a **dramatic** entrance into the market. 그 회사는 극적인 방식으로 시장에 진입했다.

0104. delicious
[dilíʃəs]

deliciousness *n.* 맛있음

a. 맛있는, 맛·향기가 좋은 = **tasty**

This cake is **delicious**.
이 케이크는 맛있다.

0105. aware
[əwéər]

awareness *n.* 의식

a. 알고 있는, 의식하는 = **conscious** ↔ **unaware**

I was **aware** of some harsh looks.
나는 따가운 시선을 의식했다.

0106. popularity
[pàpjəlǽrəti / pɔ̀p-]

popular *a.* 인기 있는

n. 인기 = **renown**, **reputation**

The **popularity** of organic food is increasing.
유기농 식품의 인기가 올라가고 있다.

0107. population
[pàpjəléiʃən / pɔ̀p-]

populate *v.* 살다

n. 인구, 개체수

After the war Korea faced a **population** explosion.
전쟁 이후 한국은 인구 폭발을 맞았다.

☐ sight ☐ dramatic ☐ delicious ☐ aware ☐ popularity ☐ population

Day 04

0108. upset
[ʌpsét]

v. 언짢게 하다 = **distress**, 망치다 = **ruin**, 엎다 = **overturn**

She was **upset** that Henry didn't call her all day.
헨리가 하루 내내 전화를 하지 않아서 그녀는 언짢았다.

0109. preserve
[prizə́ːrv]

preservation *n.* 보호
preservative *n.* 방부제

v. 보호하다, 보존하다 = **keep, conserve**

Efforts must be made to **preserve** the peace.
평화를 지키려는 노력을 해야만 한다.

0110. discuss
[diskʌ́s]

discussion *n.* 논의

v. 논의하다, 토론하다 = **debate, argue**

I'm afraid I can't **discuss** it on the phone.
전화로 논의할 문제는 아닌 것 같습니다.

0111. disease
[dizíːz]

n. 질병 = **illness**

The cause of the **disease** is not known.
그 병의 원인은 아직 밝혀지지 않았다.

0112. benefit
[bénəfit]

beneficial *a.* 득이 되는

n. 이익, 이득 = **profit, gain**

The discovery of gold brought many **benefits** to the town.
금의 발견은 그 마을에 많은 이익을 가져다 주었다.

0113. typical
[típikəl]

type *n.* 유형

a. 전형적인, 대표적인 = **representative**

He looked like a **typical** tourist.
그는 전형적인 관광객 차림이었다.

☐ upset ☐ preserve ☐ discuss ☐ disease ☐ benefit ☐ typical

0114. offer
[ɔ́(:)fər]

v. 제공하다 = **present**, 제안하다 = **propose**
n. 제안

I decided to **offer** him the job.
나는 그에게 일자리를 제안하기로 했다.

0115. available
[əvéiləbəl]

availability n. 쓸 수 있음

a. 쓸 수 있는, 만날 수 있는 = **valid, accessible**

The spokesman was not **available** for comment.
대변인의 말을 들어보려 했지만 그러지 못했다.

0116. variety
[vəráiəti]

various a. 다양한
vary v. 다양하다

n. 다양함 = **diversity**

I want more **variety** in my work.
내 일이 좀 더 다양했으면 좋겠다.
▶ 321 **various** / 507 **vary**

0117. laundry
[lɔ́:ndri]

n. 빨래거리 = **washing**, 세탁, 세탁소 = **cleaner's**

There is a lot of dirty **laundry** in the washing machine.
세탁기 안에 더러운 빨래거리가 많이 들어 있다.

0118. farm
[fɑ:rm]

ⓓ farmer 농부

n. 농장, 사육장
v. 재배하다 = **grow**, 사육하다 = **raise, rear**

They **farm** dairy cattle.
그들은 젖소를 사육한다.

0119. firm
[fə:rm]

a. 단단한 = **hard**, 변치 않는 = **rigid**, 확실한 = **concrete**

They have no **firm** evidence to support the case.
그들은 그 사건에 도움이 될 확실한 증거를 갖고 있지 않다.

☐ offer ☐ available ☐ variety ☐ laundry ☐ farm ☐ firm ☐ hurt

Day 04

0120. **hurt**
[hə:rt]

v. 다치게 하다 = **injure**
I **hurt** my ankle playing tennis.
나는 테니스를 치다 발목을 다쳤다.

Day 04 EXERCISE

A 영어는 우리말로, 우리말은 영어로 쓰시오.

1 variety _____   11 빨래 _____
2 typical _____   12 질병 _____
3 upset _____   13 팔다 _____
4 farm _____   14 토론하다 _____
5 hurt _____   15 보존하다 _____
6 delicious _____   16 극적인 _____
7 offer _____   17 자본 _____
8 annoy _____   18 창백한 _____
9 minimum _____   19 충돌하다 _____
10 expand _____   20 취급 _____

B 다음 중 알맞은 어휘를 고르시오.

1 see the ⓐ sites / ⓑ sights ▶ 명소를 구경하다

2 in ⓐ principle / ⓑ principal ▶ 원칙상으로는

3 The ⓐ population / ⓑ popularity of organic food is increasing.

정답 **A** 1. 다양함 2. 전형적인 3. 언짢게 하다, 뒤집다 4. 농장 5. 다치게 하다 6. 맛있는 7. 제공하다 8. 짜증나게 하다 9. 최소 10. 확장하다 11. laundry 12. disease 13. sell 14. discuss 15. preserve 16. dramatic 17. capital 18. pale 19. crash 20. treatment **B** 1. ⓑ 2. ⓐ 3. ⓑ

Basic Stage

Day 05

월 일

0121. **form**
[fɔːrm]

n. 서류 양식, 형식

First fill out a **form** on the website.
먼저 그 웹사이트에 있는 서류를 작성하라.

0122. **order**
[ɔ́ːrdər]
orderly *a.* 질서정연한

n. 순서 = **sequence**, 질서 ↔ **disorder**, 주문
v. 명령하다 = **command**, 주문하다

Can I take your **order**?
주문하시겠습니까?

0123. **flow**
[flou]

v. 흐르다 = **run** *n.* 흐름 = **stream**, **current**

Tears were **flowing** from his eyes.
그의 눈에서 눈물이 흐르고 있었다.

0124. **hole**
[houl]

n. 구멍 = **opening**, **cavity**

I punched a **hole** in the cardboard.
나는 판지에 펀치로 구멍을 뚫었다.

0125. **quarter**
[kwɔ́ːrtər]
quarterly *a.* 1년에 4회 하는 *n.* 계간지

4분의 1, 25센트, 15분, 분기

It's a **quarter** to five.
5시 15분 전이다.

☐ form ☐ order ☐ flow ☐ hole ☐ quarter

Day 05

0126. site
[sait]

n. 장소, 부지 = **location**, 웹사이트 = **web site**

The monument was moved bodily to a new **site**.
그 기념비는 통째로 새 장소로 옮겨졌다.

0127. dessert
[dizə́:rt]

n. 디저트

What's for **dessert**?
디저트로 뭐가 나오니?

0128. lie
[lai]

n. 거짓말
v. 거짓말을 하다, ⟨lay–lain⟩ 눕다, 놓이다

Lie on your back.
등을 대고 누워라.

0129. loyal
[lɔ́iəl]

loyalty *n.* 충성

a. 충성스러운, 진실한
= **true, faithful, devoted** ↔ **disloyal**

He is my **loyal** supporter.
그는 나를 진심으로 지지해준다.

0130. elect
[ilékt]

election *n.* 선거
elective *a.* 선거의 *n.* 선택과목

v. 선출하다 = **vote, choose** *n.* 당선자

She is the first Korean woman to be **elected** to the Assembly.
그녀는 대한민국 국회의원으로 선출된 최초의 여성이다.

0131. sum
[sʌm]

n. 합계 = **total**, 금액 = **amount**

The **sum** of 8 and 9 is 17.
8과 9의 합계는 17이다.

☐ site ☐ dessert ☐ lie ☐ loyal ☐ elect ☐ sum

Basic Stage

0132. **pair**
[pɛər]

n. 한 쌍

She bought a **pair** of earrings.
그녀는 귀걸이 한 쌍을 샀다.

0133. **straight**
[streit]

a. 곧은 *ad.* 똑바로, 곧장

She has long **straight** hair.
그녀는 긴 생머리를 하고 있다.

0134. **brake**
[breik]

n. 브레이크

On seeing a cat in front of me, I slammed on the **brake**. 내 앞에 고양이가 보이자마자 나는 브레이크를 꽉 밟았다.

0135. **product**
[prádəkt / prɔ́d-]

n. 제품 = **goods, commodity**

The company is about to launch a new **product** on to the market.
그 회사는 곧 있으면 신제품을 시장에 내놓을 예정이다.

0136. **wear**
[wɛər]

wearable *a.* 입기 편한

n. 의류 = **apparel** *v.* 착용하다, 닳다, 닳게 하다

The heels have **worn** thin.
신발 굽이 많이 닳았다.

0137. **tail**
[teil]

n. 꼬리

The male peacock has beautiful **tail** feathers.
공작새 수컷은 꼬리 깃털이 아름답다.

☐ pair ☐ straight ☐ brake ☐ product ☐ wear ☐ tail

Day 05

0138. cloud [klaud]
cloudy *a.* 구름이 잔뜩 낀

n. 구름
I think those are rain **clouds**.
저것들은 비구름인 것 같다.

0139. correct [kərékt]
correction *n.* 수정

v. 수정하다, 고치다
n. 올바른 = **accurate, right** ↔ **incorrect**
Correct me if I'm wrong.
내가 틀렸으면 지적해 줘.

0140. climb [klaim]
climber *n.* 등반가

v. 오르다, 등반하다 = **mount, ascend, rise**
I **climbed** up the stairs.
나는 계단을 올라갔다.

0141. royalty [rɔ́iəlti]

n. 저작권료, 로열티
The author has received about two million dollars in **royalties**.
그 저자는 저작권료로 지금까지 약 2백만 달러를 받았다.

0142. thigh [θai]

n. 넓적다리, 허벅지
I biked all day and my **thighs** hurt.
하루 종일 자전거를 탔더니 허벅지가 아팠다.

0143. save [seiv]
savings *n.* 저축액

v. 구하다 = **rescue, salvage**, 아끼다 = **keep**, 저축하다
I've **saved** ten million won so far.
나는 지금까지 1천만 원을 모았다.

☐ cloud ☐ correct ☐ climb ☐ royalty ☐ thigh ☐ save

0144. owner
[óunər]

own v. 소유하다

n. 소유자, 주인 = **possessor**

The dog was guarding its **owner**'s baggage.
개가 주인의 짐을 지키고 있었다.

0145. crowd
[kraud]

crowded a. 붐비는

n. 군중 = **herd**, **throng**

The **crowd** cheered his winning goal.
관중은 승리를 결정지은 그의 득점에 환호했다.

0146. honor
[ánər]

honorable a. 명예로운
honorary a. 명예의

n. 명예 = **privilege** ↔ **dishonor**
v. 영예를 주다 = **respect**

I'm glad you **honor** us with your presence.
귀하가 이 자리를 빛내 주셔서 기쁩니다.

0147. career
[kəríər]

n. 직업 = **job**, 경력 = **experience**

What made you decide on a **career** as a surgeon?
너는 왜 의사의 길을 걷겠다고 결심했니?

0148. weigh
[wei]

weight n. 무게

v. 무게를 재다, 무게가 ~이다, 신중히 고려하다 = **contemplate**

He **weighs** about 80kg.
그의 몸무게는 약 80kg이다.
▶ 266 weight

0149. course
[kɔːrs]

n. 강좌, 교육과정

The college runs a variety of language **courses**.
그 대학은 다양한 어학 강좌를 운영한다.

☐ owner ☐ crowd ☐ honor ☐ career ☐ weigh ☐ course ☐ weak

0150. **weak** [wiːk]

weaken v. 약화시키다
weakness n. 약점

a. 약한 = **feeble, frail**, 묽은 ↔ **strong**

My legs felt **weak**.
다리에 힘이 없었다.

Day 05 EXERCISE

A 영어는 우리말로, 우리말은 영어로 쓰시오.

1. weak
2. career
3. crowd
4. climb
5. correct
6. elect
7. loyal
8. flow
9. hole
10. quarter
11. 강좌
12. 명예
13. 소유자
14. 저축하다
15. 허벅지
16. 저작권료
17. 구름
18. 꼬리
19. 합계
20. 디저트

B 다음 중 알맞은 어휘를 고르시오.

1. ⓐ weigh / ⓑ weight up the pros and cons ▶ 장단점을 꼼꼼히 따지다

2. put on the ⓐ break / ⓑ brake ▶ 브레이크를 밟다

3. The company is about to launch a new ⓐ produce / ⓑ product on to the market.

정답 A 1. 약한 2. 직업 3. 군중 4. 오르다 5. 고치다 6. 선출하다 7. 충성스러운 8. 흐르다 9. 구멍 10. 4분의 1 11. course 12. honor 13. owner 14. save 15. thigh 16. royalty 17. cloud 18. tail 19. sum 20. dessert
B 1. ⓐ 2. ⓑ 3. ⓑ

Basic Stage

월 일

0151. **weekly**
[wíːkli]

a. 1주일의 *ad.* 1주일 단위로

They are paid **weekly**.
그들은 1주일마다 급여를 받는다.

0152. **steel**
[stiːl]

n. 강철

Pohang is famous for the iron and **steel** industry.
포항은 철강 산업으로 유명하다.

0153. **stair**
[stɛər]

n. 계단 = **step**

I carried the chair up three flights of **stairs**.
나는 의자를 들고 계단으로 3층을 올라갔다.

0154. **sweet**
[swiːt]

sweeten *v.* 단맛을 넣다
sweetener *n.* 감미료

a. 달콤한, 향기로운 = **fragrant**, 친절한 *n.* 단것

That's so **sweet** of you.
친절하기도 해라.

0155. **waist**
[weist]

n. 허리

He was stripped to the **waist**.
그는 웃통을 벗고 있었다.

☐ weekly ☐ steel ☐ stair ☐ sweet ☐ waist

Day 06

0156. waste [weist]
wasteful *a.* 낭비하는

n. v. 낭비(하다), 폐물 *a.* 황폐한
It's difficult to dispose of nuclear **waste**.
핵폐기물을 처리하기는 어렵다.

0157. steal [stiːl]
stealth *n.* 몰래 함

v. 훔치다, 조용히 움직이다 = **creep**
I had my purse **stolen**.
내 지갑을 도둑맞았다.

0158. root [ruːt]

n. 뿌리 *v.* 뿌리를 내리다, 뒤적거리다 = **rummage**
The tree has taken **root**.
그 나무가 뿌리를 내렸다.

0159. pain [pein]
painful *a.* 고통스러운

n. 고통 = **torment**, ⟨-s⟩ 노력 = **efforts**
No **pain**, no gain.
고통 없이는 얻지 못한다.

0160. hardware [haːrdwèər]

n. 하드웨어 ↔ **software**, 철물
He deals in computer **hardware**.
그는 컴퓨터 하드웨어를 판매한다.

0161. sound [saund]

v. ~하게 들리다 *a.* 건전한 ↔ **unsound**, 고요한
I had a **sound** good night's sleep last night.
나는 어젯밤에 푹 잘 잤다.

☐ waste ☐ steal ☐ root ☐ pain ☐ hardware ☐ sound

Basic Stage

0162. turn [təːrn]

n. 차례, 회전

Make a left **turn** at the intersection.
교차로에서 좌회전해라.

0163. last [læ(ː)st]
lasting *a.* 지속적인

v. 지속되다, 견디다 = **endure**

The game **lasted** only a couple of minutes.
그 경기는 단 2분 만에 끝났다.

0164. point [pɔint]

n. 점, 점수, 요점 = **bottom line**

What's your **point**?
네 말의 요점이 뭐야?

0165. story [stɔ́ːri]

n. (건물의) 층

There's a multi-**story** car park near here.
이 근처에 복합층 건물 주차장이 있다.

TOEIC Tips story : 건물 전체의 층수를 말할 때 씀 / **floor** : 1층, 2층 등 특정 층을 가리킬 때 씀

0166. community [kəmjúːnəti]

n. 공동체

The whole **community** was aroused by the crime.
사회 전체가 그 범죄에 분노했다.

0167. brain [brein]

n. 뇌, 지능 = **intelligence**

Alcohol acts quickly on the **brain**.
알코올은 뇌에 금방 영향을 미친다.

☐ turn   ☐ last   ☐ point   ☐ story   ☐ community   ☐ brain

Day 06

0168. defeat
[difíːt]

n. 패배 *v.* 패배시키다, 이기다 = **beat**

Korea **defeated** Japan by 3:1.
한국이 일본을 3대 1로 이겼다.

0169. destruction
[distrʌ́kʃən]

n. 파괴 ↔ **construction**

It is vital that we take action to stop the **destruction** of rainforests.
우림의 파괴를 막기 위해 조치를 취하는 것은 대단히 중요한 일이다.

0170. confuse
[kənfjúːz]

confusion *n.* 혼동

v. 혼란하게 하다, 혼동하다 = **mix up**

I was **confused** with conflicting accounts of the accident.
나는 그 사고에 대한 상반되는 설명을 듣고 혼란스러웠다.

0171. complex
[kəmpléks / kámpleks]

a. 복잡한 = **complicated** *n.* 복합 시설, 단지

It's a **complex** issue, but she only sees it in black and white.
그것은 복잡한 문제인데도 그녀는 그것을 흑백 논리로만 따진다.

0172. destroy
[distrɔ́i]

destruction *n.* 파괴

v. 파괴하다

Heat **destroys** some kinds of vitamin.
열은 몇몇 종류의 비타민을 파괴한다.

0173. collection
[kəlékʃən]

collect *v.* 모으다

n. 수집, 모금

Would you like to contribute to our **collection**?
저희 모금에 기부해 주시지 않겠습니까?

☐ defeat ☐ destruction ☐ confuse ☐ complex ☐ destroy ☐ collection

0174. suffer
[sʌ́fər]

v. 시달리다, 고통을 겪다

The company **suffered** huge losses in the last financial year.
그 회사는 지난 회계 연도에 막대한 적자를 보았다.

0175. job
[dʒáb / dʒɔ́b]

n. 일, 일자리 = **position**

You must be able to speak English and Chinese for this **job**.
이 일을 하기 위해서는 영어와 중국어를 할 수 있어야 합니다.

0176. spray
[sprei]

n. v. 물보라(를 내뿜다)

Spray the conditioner onto your wet hair.
모발 관리제를 물 묻은 머리에 뿌려라.

0177. finance
[fináens / fáinæns]

financial *a.* 금융의

n. 재무, 금융 *v.* 자금을 대다 = **fund**

He has an executive position in a **finance** company.
그는 금융회사에서 이사직을 맡고 있다.

0178. episode
[épəsòud]

n. 사건, 일화 = **incident**

The **episode** was reported minimally in the press.
그 사건은 언론에서 조그맣게 보도되었다.

0179. military
[mílitèri / -təri]

militarily *ad.* 군사적으로

n. a. 군대(의)

Military intervention will only aggravate the conflict even further.
군사적 개입은 갈등을 더 심화시키기만 할 것이다.

☐ suffer ☐ job ☐ spray ☐ finance ☐ episode ☐ military ☐ wool

Day 06

0180. **wool**
[wul]

n. 털실, 양모

The **wool** comes from goats, not sheep.
그 털실은 양털이 아니라 염소 털이다.

Day 06　　EXERCISE

A 영어는 우리말로, 우리말은 영어로 쓰시오.

1 military	_____	11 털실	_____
2 episode	_____	12 모금	_____
3 finance	_____	13 파괴하다	_____
4 community	_____	14 물보라	_____
5 defeat	_____	15 복잡한	_____
6 root	_____	16 뇌	_____
7 waist	_____	17 지속되다	_____
8 steel	_____	18 1주일의	_____
9 confuse	_____	19 차례	_____
10 steal	_____	20 하드웨어	_____

B 다음 중 알맞은 어휘를 고르시오.

1 take ⓐ pain / ⓑ pains ▶ 노력하다

2 admit ⓐ lose / ⓑ defeat ▶ 패배를 인정하다

3 a ten- ⓐ story / ⓑ floor building ▶ 10층 건물

정답　**A** 1. 군대　2. 일화　3. 금융　4. 공동체　5. 패배　6. 뿌리　7. 허리　8. 강철　9. 혼동하다　10. 훔치다　11. wool　12. collection　13. destroy　14. spray　15. complex　16. brain　17. last　18. weekly　19. turn　20. hardware　**B** 1. ⓑ　2. ⓑ　3. ⓐ

Basic Stage

0181. **technology**
[teknálədʒi / -nɔ́l-]
technological *a.* 기술의

n. 기술

We need an expert to advise on new **technology**.
우리는 신기술에 관한 자문을 해 줄 전문가가 필요하다.

0182. **data**
[déitə]

n. 자료, 정보

The server is designed to store huge amounts of **data**. 그 서버는 대용량 자료를 저장하기 위해 고안되었다.

0183. **supply**
[səplái]

n. 공급 ↔ **demand** *v.* 공급하다 = **provide**

The law of **supply** and demand applies to almost all markets. 수요 공급의 법칙은 거의 대부분의 시장에 적용된다.

0184. **economy**
[ikánəmi / -kɔ́n-]
economic *a.* 경제의
economical *a.* 저렴한
economics *n.* 경제학

n. 경제

It is reasonable to assume that the **economy** will begin to improve.
경제 상황이 나아질 것이라고 보는 것이 타당하다.

0185. **cook**
[kuk]

n. 요리사, 음식 만드는 사람 *v.* 음식을 만들다

It's your turn to **cook** supper.
네가 저녁식사를 준비할 차례다.
TOEIC Tips : cook : 직업 요리사뿐 아니라 음식을 만드는 일반인도 포함 / **chef** : 호텔, 레스토랑의 오랜 경력을 지닌 요리사 ▶ 0946 **chef** / **cooker** : (가스레인지, 오븐 등이 달린) 조리대

☐ technology ☐ data ☐ supply ☐ economy ☐ cook

Day 07

0186. **accept**
[æksépt]
acceptance *n.* 수용

v. 받아들이다, 인정하다 = **admit** ↔ **refuse**
He has been **accepted** to the college he applied to.
그는 자신이 지원한 대학에 합격했다.

0187. **manual**
[mǽnjuəl]
manually *ad.* 수동으로

n. 설명서 *a.* 손의, 육체의 = **physical**
The camera has **manual** and automatic functions.
그 카메라는 수동 기능과 자동 기능이 있다.

0188. **network**
[nétwə̀ːrk]

n. 네트워크, 연계 체제
The **network** provides the gamut of Internet services to your home.
그 네트워크는 온갖 종류의 인터넷 서비스를 여러분의 가정까지 제공합니다.

0189. **source**
[sɔːrs]

n. 원천, 정보원, 근원
Fruit is a convenient **source** of vitamins and energy.
과일은 비타민과 에너지를 간편하게 보충해 주는 원천이다.

0190. **salary**
[sǽləri]

n. 봉급, 월급
We get a basic **salary** plus commission.
우리는 기본급뿐 아니라 판매 수당을 받는다.

0191. **select**
[silékt]
selection *n.* 선택

v. 고르다 = **choose**
They are going to **select** two students to represent the school.
그들은 학교를 대표할 학생 두 명을 뽑을 것이다.

☐ accept ☐ manual ☐ network ☐ source ☐ salary ☐ select

Basic Stage

0192. reduce
[ridjúːs]
reduction *n.* 감소

v. 줄이다 = **decrease**

Today police launched a campaign to **reduce** road accidents.
오늘 경찰은 차사고 줄이기 운동을 시작했다.

0193. common
[kámən / kɔ́ːn-]

a. 흔한, 공통된

There is a great deal of **common** ground between management and trade union on this issue.
이 문제에 대해서는 경영진과 노조 사이에 많은 공감대가 형성되어 있다.

0194. project
[prədʒékt]

n. 사업, 과업

More resources are being allocated to the **project**.
그 사업에 더 많은 자원이 할당되고 있다.

0195. individual
[ìndəvídʒuəl]
individually *ad.* 개인적으로, 각각

n. 개인 *a.* 개인적인, 구별되는 = **distinctive**

The competition is open to both teams and **individuals**.
그 대회는 팀과 개인 모두 참가할 수 있다.

0196. furniture
[fə́ːrnitʃər]

n. 가구

All the **furniture** is crafted from natural materials.
모든 가구는 천연 재료를 손으로 다듬어 만든 것이다.

0197. leisure
[líːʒər / léʒ-]
leisurely *a.* 한가한

n. 여가, 한가함

The reduction in average working hours has led to an increase in **leisure** time.
평균 노동 시간의 감소는 여가 시간의 증가를 가져왔다.

☐ reduce ☐ common ☐ project ☐ individual ☐ furniture ☐ leisure

Day 07

0198. quality
[kwάləti / kwɔ́l-]

a. 고급의, 질 높은 *n.* 질

We provide **quality** service at a competitive price.
우리는 저렴한 가격에 고품격 서비스를 제공합니다.

0199. chart
[tʃɑːrt]

n. 도표, 순위 목록

Each color on the **chart** represents a different department.
도표에 있는 각각의 색은 서로 다른 부서를 나타낸다.

0200. propose
[prəpóuz]

proposal *n.* 제안, 청혼

v. 제안하다, 청혼하다

I **propose** that we discuss this at the next meeting.
이 문제를 다음 회의에서 토의할 것을 제안합니다.

0201. bottom
[bάtəm / bɔ́t-]

n. 바닥, 맨 밑 ↔ **top**

The top and **bottom** line of each column on the page should align.
각 페이지의 단 맨 위와 아래에 있는 선은 평행을 이루어야 한다.

0202. drug
[drʌg]

n. 약, 마약

The **drug** may cause an aggravation of the condition.
그 약을 복용하면 질환이 악화될 수 있다.

0203. tip
[tip]

n. 도움말 = **hint**, 팁 *v.* ~에게 팁을 주다

It is customary to **tip** hairdressers in this country.
이 나라에서는 미용사에게 팁을 주는 것이 관례이다.

☐ quality ☐ chart ☐ propose ☐ bottom ☐ drug ☐ tip

Basic Stage

0204. amateur
[ǽmətʃùər]
amateurish a. 어설픈

n. 아마추어 ↔ **professional**

You're being so **amateur**.
왜 이래, 아마추어같이.

0205. communication
[kəmjùːnəkéiʃən]
communicate v. 의사소통하다

n. 의사소통, 통신

The newsletter is a useful channel of **communication** between teacher and student.
그 소식지는 선생과 학생 사이의 유용한 의사소통 통로이다.

0206. scandal
[skǽndl]

n. 추문, 치욕 = **disgrace**

There has been no hint of **scandal** during her time in office.
그녀가 재직하는 동안 추문 같은 것은 전혀 없었다.

0207. apartment
[əpáːrtmənt]

n. 아파트

He rented the **apartment** for $500 a month.
그는 월세 5백 달러에 그 아파트를 세냈다.

0208. engineer
[èndʒəníər]
engineering n. 공학 기술

n. 기술자, 엔지니어

He is an electrical **engineer** who works for a computer company.
그는 컴퓨터 회사에서 일하는 전기 기술자이다.

0209. warning
[wɔ́ːrniŋ]
warn v. 경고하다

n. 경고, 경고문 = **caution**

They gave him a written **warning** against his overdue taxes.
그들은 그에게 체납된 세금과 관련하여 서면 경고문을 보냈다.

☐ amateur ☐ scandal ☐ apartment ☐ engineer ☐ warning ☐ contest

Day 07

contest 0210.
[kántest / kɔ́n-]
contestant *n.* 대회 참가자

n. 경연대회 = **competition**
v. 대회에 참가하다, 이의를 제기하다

The bereaved are planning to **contest** the will.
유가족은 그 유언장의 법적 효력에 이의를 제기할 계획이다.

Day 07   EXERCISE

A 영어는 우리말로, 우리말은 영어로 쓰시오.

1 engineer _____   11 경연대회 _____
2 tip _____   12 경고 _____
3 chart _____   13 통신 _____
4 leisure _____   14 아마추어 _____
5 furniture _____   15 청혼하다 _____
6 reduce _____   16 개인 _____
7 select _____   17 공통된 _____
8 source _____   18 월급 _____
9 economy _____   19 네트워크 _____
10 supply _____   20 설명서 _____

B 다음 중 알맞은 어휘를 고르시오.

1 an [ⓐ apart / ⓑ apartment] complex ▶ 아파트 단지

2 a [ⓐ cook / ⓑ cooker] in a hotel ▶ 호텔 요리사

3 We provide [ⓐ quality / ⓑ quantity] service at a competitive price.

정답 **A** 1. 기술자 2. 도움말 3. 도표 4. 여가 5. 가구 6. 줄이다 7. 고르다 8. 원천 9. 경제 10. 공급 11. contest 12. warning 13. communication 14. amateur 15. propose 16. individual 17. common 18. salary 19. network 20. manual
B 1. ⓑ 2. ⓐ 3. ⓐ

Basic Stage

월   일

0211. **review**
[rivjúː]

n. 검토, 복습 ↔ **preview**
v. 검토하다 = **reassess**, 평가하다

You need to **review** your failures and triumphs.
네가 잘한 점과 못한 점을 되짚어볼 필요가 있다.

0212. **imagine**
[imǽdʒin]

imagination *n.* 상상
imaginary *a.* 상상의
imaginative *a.* 상상력이 풍부한

v. 상상하다

The house was just as he had **imagined** it.
그 집은 그가 상상했던 바로 그 모습이었다.

0213. **language**
[lǽŋgwidʒ]

n. 언어, 말

The **language** barrier was no problem for them.
언어 장벽은 그들에게 전혀 문제가 되지 않았다.

0214. **meeting**
[míːtiŋ]

n. 회의 = **conference**, 만남 = **encounter**

It would be to your advantage to attend this **meeting**. 이 회의에 참석하는 것이 당신에게 이로울 것이다.

0215. **image**
[ímidʒ]

n. 이미지, 그림 또는 사진

The company is still trying to cast off its old-fashioned **image**.
그 회사는 구식 이미지를 떨쳐 버리려고 아직도 노력하고 있다.

☐ review   ☐ imagine   ☐ language   ☐ meeting   ☐ image

Day 08

0216. industry [índəstri]
industrial a. 산업의

n. 산업

They discussed the problems ailing the car **industry**.
그들은 자동차 산업에 타격을 주는 문제들을 논의했다.

0217. location [loukéiʃən]
locate v. 위치시키다, 위치를 찾다

n. 장소, 위치 찾기

The time, date, and **location** of the conference have not yet been announced.
회의 시간, 날짜, 장소는 아직 발표되지 않았다.

0218. chief [tʃi:f]
chiefly ad. 주로

a. 우선적인, 제1의 = **main, primary**

What is the country's **chief** export?
그 나라의 가장 중요한 수출품목이 뭐니?

0219. cancel [kǽnsəl]
cancellation n. 취소

v. 취소하다 = **call off**

The company reserves the right to **cancel** this agreement in certain circumstances.
회사측은 특정한 사정이 생길 경우에 이 계약을 취소할 권한을 보유한다.

0220. concept [kánsept / kɔ́n-]
conceptual a. 개념의

n. 개념

Democracy is a **concept** that includes, among other things, the ideas of individual freedom and the right to vote.
민주주의는 다른 무엇보다도 개인의 자유사상과 투표권이 중요한 개념이다.

0221. remain [riméin]
remainder n. 나머지

v. 남아 있다, ~인 그대로이다

The money was donated by a local businessman who wishes to **remain** anonymous.
그 돈은 이름을 밝히지 말라고 부탁한 이 지역의 한 사업가가 기부한 것이다.

☐ industry ☐ location ☐ chief ☐ cancel ☐ concept ☐ remain

Basic Stage

0222. request
[rikwést]

n. 요청 *v.* 요청하다

Further information is available on **request**.
더 자세한 정보는 요청하면 구할 수 있다.

0223. structure
[strʌ́ktʃər]
structural *a.* 구조적인

n. 구조(물), 건물

One of the panels has been detached from the main **structure**.
패널 중 하나가 주요 건축물에서 떨어져 나갔다.

0224. neat
[niːt]

a. 깔끔한, 말끔한 = **tidy**

He arranged the documents in **neat** files.
그는 서류들을 파일로 깔끔하게 정리했다.

0225. price
[prais]

n. 가격, 물가

The **price** of cigarettes is set to rise again.
담배 가격을 또다시 인상하기로 결정되었다.

0226. novel
[návəl / nɔ́v-]

n. 소설

Her latest **novel** is said to be autobiographical.
그녀의 최신 소설은 자전적인 이야기라고 한다.

0227. veil
[veil]

n. 베일, 은폐 *v.* 베일로 덮다

The bride's face was **veiled**.
신부의 얼굴이 베일에 가려져 있었다.

☐ request ☐ structure ☐ neat ☐ price ☐ novel ☐ veil

Day 08

0223. **delay**
[diléi]

n. 미룸 v. 미루다 = **defer**, **hold up**

The passengers grew angry about the **delay**.
출발이 지연되자 승객들은 화를 냈다.

0229. **quit**
[kwit]

v. 그만두다, 사직하다 = **resign**

She has decided to **quit** as manager of the team.
그녀는 팀장 직책을 그만두기로 결심했다.

0230. **boom**
[bu:m]

n. 호황, 붐 v. 급격히 성장하다

Record profits in the retail market indicate a **boom** in the economy.
소매 시장에서 거둔 사상 최대의 수익은 경제 호황의 신호이다.

0231. **option**
[ápʃən / ɔ́p-]

n. 선택사항, 선택과목 = **elective**, 구매 권한

This model comes with a wide range of **options**.
이 모델에는 여러 가지 선택 사항이 있다.

0232. **equal**
[íːkwəl]

equality n. 평등

v. 같다, 맞먹다 a. 같은

The record is unlikely ever to be **equaled**.
그 기록은 다시는 나올 것 같지 않다.

0233. **experience**
[ikspíəriəns]

n. 경험, 경력 v. 경험하다

The salary will be fixed according to qualifications and **experience**.
급여는 자격증과 경력에 따라 책정될 것입니다.

☐ delay ☐ quit ☐ boom ☐ option ☐ equal ☐ experience

Basic Stage

0234. **difficulty**
[dífikʌ̀lti]
difficult a. 어려운

n. 어려움, 난관

The company is having **difficulty** breaking into new markets.
그 회사는 새로운 시장을 개척하는 데 어려움을 겪고 있다.

0235. **detail**
[díːteil]

n. 자세함, 상세함

Giving too much **detail** may only be confusing.
너무 자세한 정보를 제공하면 헷갈리기만 할 수도 있다.

0236. **focus**
[fóukəs]

n. 초점 *v.* 초점을 맞추다, 집중하다 = **concentrate**

You don't need to adjust the **focus** of the camera; it's digital.
그 카메라의 초점을 조절할 필요는 없어. 디지털 카메라거든.

0237. **require**
[rikwáiər]
requirement *n.* 요구

v. 요구하다, 필요하다

Please indicate clearly which color you **require**.
어떤 색깔을 원하시는지 분명히 지정해 주십시오.

0238. **purpose**
[pə́ːrpəs]

n. 목적, 목표 = **aim, goal**

The campaign's main **purpose** is to raise money.
그 운동의 주요 목표는 자금을 모으는 것이다.

0239. **reply**
[riplái]

n. v. 대답(하다)

They received an avalanche of e-mails in **reply** to their ad.
그들이 낸 광고를 본 사람들의 수많은 이메일이 쇄도했다.

☐ difficulty ☐ detail ☐ focus ☐ require ☐ purpose ☐ reply ☐ amount

Day 08

0240. **amount**
[əmáunt]

n. 분량, 금액 = **sum**

They have assessed the **amount** of compensation to be paid.
그들은 지불해야 할 보상금의 액수를 산정했다.

Day 08　　EXERCISE

A　영어는 우리말로, 우리말은 영어로 쓰시오.

1. amount _____　　11. 목적 _____
2. reply _____　　12. 초점 _____
3. veil _____　　13. 경험 _____
4. detail _____　　14. 같다 _____
5. difficulty _____　　15. 호황 _____
6. option _____　　16. 미루다 _____
7. quit _____　　17. 소설 _____
8. neat _____　　18. 가격 _____
9. concept _____　　19. 구조 _____
10. cancel _____　　20. 복습 _____

B　다음 중 알맞은 어휘를 고르시오.

1. at the [ⓐ request / ⓑ require] of her manager　▶ 그녀의 매니저의 요청으로

2. The company is still trying to cast off its old-fashioned [ⓐ image / ⓑ imagine].

3. The time, date, and [ⓐ location / ⓑ situation] of the conference have not yet been announced.

정답　A 1. 분량　2. 대답　3. 베일　4. 자세함　5. 어려움　6. 선택사항　7. 그만두다　8. 깔끔한　9. 개념　10. 취소하다　11. purpose　12. focus　13. experience　14. equal　15. boom　16. delay　17. novel　18. price　19. structure　20. review
B 1. ⓐ　2. ⓐ　3. ⓐ

Day 09

0241. **insist**
[insíst]
insistent *a.* 주장하는

v. 주장하다 = **maintain**

I **insist** on paying for the damage.
피해 보상금을 지급해 줄 것을 요구합니다.

0242. **risk**
[risk]
risky *a.* 위험한

n. 위험 = **danger, hazard** *v.* 위험을 감수하다

Valuables are left at their owner's **risk**.
귀중품의 분실은 주인의 책임입니다.

0243. **nervous**
[nə́ːrvəs]
nerve *n.* 신경

a. 신경의, 초조한

I was so **nervous** that I was bathed in sweat.
나는 너무 초조해서 땀으로 목욕을 할 지경이었다.

0244. **virus**
[váiərəs]

n. 바이러스, 악성 프로그램

The **virus** mails itself forward to everyone in your address. 그 악성 프로그램은 당신의 주소함에 저장된 모든 이들에게 자신을 전송한다.

0245. **grace**
[greis]
graceful *a.* 우아한

n. 아름다움, 우아함 = **elegance**, 유예 기간

They have given me a month's **grace** to pay the debt. 그들은 빚을 갚아야 할 기한을 한 달 연장해 주었다.

☐ insist ☐ risk ☐ nervous ☐ virus ☐ grace

Day 09

0246. glory
[glɔ́ːri]
glorious *a.* 영광스러운

n. 영광, 찬사, 위용

The temple has now been restored to its former **glory**. 그 사원은 이제 예전의 찬란했던 모습을 되찾았다.

0247. pure
[pjuər]
purity *n.* 순수

a. 순수한, 완전한 ↔ **impure**

It was **pure** chance that we were both there. 우리 둘 다 거기에 있었던 것은 순전히 우연이었다.

0248. casual
[kǽʒuəl]

a. 격식 없는 = **informal**, 느긋한, 여유로운

There is no dress code; you can wear **casual** clothes. 복장 규정은 없다. 편한 옷을 입으면 된다.

0249. trend
[trend]
trendy *a.* 첨단 유행의

n. 경향, 추세 = **tendency**

These statistics display a definite downward **trend**. 이 통계수치는 뚜렷한 하향세를 보여주고 있다.

0250. digest
[didʒést / dáid-]
digestion *n.* 소화
digestive *a.* 소화하는

v. 소화하다, 제 것으로 만들다

It will take you long to **digest** the information. 네가 그 정보를 소화하기까지 오래 걸릴 것이다.

0251. resort
[rizɔ́ːrt]

n. 휴양지, 최후의 보루, 의지 = **recourse**

If I can't fly to Detroit, I can drive there as a last **resort**. 내가 디트로이트에 비행기로 갈 수 없다면 최후의 수단으로 차를 몰고 가면 된다.

☐ glory ☐ pure ☐ casual ☐ trend ☐ digest ☐ resort

Basic Stage

0252. **mode**
[moud]

n. 상태, 방식, 모드

Put the cellphone into mute **mode** in public places.
공공장소에서는 휴대전화를 진동 모드로 바꿔라.

0253. **actual**
[æktʃuəl]

actually *ad.* 실제로는
actuality *n.* 현실

a. 실제의, 현실의

He is the effective, if not the **actual**, leader of the club. 그는 클럽의 실제 리더는 아니지만 사실상 리더나 다름없다.

0254. **activity**
[æktívəti]

active *a.* 활발한

n. 활동, 활발함 ↔ **inactivity**

The club provides a wide variety of **activities** including paragliding and scuba diving.
그 클럽에서는 패러글라이딩과 스쿠버 다이빙 등 다양한 종류의 활동을 제공한다.

0255. **teenage**
[tíːnèidʒ]

teenager *n.* 십대 청소년

a. 십대의

I found it hard to picture her as the mother of **teenage** sons.
그녀는 도무지 십대 청소년 아들들을 둔 어머니로 보이지 않았다.

0256. **parade**
[pəréid]

n. 행진, 퍼레이드 = **procession**

The police were halting traffic on the **parade** route. 경찰이 행진 경로의 차량 출입을 막고 있었다.

0257. **mild**
[maild]

mildness *n.* 순함

a. 온화한, 순한, 약간의 = **slight**

It's been a very **mild** fall this year.
올해 가을은 기온이 무척 따뜻했다.

☐ mode ☐ actual ☐ activity ☐ teenage ☐ parade ☐ mild

Day 09

0258. **lazy**
[léizi]
laziness *n.* 게으름

a. 게으른 = **idle**, 귀찮아하는, 나른한

I was feeling too **lazy** to go out.
나는 밖에 나가기가 너무 귀찮았다.

0259. **distant**
[dístənt]
distance *n.* 거리

a. 먼, 멀리 있는 = **remote**

He is a **distant** cousin of mine.
그는 내 먼 친척이다.

0260. **sample**
[sǽmpəl]

n. 견본, 샘플, 표본 집단

The manager told me that he wanted to see a **sample** of my work.
부장이 내게 내가 한 일의 샘플을 보고 싶다고 말했다.

0261. **ambulance**
[ǽmbjuləns]

n. 구급차

'**AMBULANCE**' is written backwards so that you can read it in the mirror.
AMBULANCE라는 글자는 거울로 읽을 수 있도록 거꾸로 쓰여 있다.

0262. **smooth**
[smuːð]
smoothness *n.* 부드러움

a. 부드러운, 원만한 ↔ **rough**

They drove along the new **smooth** road.
그들은 새로 닦인 매끈한 도로를 차를 몰고 달렸다.

0263. **slide**
[slaid]

v. 미끄러지다 = **slip**, 점차 줄다
n. 미끄럼틀, 슬라이드

We **slid** down the snowy slope.
우리는 눈 덮인 비탈을 미끄러져 내려갔다.

☐ lazy ☐ distant ☐ sample ☐ ambulance ☐ smooth ☐ slide

0264. plastic
[plǽstik]

n. 플라스틱 *a.* 가소성의, 다양한 모양으로 만들 수 있는 = **malleable**, 가짜의 = **false**

The park was littered with **plastic** bags and bottles. 공원에 비닐 봉투와 병들이 널브러져 있었다.

0265. manner
[mǽnər]

n. 태도 = **attitude**, 말투, (-s) 예절

You had better learn some basic table **manners**.
기본적인 식탁 예절은 배우는 것이 좋다.

0266. weight
[weit]

weigh *v.* 무게를 재다

n. 무게, 체중

He has been on a diet for three months and has lost little **weight**.
그는 석 달 동안 음식 조절에 들어갔는데 몸무게를 거의 빼지 못했다.

0267. mineral
[mínərəl]

n. 광물질, 미네랄

What is the recommended daily intake of vitamins and **minerals**?
하루 비타민과 미네랄 권장 섭취량은 얼마인가?

0268. stranger
[stréindʒər]

strange *a.* 낯선

n. 낯선 사람, 처음 온 사람

I don't know where the station is. I'm a **stranger** here myself.
저도 역이 어디 있는지 몰라요. 여기는 처음이라서요.

0269. pose
[pouz]

v. (문제를) 만들다, 포즈를 취하다

They **pose** a serious threat to security.
그들은 보안에 심각한 위협을 가한다.

☐ plastic ☐ manner ☐ weight ☐ mineral ☐ stranger ☐ pose ☐ profile

Day 09

0270. **profile**
[próufail]

n. 정보, 옆얼굴

First you must build up a detailed **profile** of your customers and their requirements. 먼저 당신의 고객들과 그들이 요구하는 사항에 관한 상세한 정보를 구축해야 한다.

Day 09 EXERCISE

A 영어는 우리말로, 우리말은 영어로 쓰시오.

1. manner
2. slide
3. smooth
4. distant
5. mild
6. parade
7. teenage
8. actual
9. trend
10. nervous
11. 옆얼굴
12. 낯선 사람
13. 미네랄
14. 구급차
15. 견본
16. 게으른
17. 휴양지
18. 소화하다
19. 영광
20. 위험을 감수하다

B 다음 중 알맞은 어휘를 고르시오.

1. ⓐ plastic / ⓑ physical — surgery ▶ 성형 수술

2. ⓐ pose / ⓑ pause — for a photograph ▶ 사진 촬영을 위해 포즈를 취하다

3. The club provides a wide variety of ⓐ actions / ⓑ activities including paragliding and scuba diving.

정답 A 1. 태도 2. 미끄러지다 3. 부드러운 4. 멀리 있는 5. 온화한 6. 행진 7. 십대의 8. 실제의 9. 경향 10. 초조한 11. profile 12. stranger 13. mineral 14. ambulance 15. sample 16. lazy 17. resort 18. digest 19. glory 20. risk
B 1. ⓐ 2. ⓐ 3. ⓑ

Basic Stage

월   일

0271. **motive**
[móutiv]
motivate v. 동기를 주다

n. 동기, 이유
The police have ruled out robbery as a **motive** for the murder.
경찰은 그 살인 사건의 동기 중 강도는 제외한 상태이다.

0272. **spectacle**
[spéktəkəl]

n. 굉장한 볼거리, 장관
The sunrise on the New Year's Day was a **spectacle**.
새해 첫날 아침의 해오름은 정말 장관이었다.

0273. **realistic**
[rìːəlístik]

a. 현실적인, 현실에 맞는
= **feasible**, **viable** ↔ **unrealistic**
Set yourself some **realistic** goals.
현실적인 목표를 세워라.

0274. **highlight**
[háilàit]
highlighter n. 형광펜

v. 강조하다 = **emphasize**, 형광펜으로 표시하다
n. 주요 장면[부분]
Please **highlight** any terms that are unfamiliar to you. 익숙지 않은 용어가 나오면 모두 형광펜으로 표시하세요.

0275. **fiction**
[fíkʃən]
fictional a. 허구의

n. 허구, 지어낸 것 ↔ **non-fiction**
This novel sometimes crosses the borderline between fact and **fiction**.
이 소설은 가끔 실화와 허구의 경계를 넘나든다.

☐ motive ☐ spectacle ☐ realistic ☐ highlight ☐ fiction

Day 10

0276. **whistle**
[hwísəl]

n. 휘파람, 호루라기 *v.* 휘파람 불다

He **whistled** to the dog to come back.
그는 개에게 돌아오라고 휘파람을 불었다.

0277. **rental**
[réntl]

rent *n. v.* 임대(하다)

a. 임대, 임대료, 사용료

The bill includes line **rental**.
요금에는 회선 임대료가 포함된다.

0278. **ad**
[æd]

advertise *v.* 광고하다

n. 광고 = **advertisement**

I put an **ad** in the local paper.
나는 지역 신문에 광고를 냈다.

0279. **sensor**
[sénsər]

sense *v.* 감지하다

n. 센서, 감지 장치

A motion **sensor** makes a light go on when people come to the door. 사람들이 그 문에 가까이 오면 움직임을 감지하는 장치가 전등이 켜지게 한다.

0280. **wit**
[wit]

witty *a.* 재치 있는

n. 재치, 지능 = **acumen, intelligence**

He has a quick **wit** and makes funny comments on things. 그는 재치와 순발력이 좋아서 웃기는 말을 잘 한다.

0281. **license**
[láisəns]

n. (자동차) 면허

I got a driver's **license** when I was 20.
나는 스무 살 때 운전면허를 땄다.

☐ whistle ☐ rental ☐ ad ☐ sensor ☐ wit ☐ license

0282. permit
[pəːrmít]
permission *n.* 허가

v. 허가하다 *n.* 허가증

Visitors are not **permitted** to take photographs.
방문객의 사진 촬영은 금지되어 있습니다.

0283. shutter
[ʃʌ́tər]

n. 덧문, (카메라의) 셔터

Do you mind closing the **shutters**?
덧문을 닫아 주시겠어요?

0284. staff
[stæf]

n. 직원 = **personnel**, 참모

The company has 40 part-time **staff** members.
그 회사에는 시간제 직원 40명이 있다.

0285. stuff
[stʌf]

n. 물건, 물체

What's the sticky **stuff** on the table?
탁자 위에 끈적끈적한 건 뭐야?

0286. absent
[ǽbsənt]
absence *n.* 결석

a. 결석한, 불참한 ↔ **present**

Jack was **absent** from school today.
잭은 오늘 학교에 나오지 않았다.

0287. reverse
[rivə́ːrs]

v. 뒤집다 = **overturn** *n.* 반대 = **opposite**, 후진

His advice had the **reverse** effect to that intended.
그의 조언은 의도했던 것과 정반대의 효과를 나타냈다.

☐ permit ☐ shutter ☐ staff ☐ stuff ☐ absent ☐ reverse

Day 10

0288. track
[træk]

n. 철도, 길 *v.* 쫓다, 추적하다 = **chase**

The hunter is **tracking** tigers.
그 사냥꾼은 호랑이를 뒤쫓고 있다.

0289. release
[rilíːs]

v. 풀어주다, 방출하다, 공개하다 = **publish**, 발매하다

He took hold of my hand but then **released** it again quickly.
그는 내 손을 잡았다가 재빨리 도로 놓았다.

0290. mad
[mæd]

madness *n.* 미침
madden *v.* 화나게[미치게] 하다

a. 미친 = **insane**, 무척 화난 = **furious**, 무척 좋아하는 = **crazy**

I'm **mad** about her.
나는 그녀를 정말 좋아해.

0291. mud
[mʌd]

muddy *a.* 진흙투성이인

n. 진흙 = **dirt**

The car wheels got stuck in **mud**.
차바퀴가 진흙탕에 빠져 안 돌아간다.

0292. matter
[mǽtər]

n. 물질 = **substance**, 문제 *v.* 중요하다 = **count**

It doesn't **matter**.
그것은 중요하지 않다.

0293. fan
[fæn]

n. 부채, 선풍기, 좋아하는 사람 = **enthusiast**

I'm a big **fan** of the Age of Girls.
나는 소녀시대의 왕팬이다.

☐ track ☐ release ☐ mad ☐ mud ☐ matter ☐ fan

Basic Stage

0294. funny
[fʌni]

fun *n.* 재미

a. 웃기는, 이상한 = **strange, peculiar**

A few **funny** things happened to me today.
나는 오늘 몇 가지 이상한 일을 겪었다.

0295. check
[tʃek]

n. 수표, 계산서 = **bill**

Can I have the **check**?
계산서 좀 주시겠어요?

0296. restroom
[réstru:m]

n. 공중 화장실

Where is the **restroom**?
화장실이 어디 있나요?

0297. journal
[dʒə́:rnəl]

journalism *n.* 신문잡지, 언론계
journalist *n.* 저널리스트, 보도기자

n. 신문잡지 = **press**, 일지

The **journal** is available in paper and electronic form. 그 잡지는 인쇄물과 전자 잡지 형태로 볼 수 있다.

0298. deadline
[dédlàin]

n. 최종시한, 마감일 = **target date**

I'm working to a tight **deadline**.
나는 촉박한 기한에 쫓겨 일하고 있다.

0299. update
[ʌ̀pdéit]

v. 최신으로 만들다, 갱신하다 = **renew**

The records need regular **updating**.
그 기록은 정기적인 갱신이 필요하다.

☐ funny ☐ check ☐ restroom ☐ journal ☐ deadline ☐ update ☐ invest

0300. **invest**

[invést]

investment *n.* 투자
investor *n.* 투자자

v. 투자하다 = **infuse**

The institute has **invested** $5 million in the project. 그 기관은 그 사업에 5백만 달러를 투자했다.

Day 10 EXERCISE

A 영어는 우리말로, 우리말은 영어로 쓰시오.

1. deadline _____
2. funny _____
3. mud _____
4. absent _____
5. shutter _____
6. permit _____
7. license _____
8. sensor _____
9. ad _____
10. whistle _____

11. 투자하다 _____
12. 갱신하다 _____
13. 공중 화장실 _____
14. 수표 _____
15. 선풍기 _____
16. 중요하다 _____
17. 놓아주다 _____
18. 쫓다 _____
19. 임대료 _____
20. 허구 _____

B 다음 중 알맞은 어휘를 고르시오.

1. the [ⓐ motive / ⓑ motif] for the crime ▶ 범행 동기

2. The sunrise on the New Year's Day was a [ⓐ spectator / ⓑ spectacle].

3. The [ⓐ journal / ⓑ journalism] is available in paper and electronic form.

정답 **A** 1. 마감시한 2. 웃기는 3. 진흙 4. 결석한 5. 덧문 6. 허가하다 7. 면허 8. 감지 장치 9. 광고 10. 휘파람 11. invest 12. update 13. restroom 14. check 15. fan 16. matter 17. release 18. track 19. rental 20. fiction
B 1. ⓐ 2. ⓑ 3. ⓐ

Basic Stage

월 일

0301. **shy**
[ʃai]

a. 부끄럼 많은, 수줍은 = **timid**

The girl is very **shy** with adults.
그 소녀는 어른들과 함께 있기를 쑥스러워한다.

0302. **reception**
[risépʃən]

receptionist *n.* 접수 받는 사람

n. 접수, 환영식, 기념식 = **feast**

I always receive a warm **reception** at my sister's house.   나는 누나 집에 갈 때마다 따뜻한 환영을 받는다.

0303. **monitor**
[mánitər / mɔ́n-]

monitory *a.* 감시하는

v. 감시하다, 관찰하다 = **track**

The institute **monitors** each child's progress closely.   그 학원은 모든 아이들의 진도를 세밀히 관찰한다.

0304. **clinic**
[klínik]

clinical *a.* 진료의

n. 진료소 = **hospital, infirmary**

She's been to several infertility **clinics**.
그녀는 여러 군데 불임클리닉에 다녔다.

0305. **homemade**
[hóummèid]

a. 집에서 만든

Some people only eat **homemade** food.
어떤 사람들은 집에서 만든 음식만 먹는다.

☐ shy   ☐ reception   ☐ monitor   ☐ clinic   ☐ homemade

Day 11

0306. selfish
[sélfiʃ]

selfishness *n.* 이기심

a. 이기적인 = **egoistic** ↔ **selfless, unselfish**

How **selfish** can you get?
넌 어쩜 그리 이기적이니?

0307. survival
[sərváivəl]

survive *v.* 살아남다
survivor *n.* 생존자

n. 생존 = **existence**

Her only chance of **survival** is a liver transplant.
그녀가 살아날 수 있는 유일한 가능성은 간 이식수술이다.

0308. studio
[stjúːdiòu]

n. 스튜디오, 원룸 = **studio apartment**

I'd like to rent a **studio**.
원룸을 빌리고 싶습니다.

0309. basement
[béismənt]

n. 지하층, 지하실 = **cellar**

He has a large store of wine in his **basement**.
그는 지하실에 많은 포도주를 저장해 두었다.

0310. increase
[inkríːs]

v. 늘리다, 늘다
= **enlarge, multiply** ↔ **decrease**

Oil **increased** in price.
석유 값이 올랐다.

0311. justice
[dʒʌ́stis]

just *a.* 정당한

n. 정의, 사법 ↔ **injustice**

I'm glad that **justice** has been done.
정의가 실현되어 기쁘다.

☐ selfish ☐ survival ☐ studio ☐ basement ☐ increase ☐ justice

Basic Stage

0312. sensation
[senséiʃən]
sensational *a.* 감각의

n. 느낌 = **awareness**, 소동, 화제 = **commotion**

His biography caused quite a **sensation**.
그의 책은 큰 화제를 불러일으켰다.

0313. deaf
[def]
deafen *v.* 안 들리게 하다

a. 귀가 안 들리는

She's been totally **deaf** since birth.
그녀는 태어났을 때부터 귀가 전혀 안 들렸다.

0314. cement
[simént]

n. 시멘트 *v.* 굳히다, 강화하다 = **strengthen**

It was the accident that **cemented** our relationship.
그것은 우리의 우정을 굳게 해 준 사건이었다.

0315. catalog
[kǽtəlɔ̀(ː)g]

n. 일람표, 카탈로그 = **list**

I'll see the **catalog** before deciding what to buy.
뭘 살지 결정하기 전에 일람표를 볼래요.

0316. seminar
[sémənàːr]

n. 세미나, 집중강의 = **workshop**

About 30 publishers attended the **seminar**.
30여명의 출판업자들이 세미나에 참석했다.

0317. exam
[igzǽm]
examine *v.* 조사하다

n. 시험 = **examination**

I took a math **exam** today.
오늘 수학시험을 보았다.

☐ sensation ☐ deaf ☐ cement ☐ catalog ☐ seminar ☐ exam

Day 11

0318. fear
[fiər]
fearful *a.* 무서워하는

n. 두려움 = **anxiety** *v.* 두려워하다 = **dread**
Dan has a **fear** of heights.
댄은 높은 곳을 무서워한다.

0319. credit
[krédit]
creditor *n.* 채권자

n. 신용 = **trust**, 외상, 공로
I bought the cellphone on **credit**.
나는 그 휴대전화를 외상으로 샀다.

0320. statement
[stéitmənt]
state *v.* 진술하다

n. 성명(서), 진술 = **announcement**, 거래 명세서
The actor is said to make a **statement** about the accusation.
그 배우는 그 혐의와 관련한 성명을 발표한다고 한다.

0321. various
[vé(:)əriəs]
variety *n.* 다양함
vary *v.* 다양하다

a. 많은, 다양한 = **diverse**
I started learning Chinese for **various** reasons.
나는 여러 가지 이유로 중국어 공부를 시작했다.

0322. decrease
[díːkriːs / dikríːs]

n. 감소 *v.* 줄어들다 = **fall, diminish** ↔ **increase**
Busan's population **decreased** last year.
작년 부산의 인구가 줄어들었다.

0323. doubt
[daut]
doubtful *a.* 의심하는

v. 의심하다, ~이 아닐 거라 여기다
= **distrust** ↔ **believe**
I **doubt** that the exchange rate will come down soon. 환율이 가까운 시일 안에 내려가지는 않을 것 같다.
TOEIC Tips suspect ~일 것 같다고 의심하다 ▶ 0409 suspect

☐ fear ☐ credit ☐ statement ☐ various ☐ decrease ☐ doubt

0324. wrap
[ræp]

v. 포장하다, 감싸다 = **envelop**

I **wrapped** the puppy in a blanket.
나는 강아지를 모포로 감쌌다.

0325. operate
[ápərèit / ɔ́p-]

operation *n.* 작동, 수술

v. 작동하다 = **function**, 수술하다

How do you **operate** the wireless mike?
무선 마이크를 어떻게 해야 작동하니?

0326. aid
[eid]

aide *n.* 보좌관

n. 도움 *v.* 도와주다 = **assist**

My grandmother wears a hearing **aid**.
할머니는 보청기를 끼신다.

0327. environment
[inváiərənmənt]

environmental *a.* 환경의

n. 환경, 여건 = **surroundings**

The man grew up in a bad **environment**.
그 남자는 좋지 않은 환경에서 자라났다.

0328. lonely
[lóunli]

loneliness *n.* 외로움

a. 외로운 = **lonesome**, 외딴 = **remote, isolated**

You can be married and still be very **lonely**.
결혼을 하고도 여전히 무척 외로울 수 있다.

0329. boil
[bɔil]

v. 끓이다, 삶다

The water in the pot was bubbling and **boiling away**. 냄비 속의 물이 보글보글 끓고 있었다.

☐ wrap ☐ operate ☐ aid ☐ environment ☐ lonely ☐ boil ☐ position

Day 11

0330. **position**
[pəzíʃən]

n. 직업, 직위 = **post**

I would like to apply for the **position** of Sales Manager.
저는 영업 부장 직위에 지원하고 싶습니다.

Day 11 EXERCISE

A 영어는 우리말로, 우리말은 영어로 쓰시오.

1. boil _____
2. lonely _____
3. environment _____
4. wrap _____
5. doubt _____
6. decrease _____
7. various _____
8. exam _____
9. deaf _____
10. selfish _____

11. 직위 _____
12. 수술하다 _____
13. 거래 명세서 _____
14. 신용 _____
15. 두려워하다 _____
16. 세미나 _____
17. 시멘트 _____
18. 지하실 _____
19. 원룸 _____
20. 소동 _____

B 다음 중 알맞은 어휘를 고르시오.

1. a wedding [ⓐ receipt / ⓑ reception] ▶ 결혼식 피로연

2. My grandmother wears a hearing [ⓐ aid / ⓑ aide].

3. Her only chance of [ⓐ survive / ⓑ survival] is a liver transplant.

정답 **A** 1. 끓이다 2. 외로운 3. 환경 4. 포장하다 5. 의심하다 6. 줄다 7. 다양한 8. 시험 9. 귀가 안 들리는 10. 이기적인 11. position 12. operate 13. statement 14. credit 15. fear 16. seminar 17. cement 18. basement 19. studio 20. sensation **B** 1. ⓑ 2. ⓐ 3. ⓑ

Essential Stage

Day 12 ~ Day 30

Day 12

0331. **copy**
[kápi]

n. (책) 1권, 1부, 사본 = **duplicate**

The book sold 50,000 **copies** in five weeks.
그 책은 출간된 지 5주 만에 5만 부가 팔렸다.

0332. **element**
[éləmənt]

elemental *a.* 기본적인
elementary *a.* 초보의

n. 성분, 요소

Any investment involves an **element** of risk.
모든 투자에는 위험 요소가 들어 있다.

0333. **solid**
[sálid]

a. 고체의, 단단한 *n.* 고체

The country's economy has a **solid** manufacturing base.
그 나라의 경제는 튼튼한 제조업의 기반을 갖고 있다.

0334. **cubic**
[kjú:bik]

cube *n.* 정육면체, 입체

a. 입방의, 세제곱의

The container's capacity measures 5 **cubic** feet.
그 용기의 용적은 5 세제곱 피트이다.

0335. **flu**
[flu:]

n. 유행성 감기, 인플루엔자 = **influenza**

I was outside all day and now I've got the **flu**.
하루 종일밖에 있었더니 유행성 감기에 걸렸다.

☐ copy ☐ element ☐ solid ☐ cubic ☐ flu

Day 12

0336. **liquid**
[líkwid]

n. 액체 = **fluid**

Most restrooms have replaced solid soap with **liquid** soap.
대부분의 공중화장실이 고체 비누를 액체 비누로 교체했다.

0337. **gas**
[gæs]

n. 휘발유 = **gasoline**, 기체

We've run out of **gas**.
차에 기름이 떨어졌다.

0338. **insect**
[ínsekt]

n. 곤충 = **bug**

Insect repellent is a must for campers.
벌레 쫓는 약은 캠핑하는 사람들에게 꼭 필요하다.

0339. **delight**
[diláit]

delightful *a.* 즐거운

n. 즐거움 = **joy** *v.* 즐겁게 하다, 즐거워하다

His nomination for the Best Actor **delighted** his fans. 그가 최우수 배우 후보에 오르자 팬들은 기뻐했다.

0340. **planet**
[plǽnit]

planetary *a.* 행성의

n. 행성, 지구 = **earth**

Many species of plants and animals have disappeared from our **planet**.
지구상에서 수많은 종의 식물과 동물이 사라져 버렸다.

0341. **shore**
[ʃɔːr]

n. 바닷가, 호숫가, 강가

There are several villas on the **shores** of the lake.
그 호숫가에 별장 몇 채가 들어서 있다.

☐ liquid ☐ gas ☐ insect ☐ delight ☐ planet ☐ shore

0342. **serving**
[sə́:rviŋ]

n. 1인분 = **portion, helping**

The dough will be enough for five **servings**.
그 반죽이면 5인분으로 충분할 것이다.

0343. **current**
[ká:rənt]

a. 현재의 n. 흐름, 해류, 전류

She swam to the shore against a strong **current**.
그녀는 거센 물살을 거스르며 해안까지 헤엄쳐 갔다.

0344. **publicity**
[pʌblísəti]

n. 언론의 조명, 홍보

The next item on the agenda is the **publicity budget**. 다음으로 논의할 의제는 홍보 예산입니다.

0345. **pressure**
[préʃər]

n. 압력 v. 압력을 주다

Don't **pressure** him into making a hasty decision.
그에게 압박을 줘서 성급한 결정을 내리게 하지 마라.

0346. **average**
[ǽvəridʒ]

n. 평균 = **mean**

Average earnings are $40,000 per annum.
1년 평균 수입은 4만 달러이다.

0347. **atom**
[ǽtəm]

atomic a. 원자의

n. 원자

A molecule of water consists of two atoms of hydrogen and one **atom** of oxygen.
물 분자 한 개는 수소 원자 두 개와 산소 원자 한 개로 이루어져 있다.

☐ serving ☐ current ☐ publicity ☐ pressure ☐ average ☐ atom

Day 12

0348. nuclear [njúːkliər]
a. (원자)핵의
The **nuclear** industry has both benefits and dangers. 원자력 산업은 이익과 위험을 모두 갖고 있다.

0349. oxygen [άksidʒən]
n. 산소
Animals take in **oxygen** and breathe out carbon dioxide. 동물은 산소를 들이마시고 이산화탄소를 내뱉는다.

0350. combination [kὰmbənéiʃən]
combine *v.* 연결하다
n. 연결, 연계 = **alliance**
The company is working on a new product in **combination** with some overseas partners. 그 회사는 몇몇 해외 협력업체와 연계하여 신제품을 개발하고 있다.

0351. manufacture [mæ̀njəfǽktʃər]
manufacturer *n.* 제조업체
v. 대량 생산하다 = **mass-produce**
n. 제조 = **mass production**
Detroit is a city well known for the **manufacture** of cars. 디트로이트는 자동차 제조로 유명한 도시이다.

0352. parallel [pǽrəlèl]
a. 평행한 *n.* 비슷한 것, 견줄 만한 것 = **equivalent**
That is an achievement without **parallel** in Korea. 그것은 한국에서 비할 바가 없는 업적이다.

0353. delicate [délikət / -kit]
delicacy *n.* 연약함
a. 연약한 = **fragile**, 미묘한 = **subtle**
Babies have very **delicate** skin.
아기는 피부가 무척 연약하다.

☐ nuclear ☐ oxygen ☐ combination ☐ manufacture ☐ parallel ☐ delicate

0354. activate
[ǽktəvèit]
activation *n.* 활성화

v. 활성화하다, 작동하다 = **operate**

The fire alarm is **activated** by heat.
화재경보기는 열을 받으면 작동된다.

0355. vote
[vout]
voter *n.* 투표인

n. v. 투표(하다)

The chairperson has the casting **vote**.
의장이 결정적인 한 표를 행사할 수 있다.

0356. volume
[váljuːm]
voluminous *a.* 커다란

n. 책, 부피, 음량

The library has over 40,000 **volumes**.
그 도서관에는 책이 4만 권 넘게 있다.

0357. yell
[jel]

v. 외치다 = **scream** *n.* 외침

He **yelled** and pointed at the other driver.
그는 상대방 운전자에게 소리를 지르며 삿대질을 했다.

0358. odd
[ɑd]

a. 기묘한, 홀수의 ↔ **even**, 짝이 안 맞는

I saw him wearing **odd** socks.
나는 그가 짝짝이 양말을 신고 있는 것을 보았다.

0359. equator
[ikwéitər]
equatorial *a.* 적도의

n. 적도

The **equator** is an imaginary line around the middle of the earth.
적도는 지구의 가운데를 두르는 상상의 선이다.

☐ activate ☐ vote ☐ volume ☐ yell ☐ odd ☐ equator ☐ scratch

0360. **scratch**
[skrætʃ]

n. 긁힌 자국 *v.* 긁다

The prisoner escaped without a **scratch**.
그 죄수는 상처 하나 없이 탈출했다.

Day 12 EXERCISE

A 영어는 우리말로, 우리말은 영어로 쓰시오.

1. equator _____
2. yell _____
3. activate _____
4. delicate _____
5. parallel _____
6. manufacture _____
7. combination _____
8. oxygen _____
9. nuclear _____
10. planet _____
11. 긁다 _____
12. 투표 _____
13. 부피 _____
14. 원자 _____
15. 평균 _____
16. 압력 _____
17. 홍보 _____
18. 1인분 _____
19. 바닷가 _____
20. 곤충 _____

B 다음 중 알맞은 어휘를 고르시오.

1. an [ⓐ odd / ⓑ even] number ▶ 홀수

2. She swam to the shore against a strong [ⓐ current / ⓑ currency].

3. The container's capacity measures 5 [ⓐ cube / ⓑ cubic] feet.

정답 **A** 1. 적도 2. 외치다 3. 활성화하다 4. 연약한 5. 평행의 6. 제조하다 7. 연결 8. 산소 9. 핵 10. 행성 11. scratch 12. vote 13. volume 14. atom 15. average 16. pressure 17. publicity 18. serving 19. shore 20. insect
B 1. ⓐ 2. ⓐ 3. ⓑ

Essential Stage

Day 13

월 일

0361. **scatter**
[skǽtər]

v. 뿌리다, 흩어지다 = **disperse**

The gunshot **scattered** the birds roosting in the trees. 총을 쏘자 나무에 앉아 있던 새들이 흩어졌다.

0362. **revolutionary**
[rèvəlúːʃənèri / -nəri]
revolution *n.* 혁명

a. 혁명적인, 파격적인

The artist was **revolutionary** in subject matter and technique.
그 예술가는 소재와 기법에서 혁명적이었다.

0363. **industrial**
[indʌ́striəl]
industry *n.* 산업

a. 산업의, 공업의 *n.* 산업근로자

Korea's **industrial** production fell for the fifth successive month.
한국의 산업 생산이 5개월 연속으로 감소했다.

0364. **interior**
[intí(ː)əriər]

a. 실내의 ↔ **exterior** *n.* 실내

The **interior** of the cathedral was plain and simple.
그 성당의 실내는 단순하고 소박했다.

0365. **enormous**
[inɔ́ːrməs]
enormity *n.* 거대함

a. 거대한, 엄청난 = **huge**, **immense**

The problems facing the President are **enormous**.
대통령이 안고 있는 문제들은 아주 큰 것이다.

☐ scatter ☐ revolutionary ☐ industrial ☐ interior ☐ enormous

Day 13

0366. **universal**
[júːnəvəːrsəl]

a. 보편적인

Education should be a **universal** right and not a privilege.
교육은 보편적인 권리여야지 특권이어서는 안 된다.

0367. **palm**
[pɑːm]

n. 손바닥

He smacked his fist into the **palm** of his hand.
그는 자기 손바닥을 주먹으로 짝 소리 나게 쳤다.

0368. **mosquito**
[məskíːtou]

n. 모기

Mosquitoes spread malaria, mostly in tropical regions.
모기는 주로 열대 지방에서 말라리아를 퍼뜨린다.

0369. **appropriate**
[əpróuprièit]

appropriateness *n.* 적절함

a. 적당한, 타당한 = **proper** ↔ **inappropriate**

The book was written in a style **appropriate** to teenage girls.
그 책은 십대 소녀들에게 어울리는 문체로 썼다.

0370. **splash**
[splæʃ]

v. (물 등을) 튀기다, 튀다 = **splatter**

Rain **splashed** against the windshield.
차 앞유리에 빗물이 툭툭 떨어졌다.

0371. **trial**
[tráiəl]

n. 시도 = **attempt**, 재판

He will go on **trial** for fraud.
그는 사기 혐의로 재판을 받을 것이다.

☐ universal ☐ palm ☐ mosquito ☐ appropriate ☐ splash ☐ trial

0372. religion
[rilídʒən]

religious *a.* 종교의, 신앙심 깊은

n. 종교, 종파, 신앙(심), 신조

It is illegal to discriminate on the grounds of **religion**. 종교를 이유로 차별하는 것은 법으로 금지되어 있다.

0373. harvest
[háːrvist]

n. 수확 *v.* 수확하다 = **reap**

The farm was flooded, with the result that most of the **harvest** was lost.
농장이 홍수로 물에 잠겨 수확한 곡식의 대부분이 유실되었다.

0374. gravity
[grǽvəti]

grave *a.* 심각한

n. 중력, 심각성 = **seriousness**

Punishment varies according to the **gravity** of the offense.
처벌은 범죄의 심각한 정도에 따라 달라진다.

0375. arithmetic
[ərίθmətik]

arithmetical *a.* 산수의

n. 산수, 계산

The girl is very good at **arithmetic**.
그 소녀는 산수를 아주 잘 한다.

0376. thermometer
[θərmámitər]

n. 온도계, 체온계

What does the **thermometer** read?
온도계 수치가 얼마를 가리키고 있니?

0377. meadow
[médou]

n. 풀밭, 초원

The cattle are eating grass in the **meadows** near the farm.
소들이 농장 근처 초원에서 풀을 먹고 있다.

☐ religion ☐ harvest ☐ gravity ☐ arithmetic ☐ thermometer ☐ meadow

Day 13

0378. **remarkable**
[rimáːrkəbl]
remarkably ad. 놀랍도록

a. 무척 놀라운 = **astonishing**

It is **remarkable** that nobody noticed the error.
아무도 그 오류를 알아채지 못했다는 것은 놀라운 일이다.

0379. **tissue**
[tíʃuː]

n. 신체 조직, 화장지

Human liver **tissue** can grow again if it is injured.
인간의 간 조직은 손상을 입어도 재생할 수 있다.

0380. **statue**
[stǽtʃuː]

n. 상(像)

The sculptor carved the **statues** of the war dead.
조각가는 전사자들의 상을 조각했다.

0381. **proportion**
[prəpɔ́ːrʃən]
remarkably ad. 놀랍도록
proportional a. 비례하는

n. 비율, 비례 = **ratio**

A large **proportion** of the labor force is unskilled.
노동력 중 다수가 비숙련 노동자이다.

0382. **radiator**
[réidièitər]

n. 난방기, 냉각기

The apartment building has a central heating system with a **radiator** in each room.
그 아파트 건물에는 중앙난방 시스템이 갖추어져 있으며 각각의 아파트에 난방기가 있다.

0383. **vibration**
[vaibréiʃən]
vibrate v. 진동하다

n. 진동

I could feel the **vibrations** from the vehicles passing outside.
나는 밖에서 지나가는 차들의 진동을 느낄 수 있었다.

☐ remarkable ☐ tissue ☐ statue ☐ proportion ☐ radiator ☐ vibration

0384. rage
[reidʒ]
enrage v. 분노를 일으키다

n. 분노

Her lies bristled me with **rage**.
그녀의 거짓말에 나는 화가 치밀었다.

0385. launch
[lɔːntʃ]

v. 발사하다, 출시하다, 시작하다 = **initiate**

Korea **launched** a communications satellite a few years ago.
한국은 몇 년 전 통신 위성을 쏘아 올렸다.

0386. numerous
[njúːmərəs]

a. 매우 많은 = **innumerable**, **countless**

The advantages of the program are too **numerous** to mention.
그 프로그램의 장점은 너무 많아서 일일이 들 수도 없다.

0387. combine
[kəmbáin]
combination n. 연결

v. 연결하다, 합치다

Several factors **combined** to make the plan a success.
몇 가지 요소들이 합쳐져서 그 계획을 성공작으로 만들었다.

0388. accompany
[əkʌ́mpəni]
accompaniment n. 동행

v. 동행하다, 반주하다

Children under the age of 6 must **accompany** parents.
6세 미만의 어린이는 부모를 동반해야 합니다.

0389. mechanical
[məkǽnikəl]
machine n. 기계
mechanic n. 정비공

a. 기계의, 틀에 박힌 = **routine**

He majored in **mechanical** engineering at college.
그는 대학에서 기계 공학을 전공했다.
▶ 888 mechanic

☐ rage ☐ launch ☐ numerous ☐ combine ☐ accompany ☐ mechanical ☐ contract

Day 13

0390. **contract**
[kántrækt]

contractor *n.* 계약자

n. 계약(서)

Under the **contract**, the company is supposed to pay me the balance by this Tuesday. 계약상으로 그 회사는 내게 잔금을 이번 주 화요일까지 치르기로 되어 있다.

Day 13   EXERCISE

A 영어는 우리말로, 우리말은 영어로 쓰시오.

1. mechanical _____
2. accompany _____
3. combine _____
4. numerous _____
5. rage _____
6. vibration _____
7. proportion _____
8. remarkable _____
9. trial _____
10. mosquito _____

11. 계약 _____
12. 발사하다 _____
13. 냉각기 _____
14. 종교 _____
15. 수확 _____
16. 중력 _____
17. 산수 _____
18. 온도계 _____
19. 풀밭 _____
20. 신체 조직 _____

B 다음 중 알맞은 어휘를 고르시오.

1. ⓐ scatter / ⓑ shatter seeds ▶ 씨를 뿌리다

2. an ⓐ industrial / ⓑ industrious accident ▶ 산업 재해

3. The sculptor carved the ⓐ statues / ⓑ statutes of the war dead.

정답 **A** 1. 기계적인 2. 동반하다 3. 연결하다 4. 아주 많은 5. 분노 6. 진동 7. 비율 8. 아주 놀라운 9. 재판, 시도 10. 모기 11. contract 12. launch 13. radiator 14. religion 15. harvest 16. gravity 17. arithmetic 18. thermometer 19. meadow 20. tissue **B** 1. ⓐ 2. ⓐ 3. ⓐ

Day 14

0391. **agriculture**
[ǽgrikʌltʃər]
agricultural *a.* 농업의

n. 농업, 농학

The number of people employed in **agriculture** has fallen in the last 40 years.
지난 40년 동안 농업에 종사하는 사람들이 줄었다.

0392. **sore**
[sɔːr]
soreness *n.* 쓰림

n. 쓰린, 뻐근한

I had a **sore** throat and could only croak.
나는 목이 아파서 걸걸대는 목소리밖에 안 나왔다.

0393. **convert**
[kənvə́ːrt]
convertible *a.* 바꿀 수 있는 *n.* 오픈카
conversion *n.* 개조

v. 개조하다, 바꾸다

The deserted school building is going to be **converted** into a museum.
그 폐교 건물은 박물관으로 개조될 예정이다.

0394. **policy**
[pálisi]

n. 정책, 보험 증권

Read the wording of your **policy** carefully.
보험 약관을 자세히 읽어 보시오.

0395. **peninsula**
[pənínsələ]
peninsular *a.* 반도의

n. 반도

The Korean **Peninsula** is divided into two nations. 한반도는 두 개의 국가로 나뉘어 있다.

☐ agriculture ☐ sore ☐ convert ☐ policy ☐ peninsula

Day 14

0396. formal
[fɔ́ːrməl]
formality *n.* 격식

a. 형식을 갖춘, 격식을 차린 ↔ **informal**

Jeans are not appropriate for a **formal** party.
청바지는 격식을 차린 파티에 적절하지 않다.

0397. protein
[próutiːn]

n. 단백질

You need more **protein** to build you up.
너는 체격을 키우려면 단백질을 더 먹어야 한다.

0398. adopt
[ədápt]
adoption *n.* 채택, 입양

v. 채택하다, 입양하다

You may need to **adopt** different approaches to the problem.
그 문제에 대한 다른 해결책을 시도해 보아야 할지도 모른다.

0399. adjust
[ədʒʌ́st]
adjustment *n.* 조절
adjustable *a.* 조절 가능한

v. 조절하다, 적응하다 = **adapt**

Adjust your words to the age of your audience.
청중의 나이에 따라 말을 적절히 바꿔서 해라.

0400. secretary
[sékrətèri]
secretarial *a.* 비서의

n. 비서, 서기

Please contact my **secretary** to make an appointment.
약속을 잡으시려면 제 비서와 연락하십시오.

0401. swell
[swel]

v. 부풀다, 부풀리다 ↔ **shrink**

Membership of the online shopping mall has **swelled** to over 300,000.
그 온라인 쇼핑몰의 회원 수가 30만 명 넘게 늘어났다.

☐ formal ☐ protein ☐ adopt ☐ adjust ☐ secretary ☐ swell

0402. **medium**
[míːdiəm]

n. 중간 = **average**, 매체

The Internet is a good **medium** for learning a foreign language.
인터넷은 외국어를 배울 수 있는 훌륭한 매체이다.

0403. **efficient**
[ifíʃənt]
efficiency *n.* 효율

a. 능률적인

The new system is far more **efficient** than the old one. 새로운 시스템이 이전 시스템보다 훨씬 더 효율적이다.

0404. **assemble**
[əsémbl]
assembly *n.* 모임, 조립

v. 모으다, 조립하다, 모이다 = **gather**

The contestants were requested to **assemble** in the lobby. 대회 참가자들은 로비로 모이라는 요청을 받았다.

0405. **assure**
[əʃúər]
assurance *n.* 보증

v. 보증하다, 장담하다 = **guarantee**

I can **assure** you that the figures are correct.
그 수치가 정확하다고 장담할 수 있다.

0406. **cure**
[kjuər]

n. 치료 *v.* 치료하다 = **heal**

It is possible that in the course of time the **cure** for AIDS will be found.
언젠가는 에이즈의 치료법이 발견될 가능성이 있다.

0407. **pursue**
[pərsúː]
pursuit *n.* 추구
pursuer *n.* 추적자

v. 추구하다, 뒤쫓다 = **chase**

He wishes to **pursue** a legal career.
그는 법조인의 길을 걷고 싶어 한다.

☐ medium ☐ efficient ☐ assemble ☐ assure ☐ cure ☐ pursue

Day 14

0408. **smash** [smæʃ]

v. 산산이 부수다, 후려치다 = **shatter**, **slam**

Danny **smashed** his fist down on the desk.
대니는 주먹으로 책상을 내리쳤다.

0409. **suspect** [səspékt]

suspicion n. 의심
suspicious a. 미심쩍은

v. ~일 거라고 의심하다, 수상히 여기다

I **suspect** there may be something funny going on. 뭔가 이상한 일이 벌어지고 있지 않나 싶다.

0410. **internal** [intə́ːrnəl]

internally ad. 내부로

a. 내부의 ↔ **external**, 국내의 = **domestic**

A combination of **internal** and external factors caused the company to close down.
내부적 요인과 외부적 요인이 합쳐진 결과 그 회사는 망했다.

0411. **terror** [térər]

terrorism n. 테러 행위
terrorize v. 무섭게 하다

n. 무서움, 공포 = **horror**, **fear**

He froze with **terror** as the door slowly opened.
문이 천천히 열리자 그는 너무 무서워서 꼼짝도 못 했다.

0412. **density** [dénsəti]

dense a. 빽빽한

n. 밀도, 빽빽함

The population **density** in Seoul is very high.
서울의 인구밀도는 매우 높다.

0413. **intelligence** [intélidʒəns]

intelligent a. 영리한

n. 지능, 이해력

The results of **intelligence** tests are not wholly reliable. 지능 검사 결과는 완전히 믿을 것이 못 된다.

☐ smash ☐ suspect ☐ internal ☐ terror ☐ density ☐ intelligence

0414. **curiosity**
[kjùəriásəti]
curious a. 궁금해 하는

n. 호기심

His **curiosity** got the better of him and he asked her the question.
그는 호기심을 이기지 못하고 그녀에게 그 질문을 했다.

0415. **typhoon**
[taifúːn]

n. (서태평양에서 발생하는) 태풍

Typhoons are so powerful that they sink ships.
태풍은 선박을 침몰시킬 정도로 위력이 크다.

0416. **impulse**
[ímpʌls]
impulsive a. 충동적인

n. 충동

I had a sudden **impulse** to stand up and get out of the room.
나는 일어나 그 방을 나가고 싶은 충동이 갑자기 들었다.

0417. **contractor**
[kəntræktər]
contract n. v. 계약(하다)

n. 계약자, 도급업자

They decided to employ an outside **contractor** for the project.
그들은 외주 계약자를 고용하여 그 사업을 하기로 결정했다.

0418. **oyster**
[ɔ́istər]

n. 굴

Some **oysters** produce pearls.
어떤 굴은 진주를 만들어낸다.

0419. **debt**
[det]
debtor n. 채무자

n. 빚

The agreement binds him to repay the **debt** within three months.
그 합의서에 따르면 그는 3주 안으로 빚을 갚아야 한다.

☐ curiosity ☐ typhoon ☐ impulse ☐ contractor ☐ oyster ☐ debt ☐ magnificent

Day 14

0420. **magnificent**
[mǽgnífisənt]
magnificence n. 웅장함

a. 웅장한, 굉장한 = **splendid**
The beauty of Rome consists in its **magnificent** historic buildings.
로마의 아름다움은 웅장하고 유서 깊은 건물들에 있다.

Day 14 EXERCISE

A 영어는 우리말로, 우리말은 영어로 쓰시오.

1. magnificent _____
2. oyster _____
3. contractor _____
4. typhoon _____
5. density _____
6. terror _____
7. internal _____
8. cure _____
9. assure _____
10. efficient _____

11. 빚 _____
12. 충동 _____
13. 호기심 _____
14. 지능 _____
15. 추구하다 _____
16. 조립하다 _____
17. 부풀다 _____
18. 비서 _____
19. 입양하다 _____
20. 단백질 _____

B 다음 중 알맞은 어휘를 고르시오.

1. have a [ⓐ sour / ⓑ sore] throat ▶ 목구멍이 아프다

2. the terms of the insurance [ⓐ policy / ⓑ politic] ▶ 보험 약관

3. [ⓐ Adjust / ⓑ Adopt] your words to the age of your audience.

정답 **A** 1. 웅장한 2. 굴 3. 계약자 4. 태풍 5. 밀도 6. 공포 7. 내부의 8. 치료 9. 보증하다 10. 능률적인 11. debt 12. impulse 13. curiosity 14. intelligence 15. pursue 16. assemble 17. swell 18. secretary 19. adopt 20. protein
B 1. ⓑ 2. ⓐ 3. ⓐ

Essential Stage

월 일

0421. output
[áutpùt]

n. 출력 ↔ **input**, 생산량

Output should triple by next year.
내년이면 생산량이 3배로 늘어날 것이다.

0422. rectangle
[réktæŋgl]

rectangular *a.* 직사각형의

n. 직사각형

The textbook is shaped like a **rectangle**.
그 교과서는 직사각형 모양이다.

0423. welfare
[wélfɛ̀ər]

n. 복지

Welfare payments cease as soon as an individual starts a job.
취직을 한 순간부터 그 사람에게 지급되는 복지 급여가 중단된다.

0424. calculate
[kǽlkjəlèit]

calculation *n.* 계산
calculator *n.* 계산기

v. 계산하다 = **work out**

With so many variables, it is difficult to **calculate** the cost.
변수가 하도 많아서 비용을 계산하기가 어렵다.

0425. judgment
[dʒʌ́dʒmənt]

judge *v.* 판단하다 *n.* 판사
judgmental *a.* 판단하는

n. 판단, 판결

Don't let your **judgment** be colored by personal feelings. 개인적인 감정으로 판단을 흐리지 마라.

☐ output ☐ rectangle ☐ welfare ☐ calculate ☐ judgment

Day 15

0426. alternate
[ɔ́:ltərnit]
alternative n. a. 대안(의)

a. 번갈아 하는 *v.* 번갈아 하다

His mood often **alternates** from happiness to despair.
그의 기분은 행복과 절망을 자주 왔다 갔다 한다.

0427. logical
[ládʒikəl / lɔ́dʒ-]
logic n. 논리

a. 논리적인 = **rational** ↔ **illogical**

You must learn how to construct a **logical** argument.
논리적인 주장을 펼치는 법을 배워야 한다.

0428. legal
[lí:gəl]
legalize v. 합법화하다

a. 법률의, 합법적인 = **legitimate** ↔ **illegal**

There has been controversy over whether euthanasia should be made **legal**.
안락사를 합법화해야 하는가를 놓고 논란이 이어져 왔다.

0429. dimension
[diménʃən]
dimensional a. 차원의

n. 차원, 측면, 치수

They measured the **dimension** of the office.
그들은 사무실의 가로, 세로, 높이를 쟀다.

0430. recognition
[rèkəgníʃən]
recognize v. 인식하다

n. 인식, 인정 = **approval**

Her unusual skating skills gained her international **recognition**.
그녀는 특별한 스케이트 기술로 국제적인 인정을 받았다.

0431. democracy
[dimάkrəsi / -mɔ́k-]
democratic a. 민주적인

n. 민주주의

Democracy is supposed to have had its beginnings in ancient Greece.
민주주의는 고대 그리스에서 시작되었다고들 말한다.

☐ alternate ☐ logical ☐ legal ☐ dimension ☐ recognition ☐ democracy

0432. chemistry
[kémistri]

chemist *n.* 화학자
chemical *a.* 화학의 *n.* 화학물질

n. 화학

I'm planning to do a **chemistry** degree.
나는 화학을 전공해서 학위를 딸 계획이다.

0433. guarantee
[gæ̀rəntíː]

n. 보증 = **assurance, warranty**
v. 보증하다 = **assure**

We **guarantee** the freshness of all our produce.
저희 농산물의 신선도는 저희가 보장합니다.

0434. gauge
[geidʒ]

n. 측정기 *v.* 측정하다 = **measure**, 가늠하다

The precision instrument can **gauge** the diameter to a fraction of a millimeter.
그 정밀 기기는 지름을 1백만분의 1밀리미터까지 측정할 수 있다.

0435. potential
[pəténʃəl]

n. 잠재력 = **promise** *a.* 잠재력 있는 = **possible**

The company is being actively considered as a **potential** partner.
그 회사는 잠재적인 협력업체로서 적극적으로 검토되고 있다.

0436. neutral
[njúːtrəl]

neutrality *n.* 중립
neutralize *v.* 중성화하다

a. 중립적인 = **impartial, unbiased**

They decided to meet on **neutral** ground.
그들은 중립 지대에서 만나기로 결정했다.

0437. reform
[rifɔ́ːrm]

reformation *n.* 개혁

n. 개혁 *v.* 개혁하다 = **amend**

There have been proposals to **reform** the social security system.
사회 보장 제도를 개혁하자는 제안이 있었다.

☐ chemistry ☐ guarantee ☐ gauge ☐ potential ☐ neutral ☐ reform

Day 15

0438. analysis [ənǽləsis]
analyst *n.* 분석가
analyze *v.* 분석하다

n. 분석

Traditional economic **analysis** is premised on the assumption that more is better.
전통적인 경제 분석은 많을수록 좋은 것이라는 전제를 깔고 있다.

0439. deadly [dédli]

a. 치명적인 = **lethal**, 완전한 = **extreme**

They sat in **deadly** silence.
그들은 전혀 한 마디도 하지 않고 앉아 있었다.

0440. notorious [noutɔ́ːriəs]
notoriety *n.* 악명

a. 악명 높은 = **infamous**

The prison is **notorious** for its appalling conditions. 그 교도소는 끔찍한 환경으로 악명이 높다.

0441. decay [dikéi]

v. 썩다 = **rot**, **decompose** *n.* 부패

Chemicals are injected into the bananas to reduce **decay**. 부패를 줄이기 위해 바나나에 화학물질이 주입된다.

0442. conscience [kánʃəns]
conscientious *a.* 성실한, 양심적인

n. 양심, 자제심, 분별

His **conscience** pricked him as he lied to his sister.
그는 여동생에게 거짓말을 하면서 양심이 찔렸다.

0443. institute [ínstətjùːt]

n. (학문, 연구) 기관

He works in a government-affiliated **institute**.
그는 정부 산하에 있는 기관에서 일한다.

☐ analysis ☐ deadly ☐ notorious ☐ decay ☐ conscience ☐ institute

0444. dedicate
[dédəkèit]

dedication *n.* 헌신
dedicated *a.* 헌신적인

v. 바치다, 헌신하다 = **devote**

He **dedicated** his life to studying physics.
그는 물리학을 연구하는 데 일생을 바쳤다.

0445. fatal
[féitəl]

fatality *n.* 치명적임

a. 생명이 걸린, 치명적인 = **deadly**, **lethal**

Fatal road accidents have decreased in frequency over the recent years.
최근 사망자가 발생한 교통사고의 빈도가 줄어들었다.

0446. cooperation
[kouàpəréiʃən]

cooperate *v.* 협조하다

n. 협력, 협조 = **collaboration**, **aid**

We would appreciate your **cooperation** in cleaning the ground as quickly as possible.
운동장을 가능한 한 빨리 청소할 수 있도록 협조해 주시면 감사하겠습니다.

0447. stray
[strei]

v. 헤매다 *a.* 떠도는

My eyes kept **straying** over to the clock on the wall. 내 눈이 나도 모르게 벽에 걸린 시계로 돌아갔다.

0448. astronomy
[əstránəmi]

astronomer *n.* 천문학자
astronomical *a.* 천문학적인

n. 천문학

I took a course in **astronomy** in college because I was interested in planets.
나는 행성에 관심이 있어서 대학에 다닐 때 천문학 강의를 들었다.

0449. cultural
[kʌ́ltʃərəl]

culture *n.* 문화

a. 문화적인

When doing business abroad, you should consider economic, social, and **cultural** factors.
외국에서 사업을 할 때는 경제적, 사회적, 문화적 요소를 고려해야 한다.

☐ dedicate ☐ fatal ☐ cooperation ☐ stray ☐ astronomy ☐ cultural ☐ accuse

0450. accuse
[əkjúːz]

accusation *n.* 고발, 비난

v. 고발하다 = **charge**, 비난하다 = **blame**

The President was **accused** of incompetence.
대통령은 무능하다는 비난을 받았다.

Day 15 EXERCISE

A 영어는 우리말로, 우리말은 영어로 쓰시오.

1 stray	_____	11 고발하다	_____
2 rectangle	_____	12 문화적인	_____
3 fatal	_____	13 천문학	_____
4 dedicate	_____	14 썩다	_____
5 institute	_____	15 분석	_____
6 conscience	_____	16 개혁	_____
7 notorious	_____	17 중립적인	_____
8 deadly	_____	18 잠재력	_____
9 chemistry	_____	19 민주주의	_____
10 dimension	_____	20 논리적인	_____

B 다음 중 알맞은 어휘를 고르시오.

1 fall behind in ⓐ outcome / ⓑ output ▶ 생산량이 떨어지다

2 a ⓐ welfare / ⓑ warfare state ▶ 복지 국가

3 We would appreciate your ⓐ cooperation / ⓑ corporation in cleaning the

---

정답 **A** 1. 헤매다 2. 직사각형 3. 치명적인 4. 헌신하다 5. 기관 6. 양심 7. 악명 높은 8. 치명적인 9. 화학 10. 차원 11. accuse 12. cultural 13. astronomy 14. decay 15. analysis 16. reform 17. neutral 18. potential 19. democracy 20. logical
B 1. ⓑ 2. ⓐ 3. ⓐ

Essential Stage

월 일

0451. funeral
[fjúːnərəl]

n. 장례식

Everyone at the **funeral** was dressed in black.
장례식에 참석한 모든 사람들이 검은 옷을 입었다.

0452. square
[skwɛər]

n. 정사각형, 제곱, 광장

Tens of thousands of demonstrators filled the **square**.
수만 명의 시위자들이 광장을 가득 메웠다.

0453. circulation
[sə̀ːrkjəléiʃən]

circulate v. 순환시키다

n. 순환, 유통, 판매부수

The newspaper's **circulation** has dropped sharply.
그 신문의 판매부수가 급격히 감소했다.

0454. reproduction
[rìːprədʌ́kʃən]

reproduce
v. 복사하다, 번식하다

n. 복사, 번식 = **multiplication**, 재생

Digital recording gives excellent sound **reproduction**.
디지털 녹음은 품질 높은 음 재생을 가능케 한다.

0455. energetic
[ènərdʒétik]

energy n. 정력

a. 정력적인, 강력한 = **vigorous**, **passionate**, **enthusiastic**

He is **energetic** and dynamic, so he will get things done. 그는 활동적이고 역동적이니 해 낼 것이다.

☐ funeral ☐ square ☐ circulation ☐ reproduction ☐ energetic

Day 16

0456. privilege
[prívəlidʒ]

n. v. 특권(을 주다) = **honor**, **favor**

The U.S. should extend trade **privileges** to poor countries.
미국은 가난한 나라들에게 무역 특혜를 베풀어야 한다.

0457. bruise
[bruːz]

n. 멍 *v.* 멍들게 하다

His legs were covered in **bruises**.
그의 다리는 온통 멍투성이였다.

0458. suspense
[səspéns]

n. 긴장, 불안 = **tension**

The film 'Psycho' is a masterpiece of **suspense**.
영화 '사이코'는 긴장감을 불러일으키는 명작이다.

0459. delegate
[déləgèit]

delegation *n.* 위임

n. 대리인 = **representative** *v.* 맡기다

The conference was attended by **delegates** from 65 countries.
그 회의에는 65개국의 대표들이 참석했다.

0460. ultimate
[ʎltəmit]

a. 궁극의 = **final**, 기본적인 = **fundamental**

The **ultimate** authority resides with the board of directors. 최종 권한은 이사회에게 있다.

0461. designate
[dézignèit]

designation *n.* 임명

v. 지정하다, 임명하다 = **appoint**

The coastal area has been **designated** as a National Park.
그 해안 지역은 국립공원으로 지정되었다.

☐ privilege ☐ bruise ☐ suspense ☐ delegate ☐ ultimate ☐ designate

0462. evaporate
[ivǽpərèit]
evaporation *n.* 증발

v. 증발하다, 증발시키다 = **vaporize**

Heat until half the water has **evaporated**.
절반의 물이 증발할 때까지 열을 가해라.

0463. conceive
[kənsíːv]
conception *n.* 생각, 임신
conceivable *a.* 상상할 수 있는

v. 마음에 품다, 임신하다

The artist **conceived** the idea of converting the old factory into a concert hall. 그 예술가는 오래된 공장을 공연장으로 개조해 보자는 생각을 떠올렸다.

0464. durable
[djúərəbəl]
durability *n.* 내구력
duration *n.* 지속 기간

a. 오래 가는, 내구력이 있는 ↔ **perishable**

The soles on the shoes have lasted three years; they are quite **durable**.
그 신발의 밑창은 3년째 쓰고 있다. 내구력이 아주 강하다.

0465. findings
[fáindiŋz]

n. 연구 결과

The **findings** of the institute were published on the Internet. 그 연구소의 연구 결과가 인터넷에 발표되었다.

0466. radical
[rǽdikəl]
radicalize *v.* 과격하게 만들다

a. 급진적인, 과격한 = **far-reaching, dramatic**

There have been demands for **radical** reform of the law. 법 체제의 급진적인 개혁에 대한 요구가 있었다.

0467. congress
[káŋgris / kɔ́ŋgris]
Congressman *n.* 미국 국회의원
congressional *a.* 의회의

n. 회의 = **conference**, 〈미〉 의회

After a long debate, **Congress** approved the proposal.
의회는 오랜 토론 끝에 그 안을 승인했다.

☐ evaporate ☐ conceive ☐ durable ☐ findings ☐ radical ☐ congress

Day 16

0468. sink [siŋk]

n. 싱크대, 세면대 = **washbasin** *v.* 가라앉다

I filled the **sink** with warm water and washed my hands. 나는 세면대에 뜨거운 물을 받아 손을 씻었다.

0469. survey [sə:*r*véi]

n. 설문 조사 = **poll** *v.* 조사하다 = **inspect**, 살펴보다

She always **surveys** herself in the mirror before going out.
그녀는 밖에 나가기 전에 반드시 거울을 보며 자기 모습을 살펴본다.

0470. tidy [táidi]

a. 깔끔한, 정돈된 = **neat** ↔ **untidy**
v. 정돈하다 = **square away**

I spent all afternoon cleaning and **tidying** my room. 나는 오후 내내 내 방을 청소하고 정리하며 보냈다.

0471. aspect [æspekt]

n. 측면, 방향 = **orientation**

That was one **aspect** of his character I hadn't seen before.
그것은 내가 전에 보지 못했던 그의 성격 중 한 측면이었다.

0472. tow [tou]

v. 차를 끌고 가다 *n.* 차 견인

My car was **towed** away by the police.
내 차가 경찰에게 견인 당했다.

0473. theme [θi:m]

n. 주제 = **subject**

The author picks up this **theme** again in later chapters of the book.
저자는 이 주제를 책의 뒷장에서 다시 언급한다.

☐ sink ☐ survey ☐ tidy ☐ aspect ☐ tow ☐ theme

0474. memo
[mémou]

n. 회람 = **memorandum**

I want this **memo** to go to all managers.
이 회람을 모든 부장들에게 돌리세요.

TOEIC Tips 흔히 '메모' 라고 하는 '쪽지' 의 진짜 영어표현은 **note**
▶ 1210 **note**

0475. lifetime
[láiftàim]

n. 평생, 살아 있는 동안

An opportunity like this comes once in a **lifetime**.
이런 기회는 평생 한 번 올까 말까 한 것이다.

0476. extension
[iksténʃən]

extend *v.* 늘리다

n. 연장, 늘임, (전화) 교환

My **extension** is three five double O.
내 교환번호는 35000이다.

0477. cut
[kʌt]

v. 줄이다 = **reduce**

His annual salary has been **cut** by ten percent.
그의 연봉이 10퍼센트 삭감되었다.

0478. corporation
[kɔ̀ːrpəréiʃən]

corporate *a.* 기업의

n. 대기업

Honors **Corporation** is headquartered in Shanghai.
아너스 기업의 본사는 상하이에 있다.

0479. alarm
[əláːrm]

n. 경보 *v.* 걱정시키다 = **worry**

I don't want to **alarm** you, but I forgot my wallet.
걱정시키고 싶지는 않은데, 지갑을 어딘가에 두고 왔어.

☐ memo ☐ lifetime ☐ extension ☐ cut ☐ corporation ☐ alarm ☐ book

0480. **book**
[buk]

v. 예약하다 = **reserve**

You're late—the concert is **booked** up.
넌 늦었어. 공연 예매는 다 끝났어.

Day 16 EXERCISE

A 영어는 우리말로, 우리말은 영어로 옮기시오.

1. reproduction _____
2. extension _____
3. theme _____
4. tow _____
5. aspect _____
6. ultimate _____
7. congress _____
8. radical _____
9. durable _____
10. designate _____

11. 예약하다 _____
12. 평생 _____
13. 회람 _____
14. 설문 조사 _____
15. 가라앉다 _____
16. 임신하다 _____
17. 증발하다 _____
18. 대리인 _____
19. 장례식 _____
20. 멍들게 하다 _____

B 다음 중 알맞은 어휘를 고르시오.

1. blood ⓐ circuit / ⓑ circulation ▶ 혈액 순환
2. a fire ⓐ alarm / ⓑ alert ▶ 화재경보기
3. neat and ⓐ tidy / ⓑ tiny ▶ 잘 정돈된

정답 A 1. 복사, 번식 2. 연장 3. 주제 4. 견인하다 5. 측면 6. 궁극의 7. 의회 8. 급진적인 9. 내구력이 높은 10. 임명하다 11. book 12. lifetime 13. memo 14. survey 15. sink 16. conceive 17. evaporate 18. delegate 19. funeral 20. bruise
B 1. ⓑ 2. ⓐ 3. ⓐ

Day 17

월   일

0481. auction
[ɔ́ːkʃən]

n. v. 경매(에 부치다)

The costumes from the movie will be **auctioned** for charity. 그 영화에서 입었던 의상들은 경매에 붙여져 자선단체에 기부될 것이다.

0482. vacancy
[véikənsi]

vacant *a.* 비어 있는

n. 빈 방, 일자리 = **opening**

I'm sorry, we have no **vacancies** right now.
죄송합니다. 지금은 빈 방이 없습니다.
▶ 1078 **vacant**

0483. opportunity
[ὰpərtjúːnəti / ɔ̀pər-]

n. 기회

I'd like to take this **opportunity** to thank my colleagues for their support.
이 자리를 빌어 저를 도와주신 동료들에게 감사를 드리고 싶습니다.

0484. downturn
[dáuntə̀ːrn]

n. 경기 침체, 부진 ↔ **upturn**

The present global economic **downturn** will not last forever.
현재의 전 세계 경기 침체가 영원히 계속되지는 않을 것이다.

0485. suburb
[sʌ́bəːrb]

suburban *a.* 교외의

n. 교외, 변두리 = **outskirts**

They live in a wealthy **suburb** of Seoul.
그들은 서울 교외의 부촌에 살고 있다.

☐ auction ☐ vacancy ☐ opportunity ☐ downturn ☐ suburb

Day 17

0486. **personality**
[pə:rsənǽləti]

n. 성격, 개성 = **character**, 유명인사 = **celebrity**

That's one of the most attractive aspects of her **personality**.
그것이 그녀 성격의 가장 매력적인 측면 중 하나이다.

0487. **tie**
[tai]

n. 넥타이 *v.* 묶다

Shall I **tie** the package or tape it?
소포를 끈으로 묶을까요 테이프로 붙일까요?

0488. **friendly**
[fréndli]

a. 다정한, (복합어로) ~친화적인

There are a number of ozone-**friendly** aerosols on sale.
오존층을 파괴하지 않는 스프레이 몇 가지가 판매되고 있다.

0489. **primary**
[práiməri]

primarily *ad.* 주로

a. 가장 중요한, 근본적인 = **prime**, **fundamental**

Your **primary** concern must be your health.
네 주된 관심사는 네 건강이어야 한다.

0490. **reference**
[réfərəns]

refer *v.* 언급하다

n. 언급 = **mention**, 신원 보증인 = **referee**

I wrote down the phone number for future **reference**.
나는 나중에 필요할지 몰라서 그 전화번호를 적어두었다.

0491. **commit**
[kəmít]

commitment *n.* 맡김, 구속

v. 맡기다 = **delegate**, **entrust**,
얽매다 = **obligate**, 저지르다 = **perpetrate**

The President is **committed** to reforming the public sector.
대통령은 공공 부문을 개혁하겠다는 강한 의지를 보이고 있다.

☐ personality ☐ tie ☐ friendly ☐ primary ☐ reference ☐ commit

0492. breakdown
[bréikdàun]

n. 고장 = **malfunction**, 실패 = **failure**

A **breakdown** on the motorway caused traffic congestion.
도로에서 차가 고장 나서 교통 체증을 일으켰다.

0493. checkup
[tʃékʌ̀p]

n. 검사, 건강검진 = **physical**

You need a thorough **checkup**.
너는 철저한 검사가 필요하다.

0494. cashier
[kæʃíər]

n. 계산원, 현금출납계

She works as a **cashier** in a mall.
그녀는 상점에서 계산원 일을 한다.

0495. wastepaper
[wéistpèipər]

n. 휴지

Please throw waste in the **wastepaper** basket.
쓰레기는 휴지통에 버려 주세요.

0496. illegal
[illí:gəl]

a. 불법의 = **unlawful** ↔ **legal**

Many **illegal** aliens were forced to leave Korea.
많은 불법 체류 외국인들이 한국에서 추방되었다.

0497. recommendation
[rèkəmendéiʃən]

recommend *v.* 추천하다

n. 추천, 권유 = **advocacy**, **endorsement**

He accepted my **recommendation**.
그는 내 권유를 받아들였다.

☐ breakdown　☐ checkup　☐ cashier　☐ wastepaper　☐ illegal　☐ recommendation

Day 17

0498. disorder
[disɔ́:rdər]
disorderly a. 엉망인

n. 무질서 = **chaos**, **mess** ↔ **order**, (신체, 정신) 장애

The office is in a state of **disorder**.
사무실이 완전히 엉망이다.

0499. assume
[əsjú:m]
assumption n. 추측

v. 가정하다 = **suppose**, **presume**, 떠맡다

Let us **assume** that we make it.
우리가 일을 해낸다고 치자.

0500. routine
[ru:tí:n]

n. 반복되는 일, 틀에 박힌 일 = **chore**

I need a break from **routine**.
나는 틀에 박힌 일에서 벗어나야 한다.

0501. ache
[eik]

v. 아프다 = **hurt** n. 아픔 = **pain**

I have a stomach **ache**.
배가 아프다.

0502. mend
[mend]

v. 고치다, 수선하다 = **repair**, **fix**

Few people **mend** socks these days.
요즘 양말을 기워 신는 사람은 거의 없다.

0503. fit
[fit]

n. 경련 = **convulsion**, 발작 = **bout**

Don't act in a **fit** of anger.
홧김에 일을 저지르지 마라.

☐ disorder ☐ assume ☐ routine ☐ ache ☐ mend ☐ fit

0504. handle
[hǽndl]

n. 손잡이 *v.* 다루다 = **deal, treat**

Let's work together to **handle** the crisis.
우리 힘을 합쳐 위기를 헤쳐나가자.

TOEIC Tips 자동차 '핸들' 은 **handle**이 아니라 **steering wheel**

0505. arrange
[əréindʒ]

arrangement *n.* 배열, 편곡

v. 배열하다, 준비하다 = **prepare**

The meeting has been **arranged** for 2 p.m. tomorrow.
회의 시간이 내일 오후 2시로 잡혔습니다.

0506. barely
[béərli]

ad. 간신히, 거의 ~아닌 = **hardly**

I **barely** had time to catch the bus.
나는 간신히 버스 출발 시간에 맞춰 갔다.

0507. vary
[véəri]

various *a.* 다양한
variety *n.* 다양함

v. 다양하다, 다르다 = **differ**

The menu **varies** with the season.
메뉴는 철마다 달라진다.

0508. bark
[bɑːrk]

v. 짖다 *n.* 나무껍질

The dog kept **barking** all night.
개가 밤새도록 짖어댔다.

0509. rub
[rʌb]

v. 문지르다

Rub the surface with sandpaper.
표면을 사포로 문질러라.

☐ handle ☐ arrange ☐ barely ☐ vary ☐ bark ☐ rub ☐ urban

Day 17

0510. **urban**
[ə́ːrbən]
urbanized *a.* 도시화된

a. 도시의 ↔ **rural**

Pollution has reached high levels in some **urban areas.** 도시 일부 지역의 오염이 심해졌다.

Day 17 EXERCISE

A 영어는 우리말로, 우리말은 영어로 옮기시오.

1. urban _____
2. barely _____
3. mend _____
4. auction _____
5. routine _____
6. illegal _____
7. wastepaper _____
8. cashier _____
9. opportunity _____
10. downturn _____

11. 문지르다 _____
12. 짖다 _____
13. 다양하다 _____
14. 배열하다 _____
15. 다루다 _____
16. 경련 _____
17. 무질서 _____
18. 추천 _____
19. 건강검진 _____
20. 변두리 _____

B 다음 중 알맞은 어휘를 고르시오.

1. fill a [ⓐ vacuum / ⓑ vacancy] ▶ 공석에 직원을 채용하다

2. A [ⓐ breakup / ⓑ breakdown] on the motorway caused traffic congestion.

3. The President is [ⓐ committed / ⓑ permitted] to reforming the public sector.

정답 A 1. 도시의 2. 간신히 3. 고치다 4. 경매 5. 틀에 박힌 일 6. 불법의 7. 휴지 8. 계산원 9. 기회 10. 경기침체 11. rub 12. bark 13. vary 14. arrange 15. handle 16. fit 17. disorder 18. recommendation 19. checkup 20. suburb
B 1. ⓑ 2. ⓑ 3. ⓐ

Day 18

0511. locate [lóukeit]
location n. 위치

v. 위치시키다 = **situate**, ~의 위치를 찾다
They **located** their headquarters in Seoul.
그들은 서울에 본부를 두었다.

0512. shelf [ʃelf]

n. 선반 (pl. **shelves**)
The book was on the top **shelf**.
그 책은 맨 위 선반에 있었다.

0513. remote [rimóut]

a. 멀리 떨어진, 외딴 곳에 있는 = **isolated** ↔ **nearby**
I want to spend the holiday on a **remote** beach.
나는 외딴 바닷가에서 휴일을 보내고 싶다.

0514. maintain [meintéin]
maintenance n. 유지보수

v. 유지보수하다 = **preserve**, 주장하다 = **insist**
The building has been well **maintained**.
그 건물은 관리가 잘 되었다.

0515. previous [príːviəs]
previously ad. 이전에

a. 이전의, 앞선 = **prior**
He is her son from a **previous** marriage.
그는 그녀가 전 남편과 살 때 낳은 아들이다.

☐ locate ☐ shelf ☐ remote ☐ maintain ☐ previous

0516. deposit
[dipázit]

depository *n.* 창고

v. 예금하다 = **save** ↔ **withdraw**, 맡겨두다
n. 보증금, 선금

You may **deposit** your valuables in the hotel safe. 귀중품은 호텔 금고에 보관하실 수 있습니다.

0517. maintenance
[méintənəns]

maintain *v.* 유지 보수하다

n. 유지 보수 = **upkeep**, **care**

Detached houses need a lot of **maintenance**.
단독주택은 유지 보수가 많이 필요하다.

0518. laboratory
[lǽbərətɔ̀ːri]

n. 실험실, 실습실 = **lab**

The samples have been sent to a **laboratory** for analysis. 그 견본은 분석하기 위해 실험실로 보내졌다.

0519. satisfy
[sǽtisfài]

satisfied *a.* 만족한
satisfactory *a.* 만족스러운
satisfaction *n.* 만족

v. 만족시키다, 충족시키다 = **meet**

You're never **satisfied** with what you've got!
너는 네가 가진 것에 절대 만족할 줄 모르는구나!

0520. contribute
[kəntríbjuːt]

contribution *n.* 기부, 공헌
contributor *n.* 기부인

v. 기부하다 = **donate**, 기여하다

The company regularly **contributes** some money to charity. 그 회사는 정기적으로 자선단체에 돈을 기부한다.

0521. procedure
[prəsíːdʒər]

n. 절차, 진행

Filing a suit is a complex **procedure**.
소송을 제기하는 절차는 복잡하다.

☐ deposit ☐ maintenance ☐ laboratory ☐ satisfy ☐ contribute ☐ procedure

0522. sustain
[səstéin]

v. 유지하다 = **maintain**, 뒷받침하다 = **uphold**

There is enough evidence to **sustain** my argument.
내 주장을 뒷받침할 증거는 충분히 있다.

0523. attractive
[ətræktiv]

attract *v.* 끌어들이다
attraction *n.* 끌어들임, 매력

a. 매력적인 = **charming, appealing**

That's an **attractive** offer.
그거 구미가 당기는 제안이군.

0524. fascinating
[fǽsənèitiŋ]

fascinate *v.* 매혹시키다
fascination *n.* 매혹

a. 매혹적인 = **enchanting**

I don't see what women find **fascinating** about him.   나는 여자들이 그 남자 어디가 좋다고 그러는지 모르겠다.

0525. significant
[signífikənt]

significance *n.* 중대함

a. 중대한 = **crucial**, 의미심장한 = **meaningful** ↔ **insignificant**

His work has shown a **significant** improvement.
그의 성적이 상당히 향상되었다.

0526. rarely
[réərli]

rare *a.* 드문

ad. 드물게, 좀처럼 ~않는 = **scarcely** ↔ **frequently**

They **rarely** agree on what to do.
그들은 뭘 하자고 동의하는 일이 거의 없다.

0527. concentrate
[kánsəntrèit]

concentration *n.* 집중

v. 집중하다 = **focus**, 농축하다 = **condense**

Concentrate on answering the questions.
문제를 푸는 데 집중해라.

☐ sustain ☐ attractive ☐ fascinating ☐ significant ☐ rarely ☐ concentrate

Day 18

0528. terrific
[tərífik]

a. 대단한, 엄청난 = **marvelous, awesome**

The storm had **terrific** winds of 150 MPH.
그 폭풍은 시속 150마일이나 되는 엄청난 바람을 몰고 왔다.

0529. barren
[bǽrən]

a. 생물이 못 사는, 임신을 못 하는
= **infertile** ↔ **fertile**

The desert is **barren**, with no life.
그 사막은 생명체가 하나도 없는 죽은 땅이다.

0530. assignment
[əsáinmənt]

assign *v.* 할당하다, 임명하다

n. 임명 = **appointment**, 과제

You need to complete four written **assignments** this semester.
여러분은 이번 학기에 네 개의 필기 과제를 해야 합니다.

0531. lecture
[léktʃər]

lecturer *n.* 강사

n. v. 강의(하다)

I've attended a series of **lectures** on Buddhism.
나는 불교에 관한 연속 강의를 들었다.

0532. semester
[siméstər]

n. 학기 = **term**

I took intermediate Japanese in the spring **semester**.
나는 봄 학기에 중급 일본어 강의를 들었다.

0533. dormitory
[dɔ́ːrmətɔ̀ːri]

n. 기숙사 = **dorm**

I lived in the **dormitory** for the fall semester.
나는 가을 학기 동안 기숙사에서 지냈다.

☐ terrific ☐ barren ☐ assignment ☐ lecture ☐ semester ☐ dormitory

0534. skip
[skip]

v. 껑충 뛰다 = **spring**, 거르다

Maria **skipped** down the sidewalk.
마리아는 보도를 깡충깡충 뛰어갔다.

0535. candidate
[kǽndidèit]

candidacy *n.* 입후보

n. 입후보자, 지원자 = **applicant**

There are a large number of **candidates** for the job. 그 일자리에 지원한 사람들이 많이 있다.

0536. ideal
[aidí(:)əl]

idealize *v.* 이상적이라 여기다

n. 이상형 *a.* 이상적인 = **perfect**

I find it hard to live up to his high **ideals**.
나는 그의 높은 이상에 맞춰 살기가 힘들다.

0537. monument
[mánjəmənt]

monumental *a.* 기념비적인

n. 기념관, 기념물 = **memorial**

The memorial is a **monument** to the soldiers who died in the Korean War.
그 기념비는 한국 전쟁에서 전사한 군인들에게 바치는 기념물이다.

0538. grocery
[gróusəri]

grocer *n.* 식료품점 주인[점원]

a. 식료[잡화]의 *n.* 식료잡화

The **grocery** store is open seven days a week.
그 슈퍼마켓은 하루도 빠짐없이 문을 연다.

0539. descend
[disénd]

descent *n.* 하강

v. 내려가다, 줄어들다 = **fall** ↔ **ascend**

The plane has begun to **descend**.
비행기가 고도를 낮추기 시작했다.

☐ skip ☐ candidate ☐ ideal ☐ monument ☐ grocery ☐ descend ☐ garbage

0540. **garbage** [gáːrbidʒ]

n. 쓰레기 = **trash**, **rubbish**

Throw it in the **garbage** can.
그거 쓰레기통에 버려.

Day 18 EXERCISE

A 영어는 우리말로, 우리말은 영어로 옮기시오.

1. garbage _____
2. rarely _____
3. grocery _____
4. ideal _____
5. candidate _____
6. semester _____
7. shelf _____
8. remote _____
9. assignment _____
10. barren _____

11. 기념관 _____
12. 거르다 _____
13. 기숙사 _____
14. 강의 _____
15. 집중하다 _____
16. 의미심장한 _____
17. 기부하다 _____
18. 만족시키다 _____
19. 실험실 _____
20. 예금하다 _____

B 다음 중 알맞은 어휘를 고르시오.

1. do a [ⓐ terrific / ⓑ terrible] job ▶ 대단한 일을 해내다

2. safety [ⓐ processes / ⓑ procedures] ▶ 안전 조치

3. The plane has begun to [ⓐ descent / ⓑ descend].

정답 **A** 1. 쓰레기 2. 드물게 3. 식료잡화 4. 이상형 5. 후보 6. 학기 7. 선반 8. 외딴 9. 임명 10. 생물이 못 사는 11. monument 12. skip 13. dormitory 14. lecture 15. concentrate 16. significant 17. contribute 18. satisfy 19. laboratory 20. deposit **B** 1. ⓐ 2. ⓑ 3. ⓑ

Day 19

월   일

0541. coastal
[kóustəl]
coast *n.* 해안

a. 해안의

We walked along the **coastal** path.
우리는 해안을 따라 난 길을 걸었다.

0542. administration
[ædmìnəstréiʃən]
administer *v.* 관리하다
administrative *a.* 행정부의

n. 관리, 행정, 정부 = **government**

The incoming **administration** has a lot to do.
차기 정부는 할 일이 많다.

0543. exhausted
[igzɔ́:stid]
exhaust *v.* 무척 지치게 하다, 다 쓰다
exhaustion *n.* 지침, 고갈

a. 무척 지친 = **fatigued**, 다 써 버린

I'm completely **exhausted**.
나는 완전히 지쳐버렸다.

0544. fatigue
[fətí:g]

n. 피로 = **tiredness, exhaustion**

Driver **fatigue** often causes accidents.
운전자의 피로가 종종 사고를 일으킨다.

0545. screw
[skru:]

n. 나사   *v.* 나사를 박다

Some of the **screws** are loose.
나사 몇 개가 느슨하다.

☐ coastal   ☐ administration   ☐ exhausted   ☐ fatigue   ☐ screw

Day 19

0546. architect
[á:rkitèkt]

architecture *n.* 건축설계

n. 설계사, 기획자

Mike was the **architect** of the product.
마이크가 그 상품의 기획자였다.

0547. evident
[évidənt]

a. 명백한, 분명한 = **clear, obvious** ↔ **obscure**

It is **evident** that he is innocent.
그는 죄가 없음이 분명하다.

0548. definitely
[défənitli]

definite *a.* 분명한

ad. 분명히, 확실히 = **clearly**

I **definitely** remember calling her.
그녀에게 전화했던 기억이 분명히 난다.

0549. artistic
[a:rtístik]

artist *n.* 예술가
art *n.* 예술

a. 예술적인, 예술가의

This is a work of great **artistic** merit.
이것은 예술적 장점이 많은 작품이다.

0550. flexible
[fléksəbl]

flexibility *n.* 유연함
flexibly *ad.* 유연하게

a. 유연한, 융통성 있는 ↔ **inflexible**

We need a more **flexible** approach.
우리는 좀 더 유연한 접근이 필요하다.

0551. foggy
[fɔ́(:)gi]

fog *n.* 안개

a. 안개가 자욱한

The mountaintop is **foggy**.
산꼭대기에 짙은 안개가 끼어 있다.

TOEIC Tips mist는 fog보다 옅은 안개

☐ architect ☐ evident ☐ definitely ☐ artistic ☐ flexible ☐ foggy

Essential Stage

0552. recipe
[résəpìː]

n. 조리법, 방법, 비법 = **formula**

What's his **recipe** for success?
그가 성공한 방법은 무엇인가?

0553. cough
[kɔ(ː)f]

n. v. 기침(하다)

He has a persistent **cough**.
그의 기침이 좀처럼 멎지 않는다.

0554. isolation
[àisəléiʃən]
isolate *v.* 따돌리다

n. 고립, 소외 = **separation**

The matter can't be considered in **isolation**.
그 문제는 따로 떼어 놓고 생각할 수 없다.

0555. volunteer
[vàləntíər]
voluntary *a.* 자원하는

n. 지원자, 자원봉사자 *v.* 자진해서 하다

Some employees **volunteered** for early retirement.
몇몇 직원들이 조기 퇴직을 신청했다.

0556. imply
[implái]
implication *n.* 암시

v. 내포하다, 넌지시 비치다 = **hint, suggest**

Silence often **implies** agreement.
침묵은 흔히 동의를 뜻한다.

0557. enthusiastic
[enθùːziǽstik]
enthusiasm *n.* 열정
enthusiast *n.* 열렬한 애호가

a. 열렬한 = **eager**

The medalists were given an **enthusiastic** welcome.   메달을 딴 선수들은 열렬한 환영을 받았다.
▶ 1189 **enthusiasm**

☐ recipe   ☐ cough   ☐ isolation   ☐ volunteer   ☐ imply   ☐ enthusiastic

Day 19

0558. endurance
[indjú(:)ərəns]
endure v. 견디다
endurable a. 참을 만한

n. 참을성, 지구력 = **tolerance**
The lecture felt like an **endurance** test.
그 강의는 인내력을 시험하는 것처럼 느껴졌다.

0559. insight
[ínsàit]
insightful a. 통찰력 있는

n. 통찰력, 이해
The book is full of fascinating **insights** into human relationships.
그 책은 인간관계에 대한 멋진 통찰력이 가득하다.

0560. forecast
[fɔ́:rkæ̀st]

n. 예측 v. 예보하다 = **foretell, predict**
Rain is **forecast** for tomorrow.
내일은 비가 내릴 것으로 보입니다.

0561. drought
[draut]

n. 가뭄
Korea saw one of the worst **droughts** on record this summer.
올 여름 한국에는 사상 최악의 가뭄이 닥쳤다.

0562. therapy
[θérəpi]
therapist n. 치료사
therapeutic a. 요법의

n. 치료, 요법
He is undergoing drug **therapy**.
그는 약물 요법을 받고 있다.

0563. epidemic
[èpidémik]

n. 유행, 급속한 확산 a. 유행[전염]의
An **epidemic** of crime in the inner cities is a serious problem.
도심에서 폭증하는 범죄는 심각한 문제이다.

☐ endurance ☐ insight ☐ forecast ☐ drought ☐ therapy ☐ epidemic

0564. supervise
[sjú:pərvàiz]

supervision *n.* 관리
supervisor *n.* 관리자

v. 감독하다

She **supervised** the children in the playground.
그녀는 놀이터에 있는 아이들을 돌보았다.

0565. librarian
[laibré(:)əriən]

library *n.* 도서관

n. 사서, 도서관원

The head **librarian** is in charge of all book purchases. 도서관장이 모든 책의 구입을 책임지고 있다.

0566. vicious
[víʃəs]

vice *n.* 악덕

a. 나쁜, 악랄한 = **brutal** ↔ **virtuous**

He has a **vicious** temper.
그는 성질이 악랄하다.

0567. resident
[rézidənt]

residence *n.* 거주
reside *v.* 거주하다

n. 거주자, 주민 = **inhabitant**

He's a **resident** of Seoul.
그는 서울 주민이다.

0568. utility
[ju:tíləti]

n. (전기, 가스 등) 공공 서비스

Our **utilities** are shut off for repair.
우리 집의 전기와 가스가 수리하려고 끊겼다.

0569. cafeteria
[kæfití(:)əriə]

n. 구내식당

Hot and cold food is available in the **cafeteria**.
구내식당에서 찬 음식과 따뜻한 음식을 먹을 수 있다.

☐ supervise ☐ librarian ☐ vicious ☐ resident ☐ utility ☐ cafeteria ☐ inheritance

Day 19

0570. **inheritance**
[inhéritəns]

inherit v. 물려받다

n. 상속, 물려받음 = **legacy**

He spent all his **inheritance** in two years.
그는 2년 만에 상속받은 재산을 다 썼다.

Day 19 EXERCISE

A 영어는 우리말로, 우리말은 영어로 옮기시오.

1 cafeteria	_____	11 상속	_____
2 utility	_____	12 도서관원	_____
3 resident	_____	13 감독하다	_____
4 vicious	_____	14 가뭄	_____
5 epidemic	_____	15 지구력	_____
6 therapy	_____	16 자원봉사자	_____
7 forecast	_____	17 고립	_____
8 insight	_____	18 기침	_____
9 enthusiastic	_____	19 조리법	_____
10 foggy	_____	20 피로	_____

B 다음 중 알맞은 어휘를 고르시오.

1 the ⓐ architect / ⓑ architecture of the building ▶ 그 건물의 설계사

2 Silence often ⓐ implies / ⓑ infers agreement.

3 I ⓐ infinitely / ⓑ definitely remember calling her.

정답 **A** 1. 구내식당 2. 공공 서비스 3. 주민 4. 악독한 5. 유행 6. 요법 7. 예측하다 8. 통찰력 9. 열렬한 10. 안개가 자욱한 11. inheritance 12. librarian 13. supervise 14. drought 15. endurance 16. volunteer 17. isolation 18. cough 19. recipe 20. fatigue **B** 1. ⓐ 2. ⓐ 3. ⓑ

Day 20

0571. **luggage**
[lʌ́gidʒ]

n. 짐 = **baggage**

Can you watch my **luggage** while I'm away?
내가 자리 비운 동안 내 짐 좀 봐줄래?
TOEIC Tips luggage, baggage는 셀 수 없는 명사이므로 a luggage, baggages로 쓰지 않는다. ▶ 1407 baggage

0572. **diminish**
[dimíniʃ]
diminution n. 감소
diminutive a. 감소하는

v. 줄다, 줄이다 = **lessen, decrease**

Oil reserves are rapidly **diminishing**.
석유고가 급격히 감소하고 있다.

0573. **hatch**
[hætʃ]
hatchery n. 부화장

v. 알을 까다, 부화하다

Don't count your chickens before they are **hatched**.
김칫국부터 마시지 마라.

0574. **firecracker**
[fáiərkrækər]

n. 폭죽

I saw a lot of **firecrackers** set off in the night sky.
나는 밤하늘에 터지는 많은 폭죽을 보았다.

0575. **inconvenience**
[ìnkənví:njəns]
inconvenient a. 불편한

n. 불편, 성가신 것 = **nuisance** ↔ **convenience**

We apologize for the **inconvenience**.
불편을 끼쳐 드려 죄송합니다.

☐ luggage ☐ diminish ☐ hatch ☐ firecracker ☐ inconvenience

Day 20

0576. **recycle**
[riːsáikl]
recyclable *a.* 재활용할 수 있는

v. 재활용하다
The book is made of **recycled** paper.
그 책은 재생 종이로 만들어졌다.

0577. **peep**
[píːp]

v. 몰래 들여다보다
I caught him **peep** through the keyhole.
그는 열쇠구멍으로 들여다보다가 나한테 걸렸다.

0578. **commuter**
[kəmjúːtər]
commute *v.* 장거리 출퇴근하다

n. (장거리) 출퇴근하는 사람
Commuters are rushing to buses.
출근하려는 사람들이 버스로 달려가고 있다.

0579. **retrieve**
[ritríːv]
retrieval *n.* 회수

v. 되찾다 = **recover**, (정보를) 불러오다
I bent to **retrieve** my contact lens from the floor.
나는 바닥에 떨어진 콘택트렌즈를 주우려고 허리를 굽혔다.

0580. **donor**
[dóunər]
donate *v.* 기증하다
donation *n.* 기증

n. 기증자, 제공자
The transplant will take place as soon as a suitable **donor** is found.
적합한 장기 기증자가 나타나는 대로 이식 수술을 진행할 것이다.

0581. **gloomy**
[glúːmi]
gloom *n.* 암울

a. 컴컴한, 암울한 = **depressing**, **glum**
The room was **gloomy**.
방 안은 컴컴했다.

☐ recycle ☐ peep ☐ commuter ☐ retrieve ☐ donor ☐ gloomy

0582. priority
[praiɔ́(:)rəti]

prior *a.* 우선하는
prioritize *v.* 우선하다

n. 우선하는 것, 우선순위

Our first **priority** is to secure funds.
우리가 가장 먼저 할 일은 자금을 확보하는 것이다.

0583. batter
[bǽtər]

v. 마구 때리다, 연달아 때리다 = **beat**, **bash**

He was badly **battered** about the face.
그는 얼굴을 심하게 얻어맞았다.

0584. clash
[klæʃ]

n. 다툼 = **conflict**, 부딪힘 *v.* 싸우다

The two teams **clash** in Sunday's final.
두 팀은 일요일에 있을 결승에서 맞붙는다.

0585. shatter
[ʃǽtər]

v. 산산조각 나다[내다] = **fragment**, **crush**

The bottle **shattered** into pieces on the floor.
병이 바닥에 떨어져 산산조각 났다.

0586. herd
[hə:rd]

n. 떼, 군중 = **crowd**

Don't follow the **herd**.
다른 사람들을 따라서 휩쓸리지 마.

0587. personnel
[pə̀:rsənél]

n. 직원들, 총 인원, 인사과 = **human resources**

James works in **personnel**.
제임스는 인사과에서 일한다.

☐ priority ☐ batter ☐ clash ☐ shatter ☐ herd ☐ personnel

Day 20

0588. stir [stəːr]
v. 휘젓다, 뒤척이다
I heard him **stir** next to me.
나는 그가 내 옆에서 뒤척이는 것을 들었다.

0589. carve [kaːrv]
v. 조각하다, 새기다 = **engrave, inscribe**
His initials are **carved** on the desk.
그의 머리글자가 책상에 새겨져 있다.

0590. curve [kəːrv]
n. 곡선, 굽은 길 = **bend**
The pitcher throws various **curve** balls.
그 투수는 다양한 커브를 던진다.

0591. yearn [jəːrn]
v. 간절히 바라다, 열망하다 = **long**
They **yearn** for peace.
그들은 평화를 간절히 바란다.

0592. leave [liːv]
n. 휴가 v. 놔두다, 남겨 두다
Leave the potatoes to cook for 15 minutes.
감자가 익도록 15분 동안 두시오.

0593. foam [foum]
n. 거품 = **froth**, 발포제
Is this a **foam** mattress?
이것은 발포제로 만든 매트리스인가?

☐ stir ☐ carve ☐ curve ☐ yearn ☐ leave ☐ foam

0594. saw
[sɔː]

n. 톱 *v.* 톱으로 자르다

He **sawed** the plank in half.
그는 톱으로 판자를 두 동강 냈다.

0595. sow
[sou]

v. 씨를 뿌리다 ↔ **reap**

The fields were **sowed** with barley.
밭에 보리씨를 심었다.

0596. sew
[sou]

v. 꿰매다, 바느질하다 = **stitch**

The clothes were **sewed** by machine.
그 옷은 재봉틀로 박음질한 것이다.

0597. odor
[óudər]

odorless *a.* 냄새가 없는

n. 악취, 냄새 = **smell, stink**

I could hardly stand the **odor** of cigarette smoke.
나는 담배연기의 악취를 견디기가 힘들었다.

0598. owe
[ou]

v. 빚을 지다, 은혜를 입다

I **owe** him $1,000.
나는 그에게 1천 달러를 빚졌다.

0599. quote
[kwout]

quotation *n.* 인용

v. 인용하다 = **cite**

The chairman was **quoted** as saying that he disagreed with the plan.
의장은 그 계획에 반대한다고 말한 것으로 전해졌다.

☐ saw ☐ sow ☐ sew ☐ odor ☐ owe ☐ quote ☐ lawn

0600. lawn
[lɔːn]

n. 잔디밭 = grass

I mow the **lawn** twice a week.
나는 일주일에 두 번 잔디를 깎는다.

Day 20 EXERCISE

A 영어는 우리말로, 우리말은 영어로 옮기시오.

1 owe	_____	11 잔디밭	_____
2 sow	_____	12 인용하다	_____
3 yearn	_____	13 악취	_____
4 carve	_____	14 거품	_____
5 herd	_____	15 곡선	_____
6 shatter	_____	16 휘젓다	_____
7 batter	_____	17 인사과	_____
8 retrieve	_____	18 우선순위	_____
9 commuter	_____	19 기증자	_____
10 gloomy	_____	20 재활용하다	_____

B 다음 중 알맞은 어휘를 고르시오.

1. ⓐ sew / ⓑ saw   a seam   ▶ 솔기를 꿰매다

2. minor   ⓐ incompetence / ⓑ inconveniences   ▶ 약간의 불편

3. ⓐ peep / ⓑ peer   inside   ▶ 안을 살짝 들여다보다

정답 A 1. 빚을 지다 2. 뿌리다 3. 열망하다 4. 조각하다 5. 떼 6. 산산조각 나다 7. 마구 때리다 8. 다시 불러오다 9. 출퇴근하는 사람 10. 음울한 11. lawn 12. quote 13. odor 14. foam 15. curve 16. stir 17. personnel 18. priority 19. donor 20. recycle B 1. ⓐ 2. ⓑ 3. ⓐ

Essential Stage

월 일

0601. **aboard**
[əbɔ́ːrd]

ad. 탈것에 탄 = **on board**

The plane crashed killing all 235 passengers **aboard**.
비행기가 추락해서 타고 있던 승객 235명 전원이 사망했다.

0602. **bald**
[bɔːld]
baldness *n.* 탈모

a. 대머리의, 머리가 벗겨진

At thirty he was already going **bald**.
그는 서른 살에 벌써 머리가 벗겨지고 있었다.

0603. **bold**
[bould]
boldness *n.* 대담함

a. 대담한 = **courageous**, 글씨체가 굵은

He made a **bold** plan to escape prison.
그는 탈옥하겠다는 대담한 계획을 짰다.

0604. **choke**
[tʃouk]

v. 숨이 막히다, 목을 조르다 = **strangle**

He was **choking** on a piece of beefsteak.
그는 비프스테이크 한 조각이 목에 걸려 숨을 못 쉬었다.

0605. **glow**
[glou]

v. 빛나다 = **gleam**, 발그레해지다 = **redden**

His cheeks were **glowing**.
그의 뺨이 발그레해졌다.

☐ aboard ☐ bald ☐ bold ☐ choke ☐ glow

Day 21

0606. **load**
[loud]

n. 짐 = **burden, cargo** *v.* 짐을 싣다 ↔ **unload**

The trucks waited at the port to pick up their **loads**. 트럭들이 짐을 실어 가려고 항구에서 기다렸다.

0607. **lay**
[lei]

v. 놓다 = **place, put**, 눕히다, 알을 낳다

He **laid** the baby down on the bed.
그는 아기를 침대에 눕혔다.

0608. **supervisor**
[súːpərvàizər]

supervise *v.* 감독하다
supervision *n.* 감독
supervisory *a.* 감독하는

n. 감독관

He is a **supervisor** of manufacturing operation.
그는 제조 공정을 감독하는 사람이다.

0609. **ray**
[rei]

n. 빛, 광선 = **glimmer, gleam**

A **ray** of sunshine went through the basement.
지하실로 한 줄기 햇빛이 들어왔다.

0610. **lot**
[lat]

n. 터, 부지 = **space, clearing**

There's a vacant **lot** behind the building.
그 건물 뒤에는 공터가 있다.

0611. **rot**
[rat]

rotten *a.* 썩은

v. 썩다 = **decompose, decay**

Too many sweets will **rot** your teeth.
단 것을 너무 많이 먹으면 이가 썩는다.

☐ load ☐ lay ☐ supervisor ☐ ray ☐ lot ☐ rot

0612. collect
[kəlékt]

collection *n.* 수집
collective *a.* 집단적인
collector *n.* 수집가

v. 모으다 = **gather, accumulate**

They're **collecting** signatures for a petition.
그들은 탄원을 넣기 위해 서명 운동을 하고 있다.

0613. crime
[kraim]

criminal *n.* 범죄자 *a.* 범죄의

n. 범죄 = **offense, violation**

Crime does not pay.
범죄는 반드시 처벌받는다.

0614. flee
[fli:]

v. 떠나다, 도망치다 = **escape**

The girl burst into tears and **fled**.
그 소녀는 울음을 터뜨리며 가 버렸다.

0615. prejudice
[prédʒudis]

prejudiced *a.* 편견을 가진

n. 편견 = **bias** *v.* 편견을 갖게 하다 = **bias**

He admitted to **prejudice** against women.
그는 여자에 대한 편견이 있음을 인정했다.

0616. testimonial
[tèstəmóuniəl]

n. (전 직장의) 추천(서), 평가

The ad shows a number of **testimonials** from satisfied customers.
그 광고는 제품에 만족한 고객들의 평가를 몇 개 보여 준다.

0617. debut
[deibjú:]

n. 데뷔, 첫 등장

The actor actually made his **debut** as a singer.
그 배우는 사실 가수로 데뷔했다.

☐ collect ☐ crime ☐ flee ☐ prejudice ☐ testimonial ☐ debut

Day 21

0618. **raw**
[rɔː]

a. 날것의, 익히지 않은 = **uncooked**
He likes to eat beef **raw**.
그는 소고기 회를 즐겨 먹는다.

0619. **advance**
[ædvǽns / əd-]
advanced *a.* 고급의

n. 전진, 선금 *v.* 앞서가다
You should pay in **advance**.
돈을 먼저 내야 한다.

0620. **rate**
[reit]

n. 비율 = **ratio**, 요금, 등급 = **grade**
v. 등급을 매기다 = **rank**
The schools are **rated** according to their exam results. 학교들은 시험 결과에 따라 등급이 매겨진다.

0621. **flight**
[flait]
fly *v.* 날다

n. 비행, 항공편
Flight BC 108 is now boarding at Gate 18.
BC 108 항공편이 18번 게이트에서 탑승 중입니다.

0622. **fright**
[frait]
frighten *v.* 겁주다

n. 공포, 두려움 = **terror**, **fear**
She was shaking with **fright**.
그녀는 무서워서 떨고 있었다.

0623. **flame**
[fleim]
flammable *a.* 불에 잘 타는

n. 불꽃, 불길 *v.* 타오르다 = **blaze**, **burn**
The **flames** are growing higher and higher.
불길이 점점 더 커지고 있다.

☐ raw ☐ advance ☐ rate ☐ flight ☐ fright ☐ flame

Essential Stage

0624. **frame**
[freim]

n. 체격 = **physique**, 액자

He has a slender **frame**.
그는 체격이 호리호리하다.

0625. **clue**
[kluː]

n. 실마리, 단서 = **evidence**

The knife may hold some vital **clues** to the identity of the killer.
그 칼이 살인범의 신원에 대한 결정적인 단서를 갖고 있을지도 모른다.

0626. **crew**
[kruː]

n. 승무원, 전 직원 = **staff**

The **crew** sighted land in the distance.
선원들은 멀리서 육지를 보았다.

0627. **leap**
[liːp]

v. 뛰다, 재빨리 움직이다, 급격히 늘다 = **shoot up**

He **leaped** to his feet.
그는 벌떡 일어났다.

0628. **reap**
[riːp]

v. 거두다 = **harvest**, 얻다 = **obtain**

You **reap** what you sow.
뿌린 대로 거둔다.

reaper *n.* 수확기, 수확하는 사람

0629. **frank**
[fræŋk]

a. 솔직한 = **honest**, **candid**

A **frank** admission of guilt will do him good.
죄를 솔직히 인정하는 것이 그에게 좋을 것이다.

frankness *n.* 솔직함

☐ frame ☐ clue ☐ crew ☐ leap ☐ reap ☐ frank ☐ fairly

Day 21

0630. fairly
[féərli]

ad. 어느 정도 = **pretty, to some extent**
공평하게 = **honestly**

I know him **fairly** well.
나는 그를 잘 아는 편이다.

Day 21 EXERCISE

A 영어는 우리말로, 우리말은 영어로 옮기시오.

1. frank _____
2. leap _____
3. fright _____
4. raw _____
5. flee _____
6. rot _____
7. ray _____
8. glow _____
9. choke _____
10. crime _____
11. 거두다 _____
12. 승무원 _____
13. 실마리 _____
14. 불꽃 _____
15. 편견 _____
16. 짐을 싣다 _____
17. 대담한 _____
18. 대머리의 _____
19. 모으다 _____
20. 비율 _____

B 다음 중 알맞은 어휘를 고르시오.

1. his [ⓐ debut / ⓑ debit] album ▶ 그의 데뷔 앨범

2. a factory [ⓐ inspector / ⓑ supervisor] ▶ 공장의 감독

3. The ad shows a number of [ⓐ testimonies / ⓑ testimonials] from satisfied customers.

정답 **A** 1. 솔직한 2. 뛰다 3. 공포 4. 날것의 5. 도망치다 6. 썩다 7. 광선 8. 빛나다 9. 숨 막히다 10. 범죄 11. reap 12. crew 13. clue 14. flame 15. prejudice 16. load 17. bold 18. bald 19. collect 20. rate **B** 1. ⓐ 2. ⓑ 3. ⓑ

Day 22

0631. **lap** [læp]

n. 무릎, (트랙의) 한 바퀴

He has completed seven **laps**.
그는 일곱 바퀴째 돌았다.
TOEIC Tips lap : 앉았을 때 허벅지 윗부분 / knee : 무릎 관절

0632. **lid** [lid]

n. 뚜껑, 마개 = **cap**

Where's the dustbin **lid**?
쓰레기통 뚜껑 어디 있어?

0633. **rid** [rid]

v. 제거하다 = **remove**

It's not easy to get **rid** of nuclear waste.
핵폐기물을 없애기는 쉽지 않다.

0634. **limb** [lim]

v. 팔다리, 가지 = **branch**, **bough**

He lost the use of his **limbs** for a while.
그는 잠시 팔다리를 쓰지 못했다.

0635. **rim** [rim]

n. 가장자리, 테 = **edge**, **margin**

He is wearing glasses with gold **rims**.
그는 금테 안경을 쓰고 있다.

☐ lap ☐ lid ☐ rid ☐ limb ☐ rim

Day 22

0636. bloom
[bluːm]

n. 꽃 = **blossom** *v.* 꽃 피다 = **blossom**

The garden is in full **bloom**.
정원의 꽃들이 활짝 피었다.

0637. tear
[tiəːr]

n. 눈물

His eyes were filled with **tears**.
그의 눈에는 눈물이 가득했다.

0638. broom
[bru(ː)m]

n. 〈청소용〉 비

The **broom** handle is broken.
빗자루가 부러졌다.

0639. bleed
[bliːd]

v. 피를 흘리다

His thumb is **bleeding**.
그의 엄지에서 피가 난다.

0640. breed
[briːd]

v. 번식하다 = **multiply, reproduce,** 키우다
n. 품종

Salmon return to the rivers where they were born as adults in order to **breed**.
연어는 다 자라면 번식하기 위해 태어났던 강으로 되돌아온다.

0641. literally
[lítərəli]

literal *a.* 글자 그대로의

ad. 글자 그대로, 정말로
= **exactly, verbatim, word for word**

A greenfly can **literally** suck a plant dry.
진딧물은 말 그대로 식물을 빨아먹어 말려죽일 수 있다.

☐ bloom ☐ tear ☐ broom ☐ bleed ☐ breed ☐ literally

Essential Stage

0642. youth [juːθ]
youthful *a.* 젊은

n. 젊음, 청년 = **adolescence** ↔ **adult**

She was a talented artist in her **youth**.
그녀는 젊은 시절 재능 넘치는 화가였다.

0643. face [feis]

v. 마주보다, 맞닥뜨리다 = **confront**

I turned and **faced** her.
나는 돌아서서 그녀를 마주보았다.

0644. faith [feiθ]
faithful *a.* 믿을 수 있는

n. 신뢰 = **confidence, reliance**

I have great **faith** in her.
나는 그녀를 많이 믿고 있다.

0645. path [pæθ]

n. 오솔길, 작은 길 = **trail**

Tall trees arched over the **path**.
키 큰 나무들이 오솔길 위로 아치를 그렸다.

0646. sin [sin]
sinner *n.* 죄인
sinful *a.* 죄를 지은

n. (윤리적) 죄 = **offense**

Confess your **sins** to God.
네 죄를 하나님께 고하라.

0647. thin [θin]
thinness *n.* 얇음, 야윔

a. 가느다란, 얇은 ↔ **thick**,
　　야윈 = **lean, skinny** ↔ **fat**

He has **thin** legs.
그는 다리가 가늘다.

☐ youth　☐ face　☐ faith　☐ path　☐ sin　☐ thin

Day 22

0648. **imaginary**
[imǽdʒənèri / -nəri]
imagine v. 상상하다
imagination n. 상상

a. 상상 속의

The story is set in an **imaginary** world.
그 소설의 배경은 상상 속의 세계이다.

0649. **soak**
[souk]

v. 적시다 = **drench**, 담그다, 젖다

Soak the beans in cold water.
콩을 찬 물에 담가 두어라.

0650. **worth**
[wə:rθ]
worthy a. 가치가 있는

a. ~의 가치가 있는 = **deserving** ↔ **worthless**
n. 가치 = **value**

The apartment is **worth** about 15 billion won.
그 아파트의 가치는 약 150억 원이다.

0651. **criminal**
[krímənl]
criminalize v. 불법화하다

n. 범죄자 *a.* 범죄의

He is involved in several **criminal** activities.
그는 몇 가지 범죄 행위에 연루되어 있다.

0652. **thumb**
[θʌm]

n. 엄지

He hit his **thumb** with the hammer.
그는 망치질을 하다 엄지를 때렸다.

0653. **sigh**
[sai]

n. v. 한숨(을 쉬다)

She **sighed** deeply and said nothing.
그녀는 깊은 한숨을 쉬고는 아무 말도 안 했다.

☐ imaginary ☐ soak ☐ worth ☐ criminal ☐ thumb ☐ sigh

0654. shave
[ʃeiv]

n. v. 면도(하다)

He's had a close **shave**.
그는 수염을 바짝 깎았다.

0655. ship
[ʃip]

shipment *n.* 배송

v. 보내다, 배송하다 = **send, transport**

There is no **shipping** charge for an order of over 10,000 won.
1만 원 이상의 주문에는 배송비가 청구되지 않습니다.

0656. siege
[siːdʒ]

besiege *v.* 포위하다

n. 포위(공격) = **blockade**

The town is under **siege**.
그 도시는 포위당했다.

0657. cease
[siːs]

cessation *n.* 중지
ceaseless *a.* 끊임없는

v. 중지하다 = **terminate, discontinue**

The work on the building has **ceased**.
그 건물의 공사가 중단되었다.

0658. seize
[siːz]

seizure *n.* 장악, 압수

v. 쥐다 = **grasp, grab**,
체포하다 = **capture, arrest**

I **seized** him by the arm.
나는 그의 팔을 잡았다.

0659. vanish
[vǽniʃ]

v. 사라지다 = **disappear** ↔ **appear, emerge**

My cellphone seems to have **vanished**.
내 휴대전화가 사라진 것 같다.

☐ shave ☐ ship ☐ siege ☐ cease ☐ seize ☐ vanish ☐ breathe

Day 22

0660. breathe
[briːð]
breath *n.* 숨

v. 숨 쉬다

She **breathed** deeply before singing.
그녀는 숨을 깊이 들이쉬고 나서 노래를 했다.

Day 22 EXERCISE

A 영어는 우리말로, 우리말은 영어로 옮기시오.

1. vanish _____
2. seize _____
3. cease _____
4. sigh _____
5. path _____
6. bleed _____
7. lid _____
8. rid _____
9. rim _____
10. youth _____
11. 숨 쉬다 _____
12. 포위 _____
13. 면도 _____
14. 엄지 _____
15. 범죄자 _____
16. 젖다 _____
17. 번식하다 _____
18. 눈물 _____
19. 팔다리 _____
20. 가느다란 _____

B 다음 중 알맞은 어휘를 고르시오.

1. be taken ⓐ liberally / ⓑ literally ▶ 곧이곧대로 받아들여지다

2. The garden is in full ⓐ bloom / ⓑ broom .

3. The apartment is ⓐ worth / ⓑ worthy about 15 billion won.

정답 A 1. 사라지다 2. 쥐다 3. 중단하다 4. 한숨 5. 오솔길 6. 피 흘리다 7. 뚜껑 8. 제거하다 9. 가장자리 10. 젊음
11. breathe 12. siege 13. shave 14. thumb 15. criminal 16. soak 17. breed 18. tear 19. limb 20. thin
B 1. ⓑ 2. ⓐ 3. ⓐ

Essential Stage

Day 23

월   일

0661. **breeze**
[briːz]
breezy *a.* 산들바람이 부는

n. 산들바람 = **light wind**

The reeds were swaying in the **breeze**.
산들바람에 갈대가 흔들거리고 있었다.

0662. **carry-on**
[kǽri ɔːn]

n. (비행기에 갖고 탈 수 있는) 작은 짐

Up to two **carry-ons** are allowed.
비행기에는 짐을 두 개까지 갖고 탈 수 있다.

0663. **carrier**
[kǽriər]

n. 운반인, 항공사 = **airline**, 보균자

He was **carrying** his son in a baby carrier.
그는 아들을 베이비 캐리어에 업고 다녔다.

0664. **impatient**
[impéiʃənt]
impatience *n.* 성급함

a. 참을성 없는, 성급한 = **hasty, irritable** ↔ **patient**

I was **impatient** at the delay.
일정이 미뤄지자 마음이 급해졌다.

0665. **jealous**
[dʒéləs]
jealousy *n.* 시샘

a. 시샘하는, 시기하는 = **envious**

Tom often felt **jealous** when a new baby arrived.
탐은 동생이 태어나자 샘을 자주 냈다.

☐ breeze   ☐ carry-on   ☐ carrier   ☐ impatient   ☐ jealous

Day 23

0666. circulate
[sə́ːrkjəlèit]
circulation n. 순환, 유통

v. 순환하다, 유통시키다 = **mobilize**, **rotate**

The disease prevents the blood from **circulating** freely. 그 병은 피가 제대로 돌지 못하게 만든다.

0667. lessen
[lésn]

v. 줄다, 줄이다 = **decrease**, **diminish** ↔ **increase**

A healthy diet can **lessen** the risk of many diseases.
건전한 식생활은 여러 가지 병에 걸릴 위험성을 줄일 수 있다.

0668. sacrifice
[sǽkrəfàis]
sacrificial a. 희생하는

n. v. 희생(하다)

He **sacrificed** everything for his children.
그는 자식들을 위해 모든 것을 희생했다.

0669. violate
[váiəlèit]
violation n. 위반

v. 어기다, 위반하다 = **flout**, 침해하다 = **invade**

The President accused North Korea of **violating** international law.
대통령은 북한이 국제법을 위반하고 있다고 비난했다.

0670. heir
[ɛər]

n. 상속인, 후계자 = **inheritor**

James is his only lawful **heir**.
제임스는 그의 유일한 법적 상속인이다.

0671. hoarse
[hɔːrs]
hoarseness n. 목 쉼

a. 목소리가 쉰

He talked himself **hoarse**.
그는 말을 많이 하다 목이 쉬었다.

☐ circulate ☐ lessen ☐ sacrifice ☐ violate ☐ heir ☐ hoarse

0672. plain
[plein]

a. 명백한 = **apparent**, **obvious**, 쉬운 *n.* 평야

The fact was **plain** to see.
그 사실은 분명했다.

0673. raise
[reiz]

v. 올리다 = **increase**, 키우다, 모금하다 = **collect**, 거론하다 = **broach** *n.* 봉급 인상

I'm going to ask for a **raise**.
봉급 인상을 요구할 생각이다.

0674. flour
[fláuər]

n. 밀가루, 소맥분, *v.* 가루로 빻다, 가루를 뿌리다, 가루가 되다 = **powder**

Beat the **flour** and milk together.
밀가루와 우유를 섞어 휘저어라.

0675. florist
[flɔ́(:)rist]

n. 꽃집 주인

I bought some roses at the **florist's**.
나는 꽃집에서 장미를 샀다.

0676. dye
[dai]

v. 염색하다, 물들이다 = **tint**

She **dyed** her hair pink.
그녀는 머리를 분홍색으로 염색했다.

0677. temperature
[témpərətʃuər]

n. 온도, 체온

It was sunny, but the **temperature** was well below zero. 햇살이 화창하긴 했지만 기온은 영하를 훨씬 밑돌았다.

☐ plain ☐ raise ☐ flour ☐ florist ☐ dye ☐ temperature

Day 23

0678. **bear**
[bɛər]
bearable *a.* 참을 만한

v. 참다 = **tolerate**, **stand**, 갖고 있다
He couldn't **bear** the whole cost.
그는 모든 비용을 감당할 수 없었다.

0679. **largely**
[láːrdʒli]

ad. 주로 = **mainly**, **chiefly**
My success was **largely** due to his help.
내 성공은 주로 그의 도움 덕택이었다.

0680. **break**
[breik]

n. 휴식 = **rest**
Let's take a coffee **break**.
커피 마시면서 잠깐 쉬자.

0681. **turbulence**
[tɚːrbjələns]
turbulent *a.* 혼란스러운

n. 난기류, 혼란 = **turmoil**
Political **turbulence** is spreading throughout the country. 정치적 혼란이 그 나라 전역에 퍼지고 있다.

0682. **tale**
[teil]

n. 이야기 = **story**
I like to hear **tales** of heroic deeds.
나는 영웅담을 듣는 것을 좋아한다.

0683. **seed**
[siːd]

n. 씨앗
Scatter the grass **seed** over the yard.
뜰에 잔디 씨앗을 뿌려라.

☐ bear ☐ largely ☐ break ☐ turbulence ☐ tale ☐ seed

0684. desert
[dizə́ːrt]
desertion *n.* 버림

v. 저버리다, 버리고 떠나다 = **abandon**

He was **deserted** by his parents as a child.
그는 어렸을 때 부모에게 버림받았다.

0685. cell
[sel]

n. 작은 방, 세포, 전지

More and more houses are using solar **cells** for electricity.
점점 더 많은 집에서 태양 전지를 이용해 전기를 얻는다.

0686. fair
[fɛər]
fairness *n.* 공정함

a. 공평한 = **just** ↔ **unfair**; 상당한 = **considerable**
n. 박람회

A **fair** number of people came to the party.
꽤 많은 사람들이 파티에 왔다.

0687. fare
[fɛər]

n. 승차요금

Children travel half **fare**.
어린이 요금은 어른의 반이다.

0688. stare
[stɛər]

v. 빤히 보다, 멍하니 보다 = **gaze**

I laughed and everyone **stared**.
내가 웃자 모두들 나를 바라보았다.

0689. principal
[prínsəpəl]
principally *ad.* 주로

a. 주된 = **prime**, **chief** *n.* 교장, 원금

Try to keep the **principal** intact.
가능하면 원금은 손대지 마라.

☐ desert ☐ cell ☐ fair ☐ fare ☐ stare ☐ principal ☐ suite

Day 23

0690. **suite** [swiːt]

n. 한 벌, 한 조, (호텔) 특별실

Do you have bridal **suites**?
신혼부부용 특별실 있나요?

Day 23　　EXERCISE

A 영어는 우리말로, 우리말은 영어로 옮기시오.

1. stare _____　　11. 원금 _____
2. tale _____　　12. 승차요금 _____
3. temperature _____　　13. 박람회 _____
4. florist _____　　14. 저버리다 _____
5. hoarse _____　　15. 씨앗 _____
6. heir _____　　16. 염색하다 _____
7. violate _____　　17. 밀가루 _____
8. lessen _____　　18. 희생 _____
9. jealous _____　　19. 세포 _____
10. breeze _____　　20. 평야 _____

B 다음 중 알맞은 어휘를 고르시오.

1. a honeymoon [ⓐ suit / ⓑ suite]　▶ 신혼부부용 특별실

2. [ⓐ carrier / ⓑ carry-on] baggage　▶ 비행기에 갖고 탈 수 있는 짐

3. The disease prevents the blood from [ⓐ circulating / ⓑ distributing] freely.

정답 **A** 1. 빤히 보다 2. 이야기 3. 온도 4. 꽃집 주인 5. 목소리가 쉰 6. 상속인 7. 어기다 8. 줄다 9. 시기하는 10. 산들바람 11. principal 12. fare 13. fair 14. desert 15. seed 16. dye 17. flour 18. sacrifice 19. cell 20. plain
B 1. ⓑ 2. ⓑ 3. ⓐ

Day 24

월   일

0691. **route**
[ruːt / raut]

n. 길, 노선

Which is the quickest **route** to take?
어느 길로 가는 것이 가장 빠른가?

0692. **value**
[vǽljuː]
valuable *a.* 값진

n. 가치, 가격

Fiber has no calories or nutritional **value**.
식이섬유는 칼로리가 없고 영양가도 없다.

0693. **traffic**
[trǽfik]

n. 교통

Their young son had been injured seriously in a terrible **traffic** accident.
그들의 젊은 아들이 끔찍한 교통사고를 당해서 심각한 부상을 입었다.

0694. **bury**
[béri]
burial *n.* 매장

v. 파묻다

People say some treasure is **buried** in the island.
그 섬에는 보물이 묻혀 있다고들 한다.

0695. **male**
[meil]
maleness *n.* 남성성

n. a. 남성(의), 수컷(의) ↔ **female**

Is the cat **male** or female?
그 고양이는 수컷이니 암컷이니?

☐ route   ☐ value   ☐ traffic   ☐ bury   ☐ male

Day 24

0696. **heal** [hi:l]
v. 아물다, 치료하다 = **cure**
The wound is **healing**.
상처가 아물고 있다.

0697. **suitable** [súːtəbəl]
suitability *n.* 적절함
suit *v.* 적절하다
a. 적합한, 적절한 ↔ **unsuitable**
The house would be **suitable** for a large family.
그 집은 대가족에게 알맞을 것이다.

0698. **sole** [soul]
solely *ad.* 오로지
a. 유일한 *n.* 발바닥, 밑창
He tickled the **soles** of my feet.
그는 내 발바닥을 간지럽혔다.

0699. **vain** [vein]
vanity *n.* 허영
a. 헛된 = **useless**, 허영심이 강한 = **conceited**
He's just a **vain**, foolish man.
그는 허영심 많고 어리석은 사람일 뿐이다.

0700. **alter** [ɔ́ːltər]
alteration *n.* 바꿈
v. 바꾸다, 바뀌다 = **modify, amend**
Nothing can **alter** the fact that it is an error.
그것이 오류라는 사실은 누가 뭐래도 변하지 않는다.

0701. **slightly** [sláitli]
slight *a.* 약간의
ad. 조금, 약간
Florida has a **slightly** larger population than Illinois.
플로리다는 일리노이보다 인구가 약간 더 많다.

☐ heal ☐ suitable ☐ sole ☐ vain ☐ alter ☐ slightly

0702. serious
[síəriəs]

seriousness *n.* 진지함

a. 진지한, 심각한 = **grave**

He's always **serious**, but he still makes me laugh.
그는 언제나 심각한데 그래도 그를 보면 웃긴다.

0703. aisle
[ail]

n. (차 안의) 통로

Would you prefer a window seat or an **aisle** seat?
창가 쪽 좌석이나 통로 쪽 좌석 중 어느 곳에 앉으시겠어요?

0704. session
[séʃən]

n. 활동시간, 회기, (대학) 학기

The court is now in **session**.
현재 법원에서 재판이 진행 중이다.

0705. complement
[kámpləmènt]

complementary *a.* 보완하는

v. 보충하다, 보완하다 = **support**

The members **complement** each other.
멤버들은 서로를 보완해 준다.

0706. redundant
[ridÁndənt]

redundancy *n.* 중복

a. 중복되는, (직원이) 필요 없어 해고된

He was made **redundant** from a nearby farm in 1994, after working there for 10 years.
그는 근처에 있는 농장에서 10년 동안 일하다 1994년에 해고되었다.

0707. idle
[áidl]

a. 게으른 = **lazy**, 일이 없는 = **unemployed**
v. 빈둥거리다, 공회전하다 = **tick over**

About 15 percent of the workforce is now **idle**.
일할 수 있는 사람들 중 약 15퍼센트가 현재 일이 없다.

☐ serious ☐ aisle ☐ session ☐ complement ☐ redundant ☐ idle

Day 24

0708. **tension**
[ténʃən]
tense *a.* 긴장한

n. 긴장 = **nervousness**

Laughter can help ease the **tension**.
웃음은 긴장을 푸는 데 도움이 된다.

0709. **intention**
[inténʃən]
intentional *a.* 의도적인

n. 의도, 의지 = **intent**, **purpose**

She has announced her **intention** to retire.
그녀는 은퇴하겠다는 의사를 밝혔다.

0710. **renounce**
[rináuns]
renunciation *n.* 포기

v. 포기하다 = **give up**, 거부하다 = **reject**

We absolutely **renounce** all forms of terrorism.
우리는 모든 형태의 테러 행위를 단호히 거부한다.

0711. **painful**
[péinfəl]
pain *n.* 고통

a. 고통스러운

That bruise looks **painful**.
저 상처는 고통스러워 보인다.

0712. **fragile**
[frǽdʒəl / -dʒail]
fragility *n.* 연약함

a. 부서지기 쉬운, 약한

The economy remains extremely **fragile**.
경제상황이 여전히 불안하기 짝이 없다.

0713. **long**
[lɔ(:)ŋ]
longing *n.* 간절한 바람

v. 간절히 바라다 = **yearn**

He's **longing** to see you again.
그는 너를 다시 보기를 무척 바란다.

☐ tension ☐ intention ☐ renounce ☐ painful ☐ fragile ☐ long

0714. **mean**
[miːn]
meanness *n.* 비열함

a. 비열한 = **nasty**, 평균적인 = **average**   *n.* 평균
Don't be so **mean** to your little sister.
동생을 그렇게 괴롭히지 마라.

0715. **well**
[wel]

v. (액체가) 솟아나다
Tears were **welling** up in his eyes.
그의 눈에 눈물이 맺혀 있었다.

0716. **room**
[ruːm]

n. 공간, 여지
The desk takes up too much **room**.
그 책상은 너무 많은 공간을 차지한다.

0717. **consistency**
[kənsístənsi]
consistent *a.* 일관된

n. 일관성, 꾸준함 ↔ **inconsistency**
There should be **consistency** in the way offenders are dealt with.
법규 위반자를 다루는 방식에는 일관성이 있어야 한다.

0718. **rest**
[rest]

n. 휴식, 나머지 = **remainder**   *v.* 쉬다, 받치다
She **rested** her chin in her hands.
그녀는 턱을 손에 괴고 있었다.

0719. **bill**
[bil]

n. 고지서, 계산서 = **check**, 지폐 = **banknote**
She always pays her **bills** on time.
그녀는 고지서 납부기한을 어기는 법이 없다.

☐ mean ☐ well ☐ room ☐ consistency ☐ rest ☐ bill ☐ missing

Day 24

0720. missing
[mísiŋ]
miss v. 놓치다

a. 행방불명된, 없어진
Two of my front teeth are **missing**.
나는 앞니 두 개가 빠지고 없다.

Day 24 EXERCISE

A 영어는 우리말로, 우리말은 영어로 옮기시오.

1. missing　　　　　　　　11. 지폐
2. consistency　　　　　　12. 의도
3. fragile　　　　　　　　13. 게으른
4. vain　　　　　　　　　14. 심각한
5. suitable　　　　　　　15. 파묻다
6. slightly　　　　　　　16. 발바닥
7. route　　　　　　　　17. 교통
8. painful　　　　　　　18. 비열한
9. alter　　　　　　　　19. 여지
10. redundant　　　　　　20. 나머지

B 다음 중 알맞은 어휘를 고르시오.

1. ⓐ renounce / ⓑ denounce　his citizenship　▶ 시민권을 포기하다

2. ⓐ complement / ⓑ compliment　each other　▶ 서로를 보완하다

3. ⓐ an aisle / ⓑ a hallway　seat　▶ 통로 쪽 좌석

정답 **A** 1. 행방불명된 2. 일관성 3. 부서지기 쉬운 4. 헛된 5. 적절한 6. 약간 7. 노선 8. 고통스러운 9. 바꾸다 10. 중복되는 11. bill 12. intention 13. idle 14. serious 15. bury 16. sole 17. traffic 18. mean 19. room 20. rest
B 1. ⓐ 2. ⓐ 3. ⓐ

Essential Stage

월   일

0721. fine [fain]
n. v. 벌금(을 부과하다)
I was **fined** for speeding yesterday.
나는 어제 속도위반으로 벌금 딱지를 받았다.

0722. soil [sɔil]
n. 땅, 흙 = **dirt**   *v.* 더럽히다
The wall was built to avoid **soil** being washed away. 그 벽은 흙이 깎여 나가는 것을 방지하기 위해 세워졌다.

0723. row [rou]
n. 줄, 열   *v.* (배를) 젓다
They sat in a **row** at the back of the bus.
그들은 버스 뒷자리에 한 줄로 앉았다.

0724. term [təːrm]
n. 학기 = **semester**, 용어, 측면 = **aspect**, 조건
Have you turned in the **term** paper?
너 리포트 제출했니?

0725. graduate [grǽdʒuèit]
graduation *n.* 졸업
v. 졸업하다   *n.* 졸업생, 학사
James is a **graduate** student majoring in physics.
제임스는 물리학을 전공하는 대학원생이다.

☐ fine   ☐ soil   ☐ row   ☐ term   ☐ graduate

Day 25

0726. **effect**
[ifékt]
effective *a.* 효과적인

n. 영향 = **influence**, 결과 ↔ **cause**

You must learn to distinguish between cause and **effect**. 너는 원인과 결과를 구분하는 법을 배워야 한다.

0727. **major**
[méidʒər]

n. 전공, 전공 학생 *v.* 전공하다

Clark is an English literature **major** at Yale University. 클라크는 예일대에서 영문학을 전공하는 학생이다.

0728. **charge**
[tʃɑːrdʒ]

n. 요금, 부과금 *v.* 요금을 물리다

He **charged** $250 for the repairs.
그는 수리비로 250달러를 청구했다.

0729. **tax**
[tæks]

n. 세금 *v.* 세금을 부과하다

There have been changes in some **tax** rates.
몇몇 세율에 변화가 있었다.

0730. **article**
[á:rtikl]

n. (신문잡지) 기사, 품목 = **item**, 법 조항

The **article** accurately reflects public opinion.
그 기사는 여론을 정확히 반영한다.

0731. **characterize**
[kǽriktəràiz]
characterization *n.* 특징지음

v. 특징짓다

The mountainous terrain **characterizes** the Korean Peninsula.
산이 많은 지형은 한반도의 뚜렷한 특징이다.

☐ effect ☐ major ☐ charge ☐ tax ☐ article ☐ characterize

0732. post
[poust]

n. 직책 = **position**
v. 일자리에 배치하다, 게시하다 = **display**

The results will be **posted** on the Internet.
결과는 인터넷에 발표될 예정이다.

0733. function
[fʌ́ŋkʃən]

functional *a.* 기능의

n. 기능 *v.* 기능을 하다, 작용하다 = **operate**

The couch also **functions** as a bed.
그 소파는 침대 구실도 한다.

0734. lean
[liːn]

v. 몸을 구부리다, 기울다, 기대다 *a.* 홀쭉한

Don't **lean** out of the window.
창밖으로 몸을 내밀고 있지 마.

0735. respect
[rispékt]

respectful *a.* 존경하는
respectable *a.* 무난한

n. 존경, 존중 ↔ **disrespect**
v. 존경하다 = **admire**, 존중하다

He was a much loved and highly **respected** scholar. 그는 많은 사랑과 큰 존경을 받는 학자였다.
▶ 1026 **respectful**

0736. tide
[taid]

tidal *a.* 조수의

n. 조수, 밀물과 썰물

Is the **tide** coming in or going out?
밀물이 들어오고 있니 썰물이 나가고 있니?

0737. department
[dipáːrtmənt]

n. 부서, 학과

Tina has been transferred to the sales **department**.
티나는 영업부로 전근 발령을 받았다.

☐ post ☐ function ☐ lean ☐ respect ☐ tide ☐ department

Day 25

0738. bound
[baund]

a. ~로 가는, ~임이 확실한 = **certain**
~해야 하는 = **obliged**

Her comments were **bound** to attract criticism.
그녀의 발언은 분명히 비난을 살 만한 것이었다.

0739. port
[pɔːrt]

n. 항구 = **harbor**

The carrier reached **port** at last.
마침내 항공모함이 항구에 도착했다.

0740. tend
[tend]

v. ~하는 경향이 있다, 돌보다

The drug **tends** to cause drowsiness.
그 약은 졸음을 일으키는 경향이 있다.

tendency *n.* 경향

0741. rear
[riər]

n. 뒤쪽 *v.* 키우다, 세우다 = **raise**

He **reared** six children on his own.
그는 혼자서 여섯 아이를 키웠다.

0742. issue
[íʃuː]

n. 발행, (잡지) 호, 화제 *v.* 발행하다

I was **issued** a U.S. visa yesterday.
나는 어제 미국 비자를 발급받았다.

0743. shed
[ʃed]

n. 헛간, 창고 = **barn** *v.* 없애다, 떨구다

What's the quickest way to **shed** unwanted pounds?
군살을 빼는 가장 빠른 방법은 무엇인가?

☐ bound ☐ port ☐ tend ☐ rear ☐ issue ☐ shed

Essential Stage

0744. **pitcher**
[pítʃər]

n. 주전자 = **jug**, 투수

I poured him some milk from the **pitcher**.
나는 그에게 주전자에 든 우유를 따라 주었다.

0745. **faint**
[feint]

a. 희미한 = **faded, dim** *v.* 기절하다 = **pass out**

The boy **fainted** from the heat in the ground.
그 소년은 더위를 먹고 운동장에서 기절했다.

0746. **tense**
[tens]

tension *n.* 긴장

a. 팽팽한 = **taut**, 긴장한 = **nervous**

Every nerve in my body was **tense**.
내 온 몸의 신경이 긴장했다.

0747. **spark**
[spɑːrk]

n. 불꽃 *v.* 갑자기 일으키다

The construction project **sparked** a storm of protest around the country.
그 건설 계획은 순식간에 전국에 엄청난 저항을 불러일으켰다.

0748. **wage**
[weidʒ]

n. 임금, 급여

The real **wage** of the average worker has increased by a factor of 12 in the past 60 years.
지난 60년간 근로자의 실질 임금은 평균 12배로 증가했다.

0749. **diet**
[dáiət]

dietary *a.* 식사의

n. 식생활, (특별)식단

It is important to have a healthy, balanced **diet**.
건강하고 균형 잡힌 식사를 하는 것이 중요하다.

☐ pitcher ☐ faint ☐ tense ☐ spark ☐ wage ☐ diet ☐ plot

0750. **plot**
[plat]

n. (작은) 땅, 줄거리, 음모 = **conspiracy**

The movie is well organized in terms of **plot**.
그 영화는 줄거리가 아주 짜임새 있다.

Day 25 EXERCISE

A 영어는 우리말로, 우리말은 영어로 옮기시오.

1. wage
2. spark
3. tense
4. shed
5. lean
6. function
7. soil
8. term
9. department
10. characterize
11. 줄거리
12. 식생활
13. 주전자
14. 발행하다
15. 항구
16. 존경
17. 세금
18. 졸업하다
19. 벌금
20. 키우다

B 다음 중 알맞은 어휘를 고르시오.

1. [ⓐ tend / ⓑ tender] the injured ▶ 부상자를 돌보다

2. a plane [ⓐ bound / ⓑ bounded] for Rome ▶ 로마행 비행기

3. The boy [ⓐ fainted / ⓑ feinted] from the heat in the ground.

정답 **A** 1. 급여 2. 불꽃 3. 긴장한 4. 헛간 5. 기대다 6. 기능 7. 흙 8. 학기 9. 학과 10. 특징짓다 11. plot 12. diet 13. pitcher 14. issue 15. port 16. respect 17. tax 18. graduate 19. fine 20. rear **B** 1. ⓐ 2. ⓐ 3. ⓐ

Essential Stage

월 일

0751. **grave**
[greiv]
gravity *n.* 심각성

n. 묘지 = **tomb** *a.* 심각한 = **serious**

She looked very **grave** as she entered the room.
방으로 들어오는 그녀의 표정이 무척 심각해 보였다.

0752. **sequence**
[síːkwəns]

n. 연속, 순서 = **order**

He described the **sequence** of events leading up to the car accident.
그는 그 차 사고가 일어나기까지 벌어졌던 일들을 진술했다.

0753. **capacity**
[kəpǽsəti]

n. 수용력, 자격, 구실 = **role**

The stadium was filled to **capacity**.
그 경기장에는 관중이 꽉 들어찼다.

0754. **tackle**
[tǽkl]

v. 해결에 나서다, 대면하다 = **confront**

I **tackled** her about the money she owed me.
나는 그녀가 나한테 빌린 돈 이야기를 그녀에게 꺼냈다.

0755. **utter**
[ʌ́tər]
utterance *n.* 발언

v. 말하다 *a.* 완전한, 그야말로 ~한

Henry did not **utter** a word during dinner.
헨리는 저녁을 먹는 동안 한 마디도 안 했다.

☐ grave ☐ sequence ☐ capacity ☐ tackle ☐ utter

Day 26

0756. sovereign
[sávərin]
sovereignty *n.* 주권

a. 국가 주권의, 주권을 가진 = **autonomous**

At that time Korea was seeking international recognition as a **sovereign** state.
그 당시 한국은 주권 국가로서 국제 사회의 인정을 받으려 하고 있었다.

0757. facility
[fəsíləti]

n. 시설, 설비

The district lacks shopping **facilities**.
그 지역에는 쇼핑 시설이 부족하다.

0758. distinction
[distíŋkʃən]
distinct *n.* 구별되는

n. 구별, 특징

Do you think it's O.K. to blur the **distinction** between your friends and your colleagues?
너는 친구와 직장 동료의 구별을 명확히 하지 않는 것이 괜찮다고 생각하니?

0759. faculty
[fǽkəlti]

n. 능력 = **capacity**, 학부 = **department**

Not everybody has a **faculty** for seeing their own mistakes. 모든 사람들이 자신의 실수를 인정할 수 있는 능력을 지니고 있지는 않다.

0760. government
[gʌ́vərnmənt]
govern *v.* 통치하다

n. 정부, 통치

The first democratic **government** in Korea replaced military rule in 1993.
한국 최초의 민주 정부가 1993년에 군부의 통치를 밀어냈다.

0761. period
[píː(ː)əriəd]

n. 기간 = **term**, 수업시간

You can play the game for free for a trial **period**.
그 게임을 시험기간 동안 무료로 해 볼 수 있다.

☐ sovereign ☐ facility ☐ distinction ☐ faculty ☐ government ☐ period

Essential Stage

0762. innate
[inéit]

a. 타고난, 천성적인 = **inherent, inborn**

Our **innate** perceptive abilities can be developed further through training.
우리가 타고난 인지 능력은 훈련을 통해 더 계발될 수 있다.

0763. depression
[dipréʃən]

depress *v.* 우울하게 하다

n. 우울, 불황

The country is in the grip of economic **depression**.
그 나라는 경제 불황에 허덕이고 있다.

0764. reduction
[ridʌ́kʃən]

reduce *v.* 줄이다

n. 감소, 할인 = **discount**

We are offering special price **reductions** on domestic appliances this month.
이번 달에 가전제품의 특별 가격 할인을 실시하고 있습니다.

0765. tragedy
[trǽdʒidi]

tragic *a.* 비극적인

n. 비극 ↔ **comedy**

Her premature death is a **tragedy**.
그녀의 때 이른 죽음은 비극이다.

0766. absurd
[æbsə́ːrd]

absurdity *n.* 불합리함

a. 말도 안 되는, 웃기는 = **ridiculous, irrational**

Of course it's not true, what an **absurd** idea.
물론 그건 사실이 아니지. 말도 안 되는 생각이야.

0767. instance
[ínstəns]

n. 예, 경우 = **example**

What would you do, for **instance**, if you found your colleague stealing?
예를 들어 당신의 동료가 횡령을 하는 것을 발견했다면 어떡할 것인가?

☐ innate ☐ depression ☐ reduction ☐ tragedy ☐ absurd ☐ instance

Day 26

0768. sculpture
[skʌ́lptʃər]

sculptor *n.* 조각가

n. 조각(상)

There is disagreement among archaeologists as to the age of the **sculpture**.
그 조각상의 제작 시기를 놓고 고고학자들 사이에 이견이 있다.

0769. nominate
[nάmənèit]

nomination *n.* 지명
nominee *n.* 후보

v. 후보로 지명하다, 임명하다 = **appoint**, **designate**, **propose**

They took it for granted that he was **nominated** as best actor.
그들은 그가 최우수 배우 후보에 오른 것을 당연하게 여겼다.

0770. generate
[dʒénərèit]

generation *n.* 발전, 세대

v. 발생시키다, 일으키다 = **arouse**

I need someone to **generate** new ideas.
새로운 발상을 해낼 수 있는 사람이 필요하다.

0771. pollute
[pəljúːt]

pollution *n.* 오염
pollutant *n.* 오염물질

v. 오염시키다 = **contaminate**

The exhaust fumes are severely **polluting** the cities. 매연이 도시를 심각하게 오염시키고 있다.

0772. slogan
[slóugən]

n. 슬로건, 표어

The crowd began chanting anti-government **slogans**.
군중은 반정부 구호를 연이어 외치기 시작했다.

0773. superstition
[sùːpərstíʃən]

superstitious *a.* 미신의

n. 미신

According to **superstition**, seeing pigs in a dream brings good luck.
미신에 따르면 돼지꿈을 꾸면 행운이 온다고 한다.

☐ sculpture ☐ nominate ☐ generate ☐ pollute ☐ slogan ☐ superstition

0774. assumption
[əsʌ́mpʃən]
assume v. 가정하다, 맡다

n. 가정, 전제 = **premise, presumption**, 맡음

His views are grounded on the **assumption** that all people are equal.
그의 견해는 모든 사람은 평등하다는 전제를 깔고 있다.

0775. summon
[sʌ́mən]
summons *n. v.* 법원 출두명령(을 하다)

v. 호출하다, 소집하다 = **convene**,
이끌어내다 = **muster**

He was urgently **summoned** to London for consultations.
그는 런던에 급히 와서 자문을 해 달라는 호출을 받았다.

0776. undergo
[ʌ̀ndərgóu]

v. 겪다 = **experience, go through**

Her mother **underwent** major surgery last month. 그녀의 어머니는 지난달에 큰 수술을 받았다.

0777. abstract
[ǽbstrækt]

n. 요약문 = **summary** *v.* 요약하다 = **summarize**

I **abstracted** the main ideas of his three-page report into one page.
나는 그의 3쪽짜리 보고서의 요지를 1쪽으로 요약했다.

0778. employment
[emplɔ́imənt]
employ *v.* 고용하다, 이용하다

n. 고용, 이용 ↔ **unemployment**

The plan has the extra advantage of bringing **employment** to rural areas.
그 계획은 농촌 지역의 고용을 촉진할 수 있다는 추가적인 이점이 있다.

0779. nationality
[næ̀ʃənǽləti]

n. 국적, 국민성

He has dual **nationality**.
그는 이중 국적을 갖고 있다.

☐ assumption ☐ summon ☐ undergo ☐ abstract ☐ employment ☐ nationality
☐ academic

Day 26

0780. **academic**
[æ̀kədémik]
academy *n.* 교육기관

a. 학문의

The college offers both **academic** and professional qualifications.
그 대학은 학술 자격과 직업 자격을 모두 제공한다.

Day 26 EXERCISE

A 영어는 우리말로, 우리말은 영어로 옮기시오.

1. academic _____
2. undergo _____
3. summon _____
4. slogan _____
5. generate _____
6. nominate _____
7. innate _____
8. faculty _____
9. capacity _____
10. grave _____

11. 국적 _____
12. 고용 _____
13. 요약문 _____
14. 미신 _____
15. 오염시키다 _____
16. 비극 _____
17. 할인 _____
18. 불황 _____
19. 정부 _____
20. 시설 _____

B 다음 중 알맞은 어휘를 고르시오.

1. an implicit [ⓐ presumption / ⓑ assumption] ▶ 내포되어 있는 전제

2. marble [ⓐ sculpture / ⓑ sculptor] ▶ 대리석 조각상

3. What would you do, for [ⓐ instance / ⓑ instant], if you found your colleague stealing?

정답 **A** 1. 학문의 2. 겪다 3. 호출하다 4. 표어 5. 발생시키다 6. 임명하다 7. 타고난 8. 능력 9. 수용력 10. 묘지 11. nationality 12. employment 13. abstract 14. superstition 15. pollute 16. tragedy 17. reduction 18. depression 19. government 20. facility **B** 1. ⓑ 2. ⓐ 3. ⓐ

Day 27

월   일

0781. beverage
[bévəridʒ]

n. (물 이외의) 음료 = **drink**

It is illegal to sell alcoholic **beverages** to minors.
미성년자에게 알코올음료를 파는 것은 불법이다.

0782. accommodate
[əkámədèit / əkɔ́m-]

accommodation *n.* 수용

v. 수용하다, 참작하다 = **consider**

The stadium can **accommodate** up to 30,000 spectators.
그 경기장은 3만 관중까지 수용할 수 있다.

0783. liberate
[líbərèit]

liberation *n.* 해방

v. 해방하다 = **release, emancipate**

Dancing **liberated** him from the routine of everyday life.
춤은 틀에 박힌 일상생활에서 그를 해방시켜 주었다.

0784. accelerate
[əksélərèit]

acceleration *n.* 촉진
accelerator *n.* 가속 페달

v. 촉진하다 = **promote, stimulate**,
가속하다 ↔ **decelerate**

The cyclists **accelerated** smoothly around the bend. 사이클 선수들은 굽은 길을 돌면서 서서히 속도를 높였다.

0785. discrimination
[diskrìmənéiʃən]

discriminate *v.* 구별하다, 차별하다

n. 구별, 차별

No one must be **discriminated** against on grounds of gender or religion.
누구도 성별이나 종교를 이유로 차별받아서는 안 된다.

☐ beverage   ☐ accommodate   ☐ liberate   ☐ accelerate   ☐ discrimination

Day 27

0786. merit
[mérit]

meritorious *a.* 칭찬받을 만한

n. 가치, 장점 = **strength** ↔ **demerit**
v. 받을 만하다 = **deserve**

Promotion should be based on **merit**, not on seniority. 승진은 연차가 아닌 그 사람의 능력을 근거로 해야 한다.

0787. recruit
[rikrú:t]

recruitment *n.* 모집

n. 신병, 신입사원 = **newcomer** *v.* 모집하다

He's responsible for **recruiting** at all levels.
그는 모든 직급의 직원을 선발하는 일을 맡고 있다.

0788. torment
[tɔ́:rment]

n. 괴로움 = **anguish**, **torture**
v. 괴롭히다 = **plague**

He was **tormented** by guilty conscience.
그는 양심의 가책으로 괴로워했다.

0789. diplomacy
[diplóuməsi]

diplomat *n.* 외교관
diplomatic *a.* 외교의

n. 외교

Some countries don't seem to understand that **diplomacy** is better than war.
몇몇 국가는 외교가 전쟁보다 낫다는 것을 이해하지 못하는 것 같다.

0790. sociable
[sóuʃəbl]

sociability *n.* 사교성

a. 사교적인 = **outgoing, gregarious**
↔ **antisocial, unsociable**

She's a **sociable** little girl who'll talk to anyone.
그 여자애는 아무하고나 말을 트는 싹싹한 애이다.

0791. reconcile
[rékənsàil]

reconciliation *n.* 화해
reconcilable *a.* 타협 가능한

v. 화해시키다, 타협하다 = **mediate**

It is not easy to **reconcile** my career ambitions with the needs of my family. 내 사회생활의 야망과 가족이 바라는 것 사이에 타협을 보기가 쉽지 않다.

☐ merit ☐ recruit ☐ torment ☐ diplomacy ☐ sociable ☐ reconcile

Essential Stage

0792. **manipulate**
[mənípjəlèit]
manipulation n. 조작

v. 조작하다, 조종하다 = **operate**

He was busy **manipulating** the gears and levers of the equipment.
그는 장비의 기어와 레버를 분주히 조작하고 있었다.

0793. **denominate**
[dinámənèit]
denomination n. 호칭, 화폐 단위

v. 칭하다, (금액을 특정 단위로) 표시하다

The loan was **denominated** in Korean won.
그 대출액은 한국 원화로 표시되었다.

0794. **tolerate**
[tálərèit]
toleration n. 인내
tolerant a. 참는
tolerable a. 참을 만한

v. 참다, 견디다 = **stand, endure**

We have to **tolerate** each other's little defects.
우리는 서로의 작은 단점을 참아주어야 한다.

0795. **captivate**
[kǽptəvèit]
captivation n. 매혹

v. 매혹하다 = **enchant, charm, fascinate**

Her beauty and intelligence have **captivated** many men.
그녀의 미모와 지성은 수많은 남자들을 매혹했다.

0796. **incentive**
[inséntiv]

n. 유인책, 하고 싶게 만드는 것 ↔ **disincentive**

They hope to stimulate growth in the region by offering **incentives** to foreign investors.
그들은 외국 투자가들에게 유인책을 제공하여 그 지역의 성장을 촉진하기를 희망한다.

0797. **include**
[inklúːd]
including prep. ~을 포함하여

v. 포함하다 ↔ **exclude**

The activities on offer **include** mountain biking and sailing.
제공되는 활동에는 산악자전거 타기와 배 타기가 들어 있습니다.

☐ manipulate ☐ denominate ☐ tolerate ☐ captivate ☐ incentive ☐ include

Day 27

0798. inflation
[infléiʃən]
inflate v. 부풀리다, 물가가 오르다

n. 통화팽창, 인플레이션 ↔ **deflation**
They managed to achieve their target of less than 4% **inflation**.
그들은 목표치였던 4%대의 인플레이션을 달성했다.

0799. extinction
[ikstíŋkʃən]
extinct a. 멸종한

n. 멸종
The species of bird is on the verge of **extinction**.
그 종의 새는 멸종되기 직전이다.

0800. prosecution
[pràsəkjúːʃən]
prosecute v. 기소하다
prosecutor n. 검사

n. 검찰 기소, 검찰당국
Prosecution for a first minor offense rarely leads to imprisonment.
경범죄를 처음 저질러 기소되었을 때 징역을 사는 경우는 거의 없다.

0801. admit
[ædmít / əd-]
admission n. 가입, 입원
admittance n. 입장할 권리

v. 인정하다, 들여보내다
The club has voted to **admit** 50 new members.
그 클럽은 투표 끝에 신입회원 50명을 받기로 했다.

0802. ambiguous
[æmbígjuəs]
ambiguity n. 모호함

a. 모호한, 불분명한
= **obscure**, **vague** ↔ **explicit**
The phrasing of the report is **ambiguous**.
그 보고서의 문구가 모호하다.

0803. imprisonment
[imprízənmənt]
imprison v. 투옥하다

n. 투옥, 징역 = **confinement**
He was sentenced to life **imprisonment** for murder.
그는 살인죄로 무기 징역을 선고받았다.

☐ inflation ☐ extinction ☐ prosecution ☐ admit ☐ ambiguous ☐ imprisonment

0804. intimate
[íntəmit]
intimacy *n.* 친밀함

a. 친밀한, 밀접한 사적인 = **private**

There is an **intimate** connection between wealth and educational success.
재산과 교육적 성공 사이에는 밀접한 연관관계가 있다.

0805. brutal
[brú:tl]
brutally *ad.* 잔혹하게
brutality *n.* 잔혹함

a. 잔혹한, 무자비한 = **cruel, merciless**

The people have been kept down for years by a **brutal** regime.
국민들은 폭압적인 정권에게 수 년 동안 억눌려 왔다.

0806. autonomy
[ɔ:tánəmi]
autonomous *a.* 자율적인

n. 자율, 자치 = **independence**

The military is giving the soldiers more and more **autonomy** in their lives.
군대는 병사들의 생활에 점점 더 많은 자율성을 부여하고 있다.

0807. evolution
[èvəlú:ʃən / ì:və-]
evolutionary *a.* 진보하는
evolve *v.* 진화하다

n. 진화, 진보

In politics most nations prefer **evolution** to revolution.
대부분의 국가들이 정치에서 혁명보다 진보를 선호한다.

0808. cancer
[kǽnsər]
cancerous *a.* 암의

n. 암

There is a proven association between passive smoking and lung **cancer**.
간접흡연과 폐암 사이에 연관성이 있다는 것은 증명된 사실이다.

0809. deprive
[dipráiv]
deprivation *n.* 박탈

v. 빼앗다, 박탈하다

They have been doing voluntary work in socially **deprived** areas.
그들은 사회적으로 소외된 지역에서 자원봉사 활동을 해 왔다.

☐ intimate ☐ brutal ☐ autonomy ☐ evolution ☐ cancer ☐ deprive ☐ gym

Day 27

0810. **gym** [ʤim]　　*n.* 체육관 = **gymnasium**, 학교 체육, 헬스클럽
I overdid it in the **gym** and hurt my back.
나는 헬스클럽에서 무리하게 운동하다 허리를 다쳤다.

Day 27　EXERCISE

A 영어는 우리말로, 우리말은 영어로 옮기시오.

1. deprive _____
2. evolution _____
3. brutal _____
4. intimate _____
5. ambiguous _____
6. prosecution _____
7. inflation _____
8. incentive _____
9. captivate _____
10. manipulate _____
11. 체육관 _____
12. 자치 _____
13. 투옥 _____
14. 멸종 _____
15. 견디다 _____
16. 화해시키다 _____
17. 사교적인 _____
18. 외교 _____
19. 모집하다 _____
20. 음료 _____

B 다음 중 알맞은 어휘를 고르시오.

1. outstanding artistic [ⓐ merit / ⓑ margin] ▶ 뛰어난 예술적 장점

2. [ⓐ accelerating / ⓑ excelling] inflation ▶ 가속화되는 인플레이션

3. No one must be [ⓐ distinguished / ⓑ discriminated] against on grounds of gender or religion.

정답 **A** 1. 박탈하다 2. 진화 3. 잔혹한 4. 친밀한 5. 모호한 6. 검찰 7. 인플레이션 8. 유인책 9. 매혹하다 10. 조작하다 11. gym 12. autonomy 13. imprisonment 14. extinction 15. tolerate 16. reconcile 17. sociable 18. diplomacy 19. recruit 20. beverage **B** 1. ⓐ 2. ⓐ 3. ⓑ

Day 28

0811. **elastic** [ilǽstik]
elasticity *n.* 신축성

a. n. 신축성 있는 (소재)

The **elastic** at the waist gives a nice snug fit.
허리 부위의 신축성 있는 소재가 편안하게 잘 감싸준다.

0812. **marketplace** [máːrkitplèis]

n. 시장

The company now has a firm footing in the **marketplace**.
이제 그 회사는 시장에 탄탄한 기반을 갖고 있다.

0813. **casualty** [kǽʒuəlti]

n. 사상자, 희생자 = **victim**

Education has become a **casualty** of government spending cuts.
교육이 정부의 예산 삭감의 희생양이 되었다.

0814. **obtain** [əbtéin]

v. 따내다, 획득하다 = **come by**

Plants cannot **obtain** adequate nourishment from such poor soil.
그렇게 척박한 토양에서 식물이 충분한 영양을 얻을 수는 없다.

0815. **opposite** [ápəzit / -sit / ɔ́p-]
opposition *n.* 반대, 반발

a. 맞은편의, 반대되는 *n.* 반대 *prep.* ~의 맞은편에

That's the direct **opposite** of what you told me yesterday. 그건 네가 어제 나한테 했던 말과 완전히 반대잖아.

☐ elastic ☐ marketplace ☐ casualty ☐ obtain ☐ opposite

Day 28

0816. **prefer**
[prifə́:r]
preference *n.* 선호
preferable *a.* 선호되는

v. 선호하다

It is commonly asserted that older people **prefer** to receive care from family members.
흔히 노인들은 가족들에게 보살핌을 받는 것을 더 좋아한다고 주장들을 한다.

0817. **acquire**
[əkwáiər]
acquisition *n.* 습득

v. 습득하다, 얻다

He has **acquired** a good knowledge of English.
그는 훌륭한 영어 실력을 갖추게 되었다.

0818. **earn**
[ə:rn]
earnings *n.* 수입, 이익

v. 벌다, 얻다

Your money would **earn** more in a high-interest account.
이자가 높은 계좌에 돈을 넣어두면 더 많은 수익을 얻을 것이다.

0819. **secure**
[sikjúər]
security *n.* 보안

a. 안심한 ↔ **insecure**, 안전한 = **safe** *v.* 확보하다

He **secured** himself a place at law school.
그는 로스쿨 입학이 확정되었다.
▶ 1104 security

0820. **unique**
[ju:ní:k]
uniqueness *n.* 고유성

a. 고유의, 독특한 = **extraordinary**

Everyone's fingerprints are **unique**.
사람의 지문은 제각각 다르다.

0821. **distinct**
[distíŋkt]
distinction *n.* 구별, 분명함

a. 분명한, 구별되는, 확실한 = **definite**

The fact that he didn't speak English put him at a **distinct** disadvantage.
그가 영어를 할 줄 모른다는 것은 분명히 그에게 불리하게 작용했다.

☐ prefer ☐ acquire ☐ earn ☐ secure ☐ unique ☐ distinct

Essential Stage

0822. **proceedings**
[prousí:diŋz]

n. 법적 절차, 회의록 = **minutes**

Robert is preparing to bring legal **proceedings** against the company.
로버트는 그 회사를 상대로 법적 절차를 밟기 위해 준비 중이다.

0823. **partial**
[pá:rʃəl]

partiality *n.* 편중, 편애
partially *ad.* 부분적으로

a. 부분적인, 편애하는 = **biased** ↔ **impartial**

The judge of the contest was **partial** to his daughter.
그 대회 심사위원은 그의 딸에게 편파적이었다.

0824. **exclude**
[iksklú:d]

exclusive *a.* 배제하는, 독점하는
exclusion *n.* 배제

v. 제외하다, 배제하다 = **rule out** ↔ **include**

The police have **excluded** theft as a motive for the murder.
경찰은 그 살인사건의 동기 중 절도는 배제했다.

0825. **portion**
[pɔ́:rʃən]

n. 부분, 1인분 = **serving**, 몫 = **share**

Only a small **portion** of the budget is spent on feeding the needy.
예산 중 아주 적은 일부만이 빈곤층의 식비 지원에 쓰이고 있다.

0826. **section**
[sékʃən]

n. 부분, 부서 = **department**, **division**

The story was reported on the front page of the business **section**.
그 이야기는 경제면 첫 페이지에 보도되었다.

0827. **profession**
[prəféʃən]

professional *a.* 전문적인, 직업의

n. 전문직

In a few years he had climbed to the top of his **profession**.
몇 년 뒤에 그는 자기 직업에서 최고의 위치에 올라섰다.

☐ proceedings ☐ partial ☐ exclude ☐ portion ☐ section ☐ profession

Day 28

0828. **vocation**
[voukéiʃən]
vocational *a.* 직업의

n. 천직 = **calling**, 직업

For me acting is not just a job—it's a **vocation**.
내게 연기는 단순한 직업이 아니라 천직이다.

0829. **commentary**
[káməntèri / kɔ́məntəri]
commentate *v.* 해설하다
commentator *n.* 해설가

n. 해설

The TV sports announcer gave a **commentary** on the soccer game, explaining what the players were doing. TV 스포츠 중계자는 축구 경기를 해설하면서 선수들이 무엇을 하고 있는지를 설명했다.

0830. **widely**
[wáidli]
wide *a.* 넓은 *ad.* 넓게

ad. 널리, 흔히

The university is **widely** admired for its excellent teaching.
그 대학은 훌륭한 교육으로 널리 인정받고 있다.

0831. **grab**
[græb]

v. 쥐다, 포착하다 = **seize**

Almost as a reflex action, he **grabs** his pen as the phone rings.
그는 전화가 오면 거의 반사적으로 펜을 집어 든다.

0832. **interact**
[ìntərǽkt]
interaction *n.* 상호작용
interactive *a.* 상호적인

v. 상호 작용하다

The more pupils, the less time teachers have to **interact** with each of them.
학생이 많을수록 선생은 학생들 각자와 상호 교류할 시간이 적어진다.

0833. **capture**
[kǽptʃər]

v. 사로잡다 = **catch**, 장악하다

The company has **captured** over 80% of the market. 그 회사가 시장의 80% 이상을 장악했다.

☐ vocation ☐ commentary ☐ widely ☐ grab ☐ interact ☐ capture

0834. massive
[mǽsiv]

mass *n.* 대량

a. 거대한, 엄청난

The government found itself confronted by **massive** opposition.
정부는 거센 반대에 부딪힌 상황을 깨달았다.

0835. deficit
[défəsit]

n. 적자 ↔ **surplus**

The trade balance has been in **deficit** for the past seven years.
무역 수지가 지난 7년 동안 계속 적자를 기록했다.

0836. identical
[aidéntikəl / i-]

a. 똑같은

In effect, the two systems are **identical**.
사실상 두 체제는 똑같다.

0837. consider
[kənsídər]

consideration *n.* 검토

v. 고려하다, 검토하다 = **regard**

You would do well to **consider** all the options before buying. 구입하기 전에 모든 선택사항을 검토해 보는 것이 좋을 것이다.

0838. immigration
[ìməgréiʃən]

immigrate *v.* 이민 오다
immigrant *n.* 이민자

n. (입국)이민 ↔ **emigration**

A number of countries are attempting to control **immigration** strictly.
몇몇 국가들이 이민을 엄격히 통제하려 하고 있다.

0839. suppose
[səpóuz]

v. 추측하다, 여기다

I don't want to go to the party, but I **suppose** I'd better put in an appearance.
파티에 가고 싶지는 않지만 잠깐 얼굴이라도 비치는 게 좋을 것 같다.

☐ massive ☐ deficit ☐ identical ☐ consider ☐ immigration ☐ suppose ☐ display

0340. **display**
[displéi]

n. 진열 v. 전시하다 = **exhibit**, 보여주다

The screen will **display** the username in the top lefthand corner.
화면의 위에서 왼쪽 구석에 사용자 이름이 보일 것이다.

Day 28 EXERCISE

A 영어는 우리말로, 우리말은 영어로 옮기시오.

1 display	_____	11 적자	_____
2 suppose	_____	12 사로잡다	_____
3 identical	_____	13 상호 작용하다	_____
4 massive	_____	14 천직	_____
5 consider	_____	15 제외하다	_____
6 partial	_____	16 선호하다	_____
7 unique	_____	17 맞은편의	_____
8 acquire	_____	18 이민	_____
9 obtain	_____	19 널리	_____
10 elastic	_____	20 법적 절차	_____

B 다음 중 알맞은 어휘를 고르시오.

1 a sports [ⓐ comment / ⓑ commentary] ▶ 스포츠 해설

2 a generous [ⓐ potion / ⓑ portion] of meat ▶ 푸짐한 고기 1인분

3 In a few years he had climbed to the top of his [ⓐ profession / ⓑ professor].

정답 **A** 1. 진열 2. 추측하다 3. 똑같은 4. 거대한 5. 고려하다 6. 부분적인 7. 독특한 8. 습득하다 9. 얻다 10. 신축성 있는 11. deficit 12. capture 13. interact 14. vocation 15. exclude 16. prefer 17. opposite 18. immigration 19. widely 20. proceedings **B** 1. ⓑ 2. ⓑ 3. ⓐ

Day 29

월   일

0841. demonstrate
[démənstrèit]
demonstration *n.* 시범

v. 시범을 보이다, 보여주다 = **display**

Can you **demonstrate** to my satisfaction that your story is true? 당신의 이야기가 사실이라는 것을 제가 납득이 가게 증명할 수 있습니까?

0842. favor
[féivər]
favorable *a.* 호의적인

n. 부탁, 호의, 찬성 = **approval**

Ten people voted in **favor**, three against, and two abstained.
10명이 찬성표를 던졌고 세 명이 반대표를 던졌으며 두 명이 기권했다.

0843. present
[prézənt]
presentation *n.* 발표

n. a. 현재(의) *v.* 주다, 제시하다

Six options were **presented** for consideration.
검토할 선택사항으로 여섯 가지가 제시되었다.

0844. provide
[prəváid]

v. 제공하다 = **supply**

The insurance plan will **provide** substantial cash benefits to your family in case of your death.
그 보험은 가입자가 사망한 경우 가입자의 가족에게 상당 금액의 현금 혜택을 제공할 것이다.

0845. award
[əwɔ́:rd]

n. 상 *v.* 수여하다

He was **awarded** damages of $60,000.
그는 피해 보상금으로 6만 달러를 받았다.

☐ demonstrate   ☐ favor   ☐ present   ☐ provide   ☐ award

Day 29

0846. diverse
[divə́ːrs / dáivəːrs]
diversity *n.* 다양함
diversify *v.* 다양화하다

a. 다양한 = **various**

His interests are very **diverse**.
그의 관심사는 매우 다양하다.

0847. separate
[sépərèit]
separation *n.* 분리

v. 분리하다 = **divide** *a.* 따로따로인

The Han River **separates** the north of Seoul from the south.
한강은 서울을 강남과 강북으로 나눈다.

0848. gain
[gein]

v. 얻다 *n.* 이익, 증가

Regular exercise helps prevent weight **gain**.
규칙적인 운동은 체중 증가를 막아 준다.

0849. grasp
[græsp / graːsp]

v. 쥐다 = **grip**, 이해하다

It took him some time to **grasp** her words.
그가 그녀의 말을 이해하는 데는 시간이 좀 걸렸다.

0850. category
[kǽtəgɔ̀ːri]
categorize *v.* 분류하다

n. 범주, 분류기준 = **class**

Out of over 500 staff, there are just 5 that fall into the **category**.
500명이 넘는 직원들 중에서 그 범주에 속하는 사람은 딱 5명이다.

0851. attempt
[ətémpt]

n. v. 시도(하다), 노력(하다) = **try**, **endeavor**

Do not **attempt** to repair the appliance yourself.
그 가전제품을 네가 직접 고치려고 하지 마라.

☐ diverse ☐ separate ☐ gain ☐ grasp ☐ category ☐ attempt

0852. inquire
[inkwáiər]
inquiry *n.* 문의

v. 묻다, 문의하다

I'm writing to **inquire** about the language courses. 어학 강좌에 대해 문의 드리려고 편지를 씁니다.

0853. petition
[pitíʃən]

n. v. 탄원(을 넣다)

Parents **petitioned** the school to lower the price of school uniforms. 부모들이 교복의 가격을 낮추라는 탄원을 학교에 제기했다.

0854. modify
[mádəfài / mɔ́d-]
modification *n.* 수정

v. 고치다, 조정하다 = **adapt, adjust**

The repair work involved **modifying** three windows. 수리 작업에는 창문 세 개를 고치는 것이 포함되었다.

0855. switch
[switʃ]

v. 바꾸다, 교환하다 = **swap**

I started to study English at college, but **switched** to economics in my second year. 나는 대학에 들어가서 처음에는 영어를 전공했으나 2학년 때 경제학으로 바꿨다.

0856. reserve
[rizə́ːrv]
reservation *n.* 예약

v. 예약하다 = **book**, 보류하다

I've **reserved** a room in the name of Hamilton. 저는 해밀턴이라는 이름으로 방을 하나 예약했습니다.

0857. sufficient
[səfíʃənt]

n. 충분한 = **enough** ↔ **insufficient**

Will $400 be **sufficient** for your expenses? 400달러면 네 비용을 충당하는 데 충분할까?

☐ inquire ☐ petition ☐ modify ☐ switch ☐ reserve ☐ sufficient

Day 29

0858. fire [faiər]

v. 해고하다 = **dismiss, sack**

He got **fired** from his first job last year.
그는 작년에 처음 들어간 직장에서 해고됐다.

0859. local [lóukəl]

locally *ad.* 현지에서

a. 현지의, 지방의

I gratefully acknowledge the financial support from several **local** businesses.
현지 기업 몇몇 곳에서 보내 주신 재정 지원에 감사드립니다.

0860. consumer [kənsúːmər]

consume *v.* 소비하다

n. 소비자

A fall in unemployment will help restore **consumer** confidence. 실업률의 감소는 소비자들의 자신감을 회복하는 데 도움이 될 것이다.

0861. hire [haiər]

v. 고용하다 = **employ**

She does the **hiring** and firing in our company.
그녀는 우리 회사에서 직원고용과 해고를 맡고 있다.

0862. shuttle [ʃʌtl]

n. 정기 왕복 차[비행기]

The **shuttles** leave the hotel for the airport every hour. 매 시마다 호텔을 출발해 공항으로 가는 셔틀버스가 있다.

0863. protest [prətést]

v. 저항하다, 항의하다 *n.* 저항

There's no use **protesting**, I won't change my mind.
항의해 봤자 소용없어. 내 마음은 바뀌지 않아.

☐ fire ☐ local ☐ consumer ☐ hire ☐ shuttle ☐ protest

0864. **rescue**
[réskjuː]

rescuer *n.* 구조자

n. v. 구출(하다)

The building was **rescued** from demolition.
그 건물은 철거될 위기에서 벗어났다.

0865. **firm**
[fəːrm]

a. 단단한, 확실한

They have no **firm** evidence to support the case.
그들은 그 사건을 뒷받침할 확고한 증거가 없다.

0866. **management**
[mǽnidʒmənt]

manage *v.* 경영하다
manager *n.* 관리자

n. 경영(진), 관리

Good **management** benefits employers and employees alike.
훌륭한 경영은 고용자와 직원들에게 똑같이 혜택을 준다.

0867. **employ**
[emplɔ́i]

employer *n.* 고용인
employee *n.* 직원

v. 고용하다 = **hire**, 이용하다

More and more companies are **employing** outside contractors to do their projects.
점점 더 많은 회사들이 외주업자를 고용해서 자기네 일을 시킨다.

0868. **workshop**
[wə́ːrkʃὰp / -ʃɔ̀p]

n. 공동 교육, 작업장

A number of actors and actresses took part in the drama **workshop**.
몇몇 남녀 배우들이 그 드라마 워크숍에 참가했다.

0869. **press**
[pres]

n. 인쇄매체, 언론 = **media**

The freedom of the **press** should be protected at all costs. 언론의 자유는 어떤 대가를 치러서라도 지켜야 한다.

☐ rescue ☐ firm ☐ management ☐ employ ☐ workshop ☐ press ☐ tender

0870. tender
[téndər]

a. 다정한, 연한 ↔ **tough**, 예민한 = **delicate**
v. 제출하다

The beef is **tender** and juicy.
그 소고기는 연하고 육즙이 많다.

Day 29 EXERCISE

A 영어는 우리말로, 우리말은 영어로 옮기시오.

1. tender _____
2. firm _____
3. shuttle _____
4. hire _____
5. workshop _____
6. modify _____
7. inquire _____
8. attempt _____
9. category _____
10. diverse _____
11. 인쇄매체 _____
12. 구출하다 _____
13. 저항하다 _____
14. 소비자 _____
15. 해고하다 _____
16. 예약하다 _____
17. 탄원 _____
18. 분리하다 _____
19. 시범을 보이다 _____
20. 경영 _____

B 다음 중 알맞은 어휘를 고르시오.

1. ⓐ sufficient / ⓑ deficient evidence ▶ 충분한 증거

2. It took him some time to [ⓐ grab / ⓑ grasp] her words.

3. Ten people voted in [ⓐ favor / ⓑ flavor], three against, and two abstained.

정답 **A** 1. 연한 2. 단단한 3. 왕복 차편 4. 고용하다 5. 작업장 6. 수정하다 7. 문의하다 8. 시도 9. 범주 10. 다양한 11. press 12. rescue 13. protest 14. consumer 15. fire 16. reserve 17. petition 18. separate 19. demonstrate 20. management **B** 1. ⓐ 2. ⓑ 3. ⓐ

Day 30

0871. **direct**
[dirékt / dai-]
direction *n.* 방향

a. 직접적인 ↔ **indirect** *v.* 이끌다

A new manager has been appointed to **direct** the project. 그 프로젝트를 지휘할 새로운 관리자가 임명되었다.

0872. **director**
[diréktər / dai-]

n. 감독, 이사, 중역

The **director** has given him assent to the proposal.
이사는 그에게 그 제안에 대한 승인을 해 주었다.

0873. **export**
[ikspɔ́ːrt]

v. 수출하다 *n.* 수출 ↔ **import**

The company made a successful entrance to the **export** market. 그 회사는 수출 시장에 성공리에 진입했다.

0874. **introduce**
[ìntrədjúːs]
introduction *n.* 소개, 도입

v. 소개하다, 도입하다

May I **introduce** my first guest on the show tonight? 오늘밤 제 쇼에 오신 첫 초대 손님을 소개드릴까요?

0875. **invent**
[invént]
invention *n.* 발명
inventor *n.* 발명가

v. 발명하다, 지어내다 = **make up**

What excuse will she **invent** this time?
그녀는 이번에는 어떤 변명을 꾸며낼까?

☐ direct ☐ director ☐ export ☐ introduce ☐ invent

Day 30

0876. expert
[ékspəːrt]

n. 전문가

You had better seek **expert** advice on the matter.
그 문제에 관해서는 전문가의 조언을 구하는 것이 좋겠다.

0877. cutback
[kʌtbæk]

n. 감소, 감축 = **reduction**

Business is not good, so the company has made a **cutback** in workers from 120 to 70.
경기가 좋지 않아서 그 회사는 직원 수를 120명에서 70명으로 줄였다.

0878. goods
[gudz]

n. 제품, 상품

Perishable **goods** last longer if kept in a refrigerator.
상하기 쉬운 제품은 냉장고에 보관하면 더 오래 간다.

0879. customs
[kʌ́stəmz]

n. 세관, 관세 = **tariff, customs duty**

Please fill out the **customs** declaration form.
세관 신고서를 작성해 주세요.

TOEIC tips 단수형의 뜻은 전혀 다르다. custom : 습관, 관습

0880. committee
[kəmíti]

n. 위원회

The plan will be submitted to the **committee** for official approval.
그 계획은 공식 인가를 받기 위해 위원회에 제출될 것이다.

0881. sidewalk
[sáidwɔ̀ːk]

n. 보도, 인도 = **pavement**

A lady walked her dog along the **sidewalk**.
한 여인이 인도로 개를 데리고 산책시키고 있었다.

☐ expert ☐ cutback ☐ goods ☐ customs ☐ committee ☐ sidewalk

Essential Stage

0882. **crosswalk**
[krɔ́swɔ̀ːk]

n. 횡단보도

School children are told to cross the street only at **crosswalks**.
학교에 다니는 아이들은 횡단보도로만 길을 건너라고 배운다.

0883. **endeavor**
[endévər]

n. 시도, 노력 = **attempt** *v.* 노력하다 = **strive**

We have **endeavored** to make the vehicle environment-friendly.
우리는 그 자동차를 친환경적으로 만들기 위해 노력했습니다.

0884. **barrier**
[bǽriər]

n. 장벽, 장애물 = **obstacle**

They fell in love in spite of the language **barrier**.
그들은 언어 장벽에도 불구하고 사랑에 빠졌다.

0885. **factor**
[fǽktər]

n. 요소, 요인

Human error may have been a contributing **factor**. 인간의 실수가 원인을 제공한 요소였을 가능성이 있다.

0886. **pleasant**
[pléznt]

a. 유쾌한, 즐거운

Please try to be **pleasant** to our guests.
될수록 손님들에게 쾌활하고 친절하게 대하세요.

0887. **index**
[índeks]

n. 색인, 지수

Look up the term in the **index**.
그 용어는 색인에서 찾아 봐라.

☐ crosswalk ☐ endeavor ☐ barrier ☐ factor ☐ pleasant ☐ index

Day 30

0888. mechanic
[məkǽnik]

n. 정비공, 수리공

The **mechanic** located the fault immediately.
수리공은 잘못된 부분을 금방 찾아냈다.

0889. vision
[víʒən]

n. 시력 = **eyesight**, 미래상 = **foresight**

Barack is considered a new leader whose breadth of **vision** can persuade others to change.
버락은 폭넓은 미래상으로 다른 사람들의 변화를 이끌 수 있는 새로운 지도자로 여겨진다.

0890. employer
[emplɔ́iər]

employ *v.* 고용하다
employment *n.* 고용

n. 고용주, 사장

My **employer** is Korea Chemical.
나는 한국 화학이라는 회사에서 일한다.

0891. directory
[diréktəri / dai-]

n. 목록, 명부, (컴퓨터) 디렉터리

Create a new **directory** and put all your files into it.
새 디렉터리를 하나 만들어서 모든 파일을 그 안에 넣어라.

0892. import
[impɔ́ːrt]

v. 수입하다 *n.* 수입

Attempts are being made to redress the imbalance between our export and **import** figures. 우리의 수출액과 수입액 사이의 불균형을 바로잡기 위한 노력이 행해지고 있다.

0893. introduction
[ìntrədʎ́kʃən]

n. 소개, 도입

The **introduction** of new manufacturing methods helped increase the output.
새로운 제조 방식의 도입이 생산량을 늘리는 데 도움이 되었다.

☐ mechanic   ☐ vision   ☐ employer   ☐ directory   ☐ import   ☐ introduction

Essential Stage

0894. invention
[invénʃən]

n. 발명, 날조

The story is apparently a complete **invention**.
그 이야기는 분명히 전부 지어낸 것이다.

0895. customer
[kʌ́stəmər]

n. 고객, 손님

The **customer** is always right.
손님이 왕이다.

0896. housing
[háuziŋ]

n. 주택(공급)

Local residents were angry at not being brought in on the new **housing** proposal. 지역 주민들은 새로 제시된 주택 공급안에 대한 자신들의 의견을 묻지 않은 데 분노했다.

0897. column
[káləm / kɔ́l-]

n. 기둥, 기고문

The stone **columns** hold up the roof.
돌기둥들이 그 지붕을 떠받친다.

0898. agency
[éidʒənsi]

n. 대행사, 정부 부서

The **agency** will make travel arrangements for you. 여행사가 당신의 여행에 필요한 것들을 준비해 줄 것이다.

0899. classical
[klǽsikəl]

a. 고전적인

Swan Lake is one of the greatest **classical** ballets.
백조의 호수는 아주 훌륭한 고전 발레작품 중 하나이다.

☐ invention ☐ customer ☐ housing ☐ column ☐ agency ☐ classical ☐ garage

0900. garage

[gərá:ʒ]

n. 차고, 정비소

He has worked as a **garage** mechanic for five years.
그는 5년째 정비소 정비공으로 일하고 있다.

Day 30 EXERCISE

A 영어는 우리말로, 우리말은 영어로 옮기시오.

1. classical _____
2. agency _____
3. housing _____
4. introduction _____
5. directory _____
6. committee _____
7. factor _____
8. endeavor _____
9. sidewalk _____
10. cutback _____
11. 차고 _____
12. 기둥 _____
13. 고객 _____
14. 발명 _____
15. 시력 _____
16. 제품 _____
17. 장벽 _____
18. 횡단보도 _____
19. 수출하다 _____
20. 전문가 _____

B 다음 중 알맞은 어휘를 고르시오.

1. the cost-of-living [ⓐ index / ⓑ indication] ▶ 생활비 지수

2. clear [ⓐ custom / ⓑ customs] ▶ 세관을 통과하다

3. The [ⓐ mechanic / ⓑ mechanical] located the fault immediately.

정답 A 1. 고전적인 2. 대행사 3. 주택 4. 소개 5. 명부 6. 위원회 7. 요소 8. 노력 9. 보도 10. 감축 11. garage 12. column 13. customer 14. invention 15. vision 16. goods 17. barrier 18. crosswalk 19. export 20. expert
B 1. ⓐ 2. ⓑ 3. ⓐ

Advanced Stage

Day 31 ~ Day 50

Advanced Stage

월 일

0901. **union**
[júːnjən]

n. (노동)조합 = **trade union**, 연합

Some countries have applied for admission to the European **Union**.
몇몇 국가들이 유럽 연합 가입을 신청했다.

0902. **economic**
[ìːkənámik / -nɔ́m-]
economy *n.* 경제
economics *n.* 경제학
economical *a.* 절약하는

a. 경제의

Successful businesses are highly adaptable to **economic** change.
성공한 기업들은 경제 변화에 대한 적응력이 뛰어나다.

0903. **glue**
[gluː]

n. 풀, 접착제

The boy sticks to his mother like **glue**.
그 소년은 접착제처럼 어머니 곁에 늘 붙어 있다.

0904. **inferior**
[infíəriər]
inferiority *n.* 열등감

a. 열등한, ~보다 못한 ↔ **superior**

The journalist implies that being a housewife is **inferior** to every other job.
그 기고가는 가정주부가 다른 어떤 일보다도 열등한 일이라고 암시한다.

0905. **flashlight**
[flǽʃlàit]

n. 손전등 = **torch**

He shone the **flashlight** around the basement.
그는 지하실에 손전등을 돌아가며 비추었다.

☐ union ☐ economic ☐ glue ☐ inferior ☐ flashlight

Day 31

0906. nickel [níkəl]

n. 5센트 동전

Do you have any **nickels**?
5센트 동전 있어?

0907. clerk [klə:rk / kla:rk]

n. 점원 = **shop assistant**,
호텔 접수직원 = **receptionist**

The **clerk** gave me too little change by mistake.
점원이 실수로 내게 거스름돈을 적게 주었다.

0908. absorb [æbsɔ́:rb / -zɔ́:rb]

absorption *n.* 흡수

v. 흡수하다 = **take in**, 몰두하게 하다 = **engross**

His head was like a sponge, ready to **absorb** anything.
그의 머리는 언제나 무엇이든 흡수할 수 있는 스펀지 같았다.

0909. income [ínkʌm]

n. 소득, 수입

He spends money like water—I wonder what's his major source of **income**.
그는 돈을 물 쓰듯 한다. 그의 주 수입원이 무엇인지 궁금하다.

0910. cellphone [selfoun]

n. 휴대전화 = **cell, mobile phone**

Please put your **cellphone** in mute mode in public places.
공공장소에서는 휴대전화를 진동으로 해 놓으시오.

0911. debtor [détər]

n. 채무자 ↔ **creditor**

The **debtors** of the bank had trouble making payments.
그 은행의 채무자들은 빚을 갚는 데 어려움을 겪었다.

☐ nickel ☐ clerk ☐ absorb ☐ income ☐ cellphone ☐ debtor

Advanced Stage

0912. **regret**
[rigrét]
regretful *a.* 후회하는
regrettable *a.* 유감스러운

v. 후회하다, 유감스러워하다

You may well **regret** the decision in years to come. 너는 몇 년 지나면 그 결정을 후회할 가능성이 높다.

0913. **election**
[ilékʃən]
elect *v.* 선출하다

n. 선거, 선출

They got 34% of the vote as against 39% in the last **election**. 그들은 지난 선거에서 얻은 39%의 득표율에 견주어 이번에는 34%를 얻었다.

0914. **freeway**
[fríːwèi]

n. 고속도로 = **expressway**

The coastal road diverges from the **freeway** just north of Santa Monica. 해안도로는 산타 모니카의 바로 북쪽에서 고속도로와 갈라진다.

0915. **consume**
[kənsúːm]
consumption *n.* 소비
consumer *n.* 소비자

v. 소비하다, 섭취하다

One third of the world's population **consumes** two thirds of the world's resources. 전 세계 인구의 1/3이 전 세계 자원의 2/3를 소비한다.

0916. **unemployed**
[ʌnemplɔ́id]
unemployment *n.* 실업

a. 실업 상태인, 일이 없는 = **jobless**

We should allow for the growing anger and frustration of young **unemployed** people. 청년 실업자들 사이에 커지고 있는 분노와 좌절감을 감안해야 한다.

0917. **handy**
[hǽndi]
handily *ad.* 쉽게, 편리하게
handiness *n.* 쓸모

a. 쓸모 있는 = **useful**, 손재주가 있는, 쉽게 구할 수 있는

Always keep a first-aid kit **handy**. 구급함을 언제나 가까운 곳에 두어라.

☐ regret ☐ election ☐ freeway ☐ consume ☐ unemployed ☐ handy

Day 31

0918. ladder [lǽdər]

n. 사다리

With the help of a **ladder**, neighbors were able to rescue the children from the blaze. 동네 사람들은 사다리 덕분에 아이들을 불길 속에서 구출할 수 있었다.

0919. passenger [pǽsəndʒər]

n. 승객

Neither the driver nor the **passengers** were hurt in the accident.
그 사고로 운전자도 승객들도 다치지는 않았다.

0920. purse [pə:rs]

n. (여성용) 지갑, 핸드백 = **handbag**

She dipped into her **purse** and took some coins out. 그녀는 지갑에 손을 넣어 동전 몇 개를 꺼냈다.

0921. agent [éidʒənt]

agency *n.* 대행사

n. 대행인, 요원

The real estate **agent** showed me some studio apartments.
그 부동산 중개업자는 내게 원룸을 몇 개 보여 주었다.

0922. figure [fígjər / -gər]

n. 숫자, 통계 수치

The latest sales **figures** have risen to 23 million won. 최근 매출액이 2천 3백만 원까지 올라갔다.

0923. interviewee [ìntərvjùːí]

interviewer *n.* 면접관

n. 면접 보는 사람

The most important thing to **interviewees** is not to get cold feet.
면접 보는 사람들에게 가장 중요한 것은 긴장하지 않는 것이다.

☐ ladder ☐ passenger ☐ purse ☐ agent ☐ figure ☐ interviewee

0924. comprehension
[kàmprihénʃən / kɔ̀m-]

comprehend *v.* 이해하다
comprehensible *a.* 이해할 수 있는

n. 이해

Her behavior was completely beyond **comprehension**.
그녀의 행동은 전혀 이해가 가지 않는 것이었다.

0925. address
[ədrés]

n. 연설 = **speech** *v.* ~에게 말을 걸다

I **addressed** a woman sitting next to me.
나는 옆 자리에 앉아 있던 여자에게 말을 걸었다.

0926. prepare
[pripéər]

preparation *n.* 준비

v. 준비하다, 마련하다

He had the foresight to **prepare** himself financially in case of an accident. 그는 예상치 못한 일이 생겼을 때 재정적으로 준비할 수 있는 선견지명이 있었다.

0927. booklet
[búklit]

n. 소책자

The **booklet** contains information on pain relief during labor. 그 소책자에는 진통 중에 통증을 완화하는 방법에 대한 정보가 담겨 있다.

0928. regular
[régjələr]

regularity *n.* 규칙성

a. 정기적인, 규칙적인 ↔ **irregular**

The restaurant has numerous **regular** customers.
그 식당에는 단골손님이 아주 많다.

0929. shortly
[ʃɔ́ːrtli]

ad. 곧, 금방 = **soon**

He arrived **shortly** after me.
그는 내 뒤에 금방 도착했다.

☐ comprehension ☐ address ☐ prepare ☐ booklet ☐ regular ☐ shortly ☐ fiber

0930. **fiber**
[fáibər]

n. 섬유, 섬유질

The **fiber** from the hemp plants makes good rope. 삼에서 뽑은 섬유로 좋은 밧줄을 만들 수 있다.

Day 31 EXERCISE

A 영어는 우리말로, 우리말은 영어로 옮기시오.

1. shortly _____
2. regular _____
3. booklet _____
4. comprehension _____
5. interviewee _____
6. agent _____
7. purse _____
8. handy _____
9. income _____
10. nickel _____

11. 점원 _____
12. 준비하다 _____
13. 연설 _____
14. 승객 _____
15. 사다리 _____
16. 소비하다 _____
17. 후회하다 _____
18. 채무자 _____
19. 휴대전화 _____
20. 흡수하다 _____

B 다음 중 알맞은 어휘를 고르시오.

1. ⓐ economic / ⓑ economical cooperation ▶ 경제 협력

2. join the ⓐ union / ⓑ reunion ▶ 노조에 가입하다

3. dietary ⓐ fiber / ⓑ fabric ▶ 식이 섬유

정답 A 1. 곧 2. 정기적인 3. 소책자 4. 이해 5. 면접 보는 사람 6. 대리인 7. 지갑 8. 쓸모 있는 9. 소득 10. 5센트 동전 11. clerk 12. prepare 13. address 14. passenger 15. ladder 16. consume 17. regret 18. debtor 19. cellphone 20. absorb B 1. ⓐ 2. ⓐ 3. ⓐ

Day 32

0931. **broadcast**
[brɔ́:dkæst]
broadcasting *n.* 방송

v. 방송하다

The speech was **broadcast** via a satellite link.
그 연설은 위성 중계를 통해 방송되었다.

0932. **dime**
[daim]

n. 10센트 동전

Ten **dimes** equal one dollar.
10센트 동전 열 개는 1달러이다.

0933. **burden**
[bə́:rdn]
burdensome *a.* 부담이 되는, 귀찮은

n. 짐, 부담

A lot of parents do not want to become a **burden** to their children when they are old.
많은 부모들이 나이가 들었을 때 자식들에게 부담이 되고 싶어 하지 않는다.

0934. **attic**
[ǽtik]

n. 다락방

I went to the **attic** and dug out daddy's medals.
나는 다락방에 가서 아빠의 훈장을 발견했다.

0935. **endure**
[endjúər]
endurance *n.* 인내
endurable *a.* 참을 만한

v. 참다, 견디다 = **stand, tolerate, bear**

A lot of cancer patients must **endure** a great deal of pain. 많은 암 환자들이 엄청난 고통을 견뎌내야 한다.

☐ broadcast ☐ dime ☐ burden ☐ attic ☐ endure

Day 32

0936. jail [dʒeil]

n. 감옥, 교도소 = **prison**

He spent ten years in **jail** and was released today.
그는 10년 동안 수감되어 있다가 오늘 석방되었다.

0937. initials [iníʃəlz]

initial *a.* 최초의

n. (이름의) 머리글자

John Fitzgerald Kennedy was often known by his **initials** JFK.
존 피츠제럴드 케네디는 머리글자인 JFK로 흔히 알려졌다.

0938. party [pá:rti]

n. 일행, 단체

The amusement park gives a 10% discount to **parties** of more than ten.
그 놀이공원은 열 명 이상의 단체 관람객에게 10% 할인을 해 준다.

0939. relieve [rilí:v]

relief *n.* 완화, 구제

v. 덜어주다, 완화하다 = **alleviate**

Is there any good medicine to **relieve** nasal congestion?
코막힘을 뚫어줄 수 있는 좋은 약 없나?

0940. surgeon [sə́:rdʒən]

surgery *n.* 외과 수술

n. 외과 의사

A **surgeon** needs a good eye and a steady hand.
외과 의사는 예리한 눈과 떨지 않는 손이 필요하다.

0941. unemployment [ʌnemplɔ́imənt]

n. 실업

Unemployment has fallen again for the fourth consecutive month.
실업률이 4개월 연속으로 또다시 감소하였다.

☐ jail ☐ initials ☐ party ☐ relieve ☐ surgeon ☐ unemployment

Advanced Stage

0942. **upward**
[ʌ́pwərd]
upwards *ad.* 위로

a. 위를 향한, 증가하는 ↔ **downward**
This year saw a continuation in the **upward** trend in sales.
올해는 매출액의 증가 경향이 지속되는 한 해였다.

0943. **lately**
[léitli]
latest *a.* 최근의

ad. 최근에 = **recently**
My back's been giving me a lot of trouble **lately**.
나는 최근에 허리가 많이 안 좋았다.

0944. **wallet**
[wálit / wɔ́l-]

n. (남성용) 지갑
You'll have to go to the police station to reclaim your **wallet**.
잃어버린 지갑을 찾아오려면 경찰서에 가 봐야 할 것이다.

0945. **label**
[léibəl]

n. 딱지, 라벨 = **tag**, **ticket**
The **label** on the box said: 'Fragile. Handle with care.'
상자에 붙은 딱지에는 '파손되기 쉬움. 취급 주의' 라고 쓰여 있었다.

0946. **chef**
[ʃef]

n. (전문) 요리사
I can recommend the **chef's** dish of the day.
요리사가 내놓는 오늘의 요리는 추천할 만하다.

0947. **affect**
[əfékt]
affection *n.* 가식

v. 영향을 미치다 = **influence**,
~인 척하다 = **put on**
Many external influences can **affect** your state of mind. 많은 외부 요인들이 심리 상태에 영향을 줄 수 있다.

☐ upward ☐ lately ☐ wallet ☐ label ☐ chef ☐ affect

Day 32

0948. cooperate
[kouápərèit / -óp-]

cooperation *n.* 협조
cooperative *a.* 협조하는

v. 협조하다

He indicated in his letter that he was willing to **cooperate** with us.
그는 편지에서 우리에게 기꺼이 협조하겠다고 밝혔다.

0949. receipt
[risí:t]

n. 영수증, 수신

Keep the **receipt** as proof of purchase.
구입했다는 증거로 영수증을 보관해라.

0950. nearby
[níərbái]

a. 근처의 *v.* 근처에

They have three sons but none of them lives **nearby**.
그들에게는 세 아들이 있는데 그 중 아무도 근처에 살지 않는다.

0951. mayor
[méiər / mɛər]

n. 시장

The **mayor** was there to dignify the celebrations.
시장이 예식 자리를 빛내 주기 위해 와 있었다.

0952. mass
[mæs]

n. 대량, 대중

There's a **mass** of anti-virus softwares you can choose from.
수많은 컴퓨터 바이러스 치료 프로그램 중에서 고를 수 있다.

0953. role
[roul]

n. 역할 = **part**, 배역

Parents play a crucial **role** in preparing their children for school.
부모는 아이가 학교생활을 잘 할 수 있게 준비하는 데 크나큰 역할을 한다.

☐ cooperate ☐ receipt ☐ nearby ☐ mayor ☐ mass ☐ role

Advanced Stage

0954 **household**
[haúshòuld]

n. 가정, 한 집 식구들

Leaflets have been delivered to every **household**.
각 가정에 안내문이 배달되었다.

0955 **highway**
[háiwèi]

n. 간선 도로

They drove through the barley fields that flanked **Highway** 18.
그들은 18번 도로 양 옆으로 펼쳐진 보리밭을 지나 차를 몰았다.

0956 **due**
[djuː]

a. 기한이 된, 지불해야 하는

The insurance company will refund any amount **due** to you.
보험회사는 당신에게 지급되어야 하는 모든 금액을 환불해 줄 것이다.

0957 **highly**
[háili]

a. 매우, 무척 = **deeply**

His designs were **highly** commended by the judges. 그의 디자인은 심사위원들에게 큰 찬사를 받았다.
TOEIC tips high 거리상으로 높이

0958 **quite**
[kwait]

ad. 매우, 완전히

They are doing a marvelous job, but they haven't **quite** finished.
그들은 아주 잘 하고 있지만 아직 끝내려면 멀었다.

0959 **retirement**
[ritáiərmənt]
retire *v.* 은퇴하다

n. 퇴직, 은퇴

Last year ill health compelled his **retirement**.
작년에 그는 건강이 좋지 않아서 어쩔 수 없이 퇴직했다.

☐ household ☐ highway ☐ due ☐ highly ☐ quite ☐ retirement ☐ proclaim

Day 32

0960. proclaim
[proukléim / prə-]
proclamation *n.* 선언

v. 선언하다 = **declare**, 분명히 보여주다

He has always **proclaimed** his innocence of the charges. 그는 줄곧 자신이 죄가 없다고 말하고 다녔다.

Day 32 EXERCISE

A 영어는 우리말로, 우리말은 영어로 옮기시오.

1	proclaim	11	은퇴
2	household	12	영수증
3	role	13	협조하다
4	mass	14	위를 향한
5	unemployment	15	외과 의사
6	chef	16	덜어주다
7	wallet	17	견디다
8	lately	18	다락방
9	initials	19	방송하다
10	dime	20	간선 도로

B 다음 중 알맞은 어휘를 고르시오.

1 be elected ⎡ ⓐ major ⎤ ▶ 시장으로 선출되다
　　　　　　⎣ ⓑ mayor ⎦

2 ⎡ ⓐ nearby ⎤ residents ▶ 인근 주민
　⎣ ⓑ nearly ⎦

3 Many external influences can ⎡ ⓐ affect ⎤ your state of mind.
　　　　　　　　　　　　　　　⎣ ⓑ effect ⎦

정답 **A** 1. 선언하다 2. 가정 3. 역할 4. 대중 5. 실업 6. 요리사 7. (남자) 지갑 8. 최근에 9. 이름 머리글자 10. 10센트 동전 11. retirement 12. receipt 13. cooperate 14. upward 15. surgeon 16. relieve 17. endure 18. attic 19. broadcast 20. highway **B** 1. ⓑ 2. ⓐ 3. ⓐ

Day 33

0961. blue-chip
[bluː tʃip]

a. 안전성과 수익성을 갖춘, 우량한

Companies that have performed well for a very long time are called **blue-chip** companies.
아주 오랜 기간 동안 실적이 좋았던 회사들을 일컬어 우량 회사라 한다.

0962. item
[áitəm / -tem]

n. 품목, 제품 = **commodity**, **article**

A full refund will be given if the **item** is faulty.
제품이 불량이면 전액 환불 해 드립니다.

0963. reservation
[rèzəːrvéiʃən]

reserve *v.* 예약하다

n. 예약 = **booking**

We can hold your **reservation** for two days.
고객이 하신 예약은 이틀 동안 보류할 수 있습니다.

0964. rent
[rent]

n. 임대(료) *v.* 세를 놓다, 세를 내다

A number of tenants have been evicted for not paying the **rent**.
몇몇 세입자들이 임대료를 내지 못해 쫓겨났다.

0965. reunion
[riːjúːnjən]

n. 재회, 오랜만에 만남

If you don't come to the school's annual **reunion**, you'll be sorely missed. 귀하가 연례 동창회에 참석하지 않으면 다른 분들이 무척 아쉬워할 것입니다.

☐ blue-chip ☐ item ☐ reservation ☐ rent ☐ reunion

Day 33

0966. **shopper**
[ʃápər / ʃɔ́pər]

n. 구매하는 사람, 사는 사람

The department store was full of Christmas **shoppers**.
백화점에는 크리스마스를 맞아 쇼핑을 하려는 사람들이 많았다.

0967. **drawer**
[drɔ́ːər]

n. 서랍

Put your underwear in the top **drawer**.
속옷은 맨 윗 서랍에 넣어 두어라.

0968. **abroad**
[əbrɔ́ːd]

ad. 외국에, 외국으로 = **overseas**

I'm really excited at the prospect of studying **abroad**.
외국 유학을 한다는 생각을 하니 정말 신이 난다.

0969. **hallway**
[hɔ́ːlwèi]

n. 복도 = **corridor**, **hall**

You'll find his office just along the **hallway**.
복도를 따라가다 보면 그의 사무실이 보일 것이다.

0970. **terrible**
[térəbəl]

terribly ad. 끔찍히도

a. 끔찍한, 무서운 = **horrible**, **awful**

I averted my eyes from the **terrible** scene in front of me.
나는 앞에 펼쳐진 끔찍한 광경을 보지 않으려고 시선을 돌렸다.

0971. **eventually**
[ivéntʃuəli]

ad. 결국은

Eventually, the new regulations will work to our advantage.
결국 그 새 규정은 우리에게 유리하게 작용할 것이다.

☐ shopper ☐ drawer ☐ abroad ☐ hallway ☐ terrible ☐ eventually

Advanced Stage

0972. partly
[páːrtli]

ad. 일부는, 부분적으로는 ↔ **wholly**

Size of pension depends **partly** on length of service with the company.
연금의 규모를 결정하는 요소 중 하나는 회사에 근무한 기간이다.

0973. celebrate
[séləbrèit]

celebration *n.* 축하

v. 기리다, 축하하다

They are planning to **celebrate** their 30th wedding anniversary in Bali.
그들은 결혼 30주년 기념일을 발리에서 자축할 계획이다.

0974. anniversary
[æ̀nəvə́ːrsəri]

n. 기념일

A series of movies will be shown to commemorate the 20th **anniversary** of the director's death.
그 영화감독의 사망 20주년을 기리기 위한 영화들이 연속으로 상영될 것이다.

0975. cab
[kæb]

n. 택시 = **taxi**

The **cab** driver left the meter running while he waited for me.
그 택시기사는 나를 기다리는 동안에도 미터기를 계속 돌리고 있었다.

0976. debate
[dibéit]

n. 토론 = **discussion** *v.* 토론하다 = **discuss**

The representatives will be **debating** the bill next week. 국회의원들은 그 법안에 대해 다음 주에 토의를 벌일 것이다.

0977. landscape
[lǽndskèip]

n. 경치, 풍경 = **scenery**, 가로로 긴 인쇄

Select the **landscape** option when printing the file. 그 파일을 인쇄할 때 가로로 길게 찍기 옵션을 선택해라.

☐ partly ☐ celebrate ☐ anniversary ☐ cab ☐ debate ☐ landscape

Day 33

0978. documentation
[dàkjəmentéiʃən]

n. 증빙 서류, 서류 기재

I couldn't apply to the company because I didn't have all the necessary **documentation**.
나는 필요한 증빙 서류를 모두 준비하지 못해서 그 회사에 지원하지 못했다.

0979. midday
[míddèi]

n. 정오, 한낮 = **noon**

The heat of the **midday** sun was hardly bearable.
한낮에 내리쬐는 뜨거운 햇볕은 견디기 힘들었다.

0980. plural
[plúərəl]

plurality *n.* 복수

a. 여러 개의 ↔ **singular**

"Potatoes" is a **plural** noun.
"Potatoes"는 복수형 명사이다.

0981. replacement
[ripléismənt]

replace *v.* 대체하다

n. 후임, 대체

He will continue in his job until a **replacement** can be found.
그는 후임을 구할 때까지 일을 계속할 것이다.

0982. respectable
[rispéktəbəl]

respect *v.* 존중하다
respectability *n.* 무난

a. 무난한, 괜찮은 = **acceptable** ↔ **disreputable**

He shaved and put on clean clothes to look **respectable** for his guests.
그는 손님들 보기에 부끄럽지 않으려고 면도를 하고 깨끗한 옷을 입었다.

0983. moreover
[mɔːróuvər]

ad. 더구나, 더욱이 = **furthermore**

She is rich; **moreover**, she is beautiful and generous. 그녀는 부자인 데다가 아름답고 이해심도 많다.

☐ documentation ☐ midday ☐ plural ☐ replacement ☐ respectable ☐ moreover

Advanced Stage

0984. harbor
[há:rbər]

n. 항구 = **port** *v.* 숨겨주다

Police suspect somebody is **harboring** the murderer.
경찰은 누군가 그 살인범을 숨겨주고 있을 거라 여기고 있다.

0985. miserable
[mízərəbəl]
misery *n.* 비참함
miserably *ad.* 비참하게

a. 비참한 = **depressing**, 무척 가난한

All the staff seemed **miserable** and the atmosphere was not at all pleasant.
모든 직원들이 무척 우울해 보였고 분위기는 완전히 가라앉아 있었다.

0986. extend
[iksténd]
extension *n.* 팽창

v. 늘리다, 부풀리다 = **lengthen**

Careful maintenance can **extend** the life of your car. 꼼꼼한 정비는 차의 수명을 늘려줄 수 있다.

0987. vehicle
[ví:ikəl / ví:hi-]

n. 차량

The **vehicle** careened across the road and hit a cyclist. 그 차는 도로를 가로질러 돌진해서는 자전거를 타고 가던 사람을 치었다.

0988. tool
[tu:l]

n. 도구, 기구 = **instrument**

Even in small companies, computers are an essential **tool**.
작은 회사에서도 컴퓨터는 필수적인 기구이다.

0989. practical
[præktikəl]
practice *n.* 연습, 실천
practicality *n.* 실용성

a. 실용적인, 해볼 만한
    = **workable** ↔ **impractical**, **theoretical**

The system is both **practical** and ecologically sound. 그 시스템은 실용적이며 생태계에도 이롭다.
▶ 1039 **practice**

☐ harbor ☐ miserable ☐ extend ☐ vehicle ☐ tool ☐ practical ☐ cupboard

Day 33

0990. **cupboard**
[kʌ́bərd]

n. 찬장

We keep all our glass and china in this **cupboard**.
우리는 모든 유리그릇과 사기그릇을 이 찬장에 보관한다.

Day 33 EXERCISE

A 영어는 우리말로, 우리말은 영어로 옮기시오.

1. cupboard _____
2. practical _____
3. tool _____
4. vehicle _____
5. extend _____
6. miserable _____
7. plural _____
8. landscape _____
9. debate _____
10. cab _____
11. 항구 _____
12. 더구나 _____
13. 후임 _____
14. 정오 _____
15. 증빙 서류 _____
16. 기념일 _____
17. 축하하다 _____
18. 복도 _____
19. 예약 _____
20. 우량한 _____

B 다음 중 알맞은 어휘를 고르시오.

1. a perfectly [ⓐ respectful / ⓑ respectable] result ▶ 썩 괜찮은 결과

2. at home and [ⓐ abroad / ⓑ aboard] ▶ 국내외에서

3. A number of tenants have been evicted for not paying the _____.
   ⓐ fee ⓑ fare ⓒ rent ⓓ commission

정답 **A** 1. 찬장 2. 실용적인 3. 도구 4. 차량 5. 늘이다 6. 비참한 7. 여러 개의 8. 경치 9. 토론 10. 택시 11. harbor 12. moreover 13. replacement 14. midday 15. documentation 16. anniversary 17. celebrate 18. hallway 19. reservation 20. blue-chip **B** 1. ⓑ 2. ⓐ 3. ⓒ

Day 34

0991. downtown
[dauńtáun]

ad. 시내에, 시내로 *a.* 시내의 ↔ **uptown**

There is heavy traffic in the **downtown** area tonight.
오늘 밤 시내 지역에 교통량이 많다.

0992. extra
[ékstrə]

a. 추가적인, 덤인 = **additional**

An **extra** $10 million in foreign aid has been promised.
외국 원조금 1천만 달러가 추가로 약속되었다.

0993. package
[pǽkidʒ]

n. 소포, 꾸러미 = **parcel, packet**, 한 세트

The mail deliverer left a **package** for you at our house.
우편배달부가 네 소포를 우리 집에 두고 갔다.

0994. outlet
[áutlet / -lit]

n. 배출구, 표현수단, 할인점, 전기 콘센트 = **receptacle**

For many men, sport is a perfect **outlet** for aggression.
많은 남자들에게 스포츠는 공격성을 해소하는 아주 좋은 수단이다.

0995. photocopier
[fóutoukàpiər]

n. 복사기 = **copy machine, copier**

The **photocopier** is out of action today.
오늘 복사기가 작동이 안 된다.

☐ downtown ☐ extra ☐ package ☐ outlet ☐ photocopier

Day 34

0996. crossing
[krɔ́ːsiŋ]

n. 건널목, 횡단보도, 교차로 = **intersection**

The child was run over by a car which failed to stop at the **crossing**.
그 아이는 건널목에서 멈추지 않은 차에 치었다.

0997. destination
[dèstənéiʃən]

n. 목적지, 가는 곳

The area is being promoted as a tourist **destination**.
그 지역은 관광지로 홍보되고 있다.

0998. eager
[íːgər]

eagerness *n.* 열망

a. 열망하는, 무척 바라는 = **keen**

He was **eager** to communicate his ideas to the group. 그는 사람들에게 자신의 생각을 무척 전하고 싶어 했다.

0999. lane
[lein]

n. 도로, 차선

I signalled and pulled over into the slow **lane**.
나는 깜박이를 켜고 저속 전용 차선으로 빠졌다.

1000. official
[əfíʃəl]

a. 공식적인 *n.* 고위직 관리

He attended in his **official** capacity as governor.
그는 주지사라는 공식적인 자격으로 참석했다.

1001. sweep
[swiːp]

sweeper *n.* 청소부

v. 쓸다, 비질하다

I let myself be **swept** along by the crowd.
나는 그저 사람들에게 떠밀려 다녔다.

☐ crossing ☐ destination ☐ eager ☐ lane ☐ official ☐ sweep

Advanced Stage

1002. especially
[ispéʃəli]

ad. 특히, 특별히 = **particularly**

They hope the new drug will prove **especially** effective in the relief of pain. 그들은 그 새로운 약이 특히 통증을 완화하는 데 약효가 있을 것이라고 희망한다.

1003. closet
[klázit / klɔ́z-]

n. 벽장

We keep our coats and umbrellas in the **closet** by the front door.
우리는 코트와 우산을 앞문 옆에 있는 벽장에 보관한다.

1004. armchair
[á:rmtʃèər]

n. 안락의자

He was sprawling in an **armchair** in front of the TV. 그는 TV 앞에 있는 안락의자에 널브러져 있었다.

1005. client
[kláiənt]

clientele *n.* 고객들

n. 고객, 의뢰인

The lawyer claimed his **client** was provoked into acts of violence by the plaintiff. 변호사는 자신의 의뢰인이 원고의 도발에 의해 폭력 행위를 했다고 주장했다.

1006. digital
[dídʒitl]

digitalize *v.* 디지털화하다
digit *n.* 숫자

a. 디지털의 ↔ **analogue**

Conversion from analogue to **digital** data is needed. 아날로그 데이터를 디지털로 변환하는 것이 필요하다.

1007. curious
[kjúəriəs]

curiosity *n.* 호기심

a. 궁금한, 이상한

It was **curious** that she left without telling anyone.
그녀가 아무한테도 말하지 않고 떠났다는 것이 이상하다.

☐ especially ☐ closet ☐ armchair ☐ client ☐ digital ☐ curious

Day 34

1008. memorize
[méməràiz]
memory *n.* 기억

v. 외우다, 암기하다 = **learn by heart**
Don't write down your password, **memorize** it.
비밀번호를 어디다 적어두지 말고 외워라.

1009. tag
[tæg]

n. 딱지, 꼬리표 = **label** *v.* 딱지[별명]를 붙이다
All the staff must wear name **tags**.
전 직원은 이름표를 착용해야 한다.

1010. theory
[θíːəri]
theoretical *a.* 이론적인

n. 이론 ↔ **practice**
Is there any corroborative evidence for this **theory**? 이 이론을 뒷받침하는 증거가 있기는 한가?

1011. surface
[sə́ːrfis]

n. 표면, 겉 *v.* 떠오르다, 나타나다 = **emerge**
Wipe the **surface** with a damp cloth.
표면을 촉촉한 행주로 닦아내라.

1012. exchange
[ikstʃéindʒ]

n. v. 교환(하다)
I have to **exchange** won into dollars.
원화를 달러로 환전해야 한다.

1013. microwave
[máikrouwèiv]

n. 전자레인지 = **microwave oven**, 극초단파
Reheat the soup in the **microwave**.
수프를 전자레인지에 데워라.

☐ memorize ☐ tag ☐ theory ☐ surface ☐ exchange ☐ microwave

Advanced Stage

1014. contain
[kəntéin]
container n. 용기, 컨테이너

v. 함유하다, 담다

Some mushrooms **contain** a deadly poison.
어떤 버섯에는 치명적인 독이 들어 있다.

1015. worthwhile
[wɔ́ːrθhwáil]

a. 할 가치가 있는

It is **worthwhile** to include high-quality illustrations.
고급 화보를 넣는 것은 할 만한 일이다.

1016. meaningful
[míːniŋfəl]
meaning n. 의미

a. 의미 있는, 진지한

These figures are not very **meaningful**.
이 수치는 큰 의미가 없다.

1017. dull
[dʌl]
dullness n. 우둔함

a. 우둔한, 지루한 = **boring, dreary**

There's never a **dull** moment when Nick is around.
닉이 있으면 지루할 틈이 전혀 없다.

1018. caution
[kɔ́ːʃən]

n. 조심 v. 주의를 주다

Eric **cautioned** me against making a hasty decision.
에릭은 내게 성급한 결정을 하지 말라고 주의를 주었다.

1019. unbelievable
[ʌ̀nbilíːvəbəl]

a. 믿기지 않는, 굉장한 = **incredible**

It is **unbelievable** that they made it to the finals.
그들이 결승에 진출했다는 것은 믿기지 않는 일이다.

☐ contain ☐ worthwhile ☐ meaningful ☐ dull ☐ caution ☐ branch

Day 34

1020. **branch**
[bræntʃ / brɑːntʃ]

n. 지사, 부서 = **department**, 가지

The corporation has **branches** all over the world.
그 회사는 전 세계에 지사를 두고 있다.

Day 34　　EXERCISE

A 영어는 우리말로, 우리말은 영어로 옮기시오.

1. unbelievable ＿＿＿＿＿＿　　11. 지사 ＿＿＿＿＿＿
2. dull ＿＿＿＿＿＿　　12. 조심 ＿＿＿＿＿＿
3. contain ＿＿＿＿＿＿　　13. 의미 있는 ＿＿＿＿＿＿
4. exchange ＿＿＿＿＿＿　　14. 전자레인지 ＿＿＿＿＿＿
5. curious ＿＿＿＿＿＿　　15. 표면 ＿＿＿＿＿＿
6. client ＿＿＿＿＿＿　　16. 이론 ＿＿＿＿＿＿
7. closet ＿＿＿＿＿＿　　17. 외우다 ＿＿＿＿＿＿
8. lane ＿＿＿＿＿＿　　18. 안락의자 ＿＿＿＿＿＿
9. destination ＿＿＿＿＿＿　　19. 쓸다 ＿＿＿＿＿＿
10. photocopier ＿＿＿＿＿＿　　20. 공식적인 ＿＿＿＿＿＿

B 다음 중 알맞은 어휘를 고르시오.

1. The child was run over by a car which failed to stop at the [ⓐ cross / ⓑ crossing].

2. It is [ⓐ worth / ⓑ worthwhile] to include high-quality illustrations.

3. For many men, sport is a perfect ＿＿＿＿＿ for aggression.
   ⓐ outage　ⓑ outlet　ⓒ sublet　ⓓ outline

정답　A 1. 믿기지 않는　2. 지루한　3. 함유하다　4. 교환　5. 궁금한　6. 의뢰인　7. 벽장　8. 차선　9. 목적지　10. 복사기　11. branch　12. caution　13. meaningful　14. microwave　15. surface　16. theory　17. memorize　18. armchair　19. sweep　20. official　B 1. ⓑ　2. ⓑ　3. ⓑ

1021. avenue
[ǽvənjùː]

n. 거리, ~가(街), 가능한 방법

Several **avenues** are open to you.
네가 시도해 볼 수 있는 방법이 몇 가지 있다.

1022. besides
[bisáidz]

prep. ~이외에 *ad.* 게다가 = **in addition**

I'd rather not go. **Besides**, it's too late now.
나는 가고 싶지 않다. 게다가 지금은 너무 늦었다.

TOEIC tips beside ~옆에 ▶ 1066 beside

1023. confident
[kánfidənt / kɔ́n-]

confidence *n.* 자신, 확신

a. 자신 있는, 확신하는

I'm **confident** that I will improve my TOEIC score by 100 points this time.
나는 이번에 토익 점수를 100점 올릴 수 있을 거라고 확신한다.

▶ 1126 confidence

1024. dishwasher
[díʃwàʃər / -wɔ̀(ː)-]

n. 식기 세척기

A lot of housewives nowadays depend on **dishwashers** to do the dishes.
요즘은 많은 주부들이 식기 세척기에 의존해서 설거지를 한다.

1025. perform
[pərfɔ́ːrm]

performance *n.* 성과, 공연

v. 실행하다 = **carry out**, 공연하다, 작동하다

The company has been **performing** pretty well over the past year.
그 회사는 지난 해 꽤 좋은 성과를 거두었다.

▶ 1063 performance

☐ avenue ☐ besides ☐ confident ☐ dishwasher ☐ perform

Day 35

1026. respectful
[rispéktfəl]
respect n. v. 존경(하다)

a. 존경하는, 존중하는 ↔ **disrespectful**

Students and teachers should have a **respectful** attitude toward each other.
학생과 선생은 서로를 존중하는 자세를 갖추어야 한다.

1027. unexpected
[ʌ̀nikspéktid]
unexpectedly ad. 의외로

a. 예상치 못한, 예기치 않은

The breakdown of the negotiations was not **unexpected**.
그 협상이 결렬된 것은 예상 못한 바는 아니었다.

1028. valuable
[vǽljuːəbəl]
value n. 가치
valuables n. 귀중품

a. 귀중한 = **precious** ↔ **valueless**

These measures would make a **valuable** contribution towards reducing industrial accidents.
이러한 조치들은 산업 재해를 줄이는 데 귀중한 기여를 할 것이다.

1029. backup
[bǽkʌp]

n. 지원, 여벌, 예비

Always make a **backup** file as an insurance policy.
언제나 보험의 일환으로 예비 파일을 만들어 두어라.

1030. microscope
[máikrəskòp]
microscopic a. 현미경으로 보이는

n. 현미경

Stain the specimen before looking at it under the **microscope**.
표본에 색을 입힌 다음에 현미경으로 관찰하라.

1031. editor
[édətər]
edit v. 편집하다
editorial n. 사설

n. 편집자

The **editor** welcomes correspondence from readers on any subject.
그 편집자는 어떤 주제이건 상관없이 독자들의 투고를 환영한다.

☐ respectful ☐ unexpected ☐ valuable ☐ backup ☐ microscope ☐ editor

Advanced Stage

1032. essential
[isénʃəl]
essence *n.* 핵심

a. 필수적인, 기본적인 = **vital**, **fundamental**
n. 필수 사항

Cooperative activity is **essential** to effective community work.
협력 활동은 효과적인 공동체 사업에 꼭 필요하다.

1033. dairy
[déəri]

n. 낙농업체 *a.* 낙농업의

Dairy products may provoke allergic reactions in some people.
유제품은 일부 소비자들에게 알레르기 반응을 유발할 수 있다.

1034. chat
[tʃæt]

n. 수다 *v.* 수다 떨다 = **chatter**

He's been on the computer all day, **chatting** with anonymous users. 그는 하루 종일 컴퓨터에 붙어 앉아 익명의 유저들과 채팅을 하고 있다.

1035. brush
[brʌʃ]

v. 붓질[솔질]하다, 쓸어내다, 스치다 *n.* 붓

Her hand accidentally **brushed** against his.
그녀의 손이 우연히 그의 손을 스쳤다.

1036. automaker
[ɔ́:toumèikər]

n. 자동차 회사, 차 제조업체

American **automakers** face strong competition from several Asian countries and Europe.
미국의 자동차 업체들은 몇몇 아시아 국가들 그리고 유럽과 치열한 경쟁을 벌이고 있다.

1037. annual
[ǽnjuəl]
annually *ad.* 1년에, 매년

a. 1년의, 1년에 한 번씩 있는

The chairperson of the company presented the **annual** report.
그 회사의 회장이 연례 보고서를 제출했다.

☐ essential ☐ dairy ☐ chat ☐ brush ☐ automaker ☐ annual

Day 35

1038. complain [kəmpléin]
complaint *n.* 불평

v. 불평하다, 이의를 제기하다

Just because I don't **complain**, people think I'm satisfied.
내가 불평을 하지 않으니 사람들은 내가 불만이 없는 줄 안다.
▶ 1052 complaint

1039. practice [præktis]
practical *a.* 실용적인

n. 습관 = **custom**, 실행, 연습 *v.* 연습하다

The comparison shows considerable disagreement between theory and **practice**.
그 비교 결과는 이론과 실전 사이의 상당한 격차를 보여 준다.

1040. responsible [rispánsəbəl / -spɔ́n-]
responsibility *n.* 책임

a. 책임 있는, 책임지는

Contrary to popular belief, he was not **responsible** for the incident.
널리 알려진 것과 달리, 그는 그 사건에 책임이 없었다.
▶ 1050 responsibility

1041. blend [blend]
blender *n.* 믹서

v. 섞다, 어우러지다 = **match** *n.* 혼합물

The band's music **blends** traditional and modern styles.
그 밴드의 음악은 전통 스타일과 현대 스타일을 잘 섞어 놓았다.

1042. charity [tʃǽrəti]
charitable *a.* 자선의

n. 자선(단체)

The singer launched a TV appeal for donations to the **charity**.
그 가수는 TV를 통해 자선활동에 기부해 달라고 호소했다.

1043. evidence [évidəns]

n. 증거 = **proof**, 증언 = **testimony**

Do you have any **evidence** to support your assertions?
당신의 주장을 뒷받침할 증거를 갖고 있습니까?

☐ complain ☐ practice ☐ responsible ☐ blend ☐ charity ☐ evidence

Advanced Stage

1044. nowadays
[náuədèiz]

ad. 요즘에 = **these days**

Nowadays most kids prefer surfing the Internet to reading.
요즘에는 아이들 대부분이 독서보다 인터넷 검색을 더 즐긴다.

1045. regulation
[règjəléiʃən]
regulate *v.* 규제하다

n. 규정, 법규

The new **regulation** operates in favor of married couples.
그 새로운 규정은 결혼한 부부들에게 유리하게 적용된다.

1046. transport
[trænspɔ́:rt]
transportation *n.* 수송, 교통

v. 실어 나르다, 수송하다

Trucks **transport** most of our goods to our customers.
트럭이 우리 상품의 대부분을 고객에게 가져다준다.

1047. tight
[tait]
tighten *v.* 조이다

a. 꽉 조이는, 빡빡한, 촉박한

I renovated the apartment on a **tight** budget.
나는 빡빡한 예산으로 아파트 수리 공사를 했다.

1048. shortage
[ʃɔ́:rtidʒ]

n. 부족 = **dearth**, **lack**

Victims were being rushed in, and there was a **shortage** of hospital beds.
희생자들이 후송되어 오고 있는데 병실이 부족했다.

1049. technical
[téknikəl]
technique *n.* 기술

a. 기술적인

Creativity and originality is more important than **technical** skill.
창의성과 독창성이 기술 솜씨보다 더 중요하다.

☐ nowadays ☐ regulation ☐ transport ☐ tight ☐ shortage ☐ technical ☐ responsibility

Day 35

1050. **responsibility**
[rispɑ̀nsəbíləti / -spɔ̀n-]

responsible *a.* 책임지는

n. 책임

He accepted full **responsibility** for what had happened.
그는 벌어진 사건에 대한 모든 책임을 졌다.

Day 35　　EXERCISE

A 영어는 우리말로, 우리말은 영어로 옮기시오.

1 technical　＿＿＿＿＿＿　　11 책임　＿＿＿＿＿＿
2 shortage　＿＿＿＿＿＿　　12 요즘에　＿＿＿＿＿＿
3 transport　＿＿＿＿＿＿　　13 자선　＿＿＿＿＿＿
4 regulation　＿＿＿＿＿＿　　14 불평하다　＿＿＿＿＿＿
5 evidence　＿＿＿＿＿＿　　15 자동차 회사　＿＿＿＿＿＿
6 blend　＿＿＿＿＿＿　　16 수다　＿＿＿＿＿＿
7 annual　＿＿＿＿＿＿　　17 편집자　＿＿＿＿＿＿
8 dairy　＿＿＿＿＿＿　　18 현미경　＿＿＿＿＿＿
9 essential　＿＿＿＿＿＿　　19 식기 세척기　＿＿＿＿＿＿
10 valuable　＿＿＿＿＿＿　　20 자신 있는　＿＿＿＿＿＿

B 다음 중 알맞은 어휘를 고르시오.

1 be [ⓐ respectful / ⓑ respectable] of authority　▶ 권위를 존중하다

2 I'd rather not go. [ⓐ Beside / ⓑ Besides], it's too late now.

3 The comparison shows considerable disagreement between theory and ＿＿＿＿＿ .
　ⓐ exercise　ⓑ context　ⓒ custom　ⓓ practice

정답 **A** 1. 기술적인　2. 부족　3. 나르다　4. 규정　5. 증거　6. 섞다　7. 1년의　8. 낙농업체　9. 필수적인　10. 귀중한　11. responsibility　12. nowadays　13. charity　14. complain　15. automaker　16. chat　17. editor　18. microscope　19. dishwasher　20. confident　**B** 1. ⓐ　2. ⓑ　3. ⓓ

Advanced Stage

월   일

1051. notice
[nóutis]
noticeable *a.* 눈에 띄는

n. 사전 통보, 공고 *v.* 알아채다

I couldn't help **noticing** that he was wearing a wig. 나는 그가 가발을 쓰고 있다는 것이 보지 않으려 해도 보였다.

1052. complaint
[kəmpléint]
complain *v.* 불평하다

n. 불만, 이의 제기

I'd like to make a **complaint** about the noise.
소음에 대해 불만을 제기하고 싶습니다.

1053. confirm
[kənfə́ːrm]
confirmation *n.* 확인

v. 확인하다

Please **confirm** your acceptance of this offer in writing.
당신이 이 제안을 수락한다는 사실을 서면으로 확인해 주십시오.

1054. briefcase
[bríːfkèis]

n. 서류가방

He rifled through his **briefcase** and produced a file. 그는 서류가방을 재빨리 뒤지더니 파일 하나를 꺼냈다.

1055. billion
[bíljən]

n. 10억

Worldwide sales of the product have reached $3.5 **billion**. 그 제품의 전 세계 판매고가 35억 달러에 이르렀다.

☐ notice   ☐ complaint   ☐ confirm   ☐ briefcase   ☐ billion

Day 36

1056. urge
[ə:rdʒ]
urgent *a.* 다급한

v. 강력히 권하다 *n.* 욕망, 충동

The instructor **urged** everyone to be taught how to perform CPR.
강사는 모든 이들에게 인공호흡법을 배우라고 강력히 권했다.
▶ 1100 **urgent**

1057. ambassador
[æmbǽsədər]

n. 대사

The **ambassador** was called back to Seoul by the prime minister.
대사는 국무총리에 의해 서울로 소환되었다.

1058. allow
[əláu]
allowance *n.* 허락, 용돈

v. 허락하다

A pass will **allow** the bear to enter the building.
출입증을 소지한 사람은 건물에 들어갈 수 있을 것이다.

1059. negotiation
[nigòuʃiéiʃən]
negotiate *v.* 협상하다
negotiator *n.* 협상가

n. 협상, 협의

The price is not open to **negotiation**.
그 가격은 협상이 안 됩니다.

1060. apply
[əplái]
applicant *n.* 신청자
application *n.* 신청, 적용

v. 신청하다, 적용하다

Over 400 people have **applied** to the company.
400명이 넘는 사람들이 그 회사에 지원했다.

1061. postmark
[póustmà:rk]

n. 소인 *v.* 소인을 찍다

The card was **postmarked** Paris 5th July.
그 엽서에는 '파리 7월 5일' 소인이 찍혀 있었다.

☐ urge ☐ ambassador ☐ allow ☐ negotiation ☐ apply ☐ postmark

Advanced Stage

1062. emergency
[imə́:rdʒənsi]

n. 응급, 비상

The exit should only be used in an **emergency**.
그 출입구는 비상 상황에서만 사용해야 한다.

1063. performance
[pərfɔ́:rməns]

perform *v.* 공연하다

n. 성과, 공연

The new management techniques aim to improve **performance**.
그 새로운 경영 기법은 성과를 향상시키는 것을 목표로 한다.

1064. emotion
[imóuʃən]

emotional *a.* 감정의

n. 감정, 정서

I have rarely seen him display any sign of **emotion**.
나는 그가 감정을 드러내는 것을 본 적이 거의 없다.

1065. engage
[engéidʒ]

engaged *a.* 바쁜, 약혼한
engagement *n.* 약혼, 약속

v. 고용하다 = **hire**, 관여하다, 약혼시키다

She is currently **engaged** as a head cook.
그녀는 현재 수석 요리사로 고용되어 있다.

1066. beside
[bisáid]

a. ~옆에 = **by**, **next to**

I know it's not your fault, but that's **beside** the point.
그것이 당신 잘못이 아니라는 건 아는데 그건 중요한 게 아니에요.
TOEIC tips besides 그밖에, ~외에

1067. interpersonal
[ìntərpə́:rsənəl]

a. 사람들 사이의, 대인관계의

You need to know the basic psychology of **interpersonal** relationships to succeed in business. 사업에서 성공하려면 대인 관계의 기본적인 심리학을 알아둘 필요가 있다.

☐ emergency ☐ performance ☐ emotion ☐ engage ☐ beside ☐ interpersonal

Day 36

1068. reliable
[riláiəbəl]

rely v. 의지하다
reliability n. 신뢰성

a. 믿음직한, 의지할 수 있는 = **dependable**

The information comes from a **reliable** source.
그 정보는 믿을 수 있는 정보원에서 얻은 것이다.

1069. venture
[véntʃər]

n. (고위험) 사업, 투자 = **undertaking**

A lot of employees viewed the **venture** as a financial black hole.
많은 직원들이 그 사업을 돈만 들고 실속 없는 것으로 여겼다.

1070. convention
[kənvénʃən]

conventional *a.* 관습의

n. 회의, 회동 = **conference**, 관습

For the first time, a woman will be the keynoter at the **convention** this year.
올해는 사상 처음으로 여성이 그 회동의 기조 연설자로 나설 것이다.

1071. proposal
[prəpóuzəl]

propose v. 제안하다

n. 제안, 청혼

Your **proposal** is being actively considered.
당신의 제안은 적극 검토되고 있습니다.

1072. pile
[pail]

n. 더미, 무더기 = **heap** *v.* 쌓다

He **piled** the boxes one on top of the other.
그는 상자를 하나씩 차례대로 쌓아 올렸다.

1073. atmosphere
[ǽtməsfiər]

atmospheric *a.* 대기의

n. 대기, 분위기

The hotel offers a friendly **atmosphere** and personal service.
그 호텔은 친근한 분위기와 일대일 맞춤식 서비스를 제공한다.

☐ reliable ☐ venture ☐ convention ☐ proposal ☐ pile ☐ atmosphere

Advanced Stage

1074. compete [kəmpíːt]
competitive *a.* 경쟁을 즐기는, 가격경쟁력이 있는
competition *n.* 경쟁, 대회

v. 경쟁하다, 대회에 참가하다

Small stores can't **compete** with large malls on price. 소규모 상점은 대규모 쇼핑몰과 가격에서 경쟁이 안 된다.

1075. attend [əténd]
attendance *n.* 출석

v. 참가하다, 참석하다 = **take part in**

The meeting was **attended** by 80% of the shareholders.
주주총회에는 주주들 중 80%가 참석했다.

1076. container [kəntéinər]

n. 용기, 컨테이너

Check the **container** for cracks or leaks.
그 용기에 갈라진 곳이나 새는 곳이 없는지 살펴봐라.

1077. praise [preiz]

n. v. 칭찬(하다) = **compliment**

The manager **praised** his team for their performance.
부장은 자기 팀원들이 거둔 성과를 칭찬했다.

1078. vacant [véikənt]
vacancy *n.* 공석

a. 빈 = **empty, unoccupied**, 공석인

When the post finally fell **vacant**, they offered it to Stanley. 그 직책이 마침내 공석이 되자 그들은 그 자리를 스탠리에게 제안했다.

1079. amusing [əmjúːziŋ]
amuse *v.* 즐겁게 하다
amusement *n.* 오락

a. 즐거운, 즐겁게 하는

She exemplified each of the points she was making with an **amusing** anecdote.
그녀는 자신이 주장하는 바를 재미있는 일화를 예로 들어가며 제시했다.

☐ compete ☐ attend ☐ container ☐ praise ☐ vacant ☐ amusing ☐ prime

1080. **prime**
[praim]

a. 우선하는, 가장 중요한 = **primary**

Her **prime** concern now is finding another job.
지금 그녀의 최대 관심사는 다른 직장을 구하는 것이다.

Day 36 EXERCISE

A 영어는 우리말로, 우리말은 영어로 옮기시오.

1 prime	_____	11 칭찬	_____
2 vacant	_____	12 참가하다	_____
3 reliable	_____	13 경쟁하다	_____
4 interpersonal	_____	14 분위기	_____
5 beside	_____	15 제안	_____
6 emergency	_____	16 약혼시키다	_____
7 postmark	_____	17 성과	_____
8 ambassador	_____	18 협상	_____
9 urge	_____	19 10억	_____
10 briefcase	_____	20 신청하다	_____

B 다음 중 알맞은 어휘를 고르시오.

1 an ⓐ amusing / ⓑ amazing joke ▶ 즐거운 농담

2 hold a ⓐ conversion / ⓑ convention ▶ 회의를 개최하다

3 Please _____ your acceptance of this offer in writing.
ⓐ conform ⓑ resume ⓒ confirm ⓓ conceal

정답 **A** 1. 우선하는 2. 비어 있는 3. 믿음직한 4. 대인관계의 5. 옆에 6. 응급 7. 소인 8. 대사 9. 강력히 권하다 10. 서류가방 11. praise 12. attend 13. compete 14. atmosphere 15. proposal 16. engage 17. performance 18. negotiation 19. billion 20. apply **B** 1. ⓐ 2. ⓑ 3. ⓒ

Day 37

1081. discount
[dískaunt]

n. 할인 = **reduction** *v.* 할인하다 = **reduce**

They are selling everything at a **discount**.
그들은 모든 물건을 할인 가격에 팔고 있다.

1082. approach
[əpróutʃ]

n. 해결책, 접근방법 *v.* ~에 접근하다, 해결책을 찾다

What is the best way of **approaching** this problem? 이 문제를 해결하는 가장 좋은 방법이 무엇인가?

1083. amazing
[əméiziŋ]

amaze *v.* 무척 놀라게 하다
amazement *n.* 놀라움

a. 아주 놀라운 = **astounding, incredible**

It's **amazing** what some people will do for gain.
몇몇 사람들이 이익을 챙기기 위해 하려는 일들은 놀랍다.

1084. carpenter
[káːrpəntər]

carpentry *n.* 목공예

n. 목수

She is a **carpenter** by trade.
그녀의 직업은 목수이다.

1085. genetic
[dʒinétik]

gene *n.* 유전자
genetics *n.* 유전학

a. 유전자의, 유전의

DNA carries the **genetic** blueprint which tells any organism how to build itself.
DNA는 어떤 생물체에게 자신을 형성하는 법을 명령하는 유전자 청사진을 갖고 있다.

☐ discount ☐ approach ☐ amazing ☐ carpenter ☐ genetic

Day 37

1086. toast
[toust]

n. 건배, 토스트

They drank a **toast** to the new project.
그들은 새 프로젝트의 성공을 빌며 건배를 했다.

1087. outline
[áutlàin]

n. 개요, 윤곽 *v.* 개요를 보여주다 = **sketch**

He **outlined** the proposals to the committee.
그는 위원들에게 제안의 개요를 설명했다.

1088. lock
[lɑk / lɔk]

v. 잠그다 ↔ **unlock** *n.* 자물쇠

I **locked** myself out of the car by mistake.
나는 실수로 차 열쇠를 안 갖고 와서 차에 못 들어갔다.

1089. well-being
[wél bíːiŋ]

n. 행복, 건전함

There is no straightforward equivalence between economic progress and social **well-being**.
경제 발전과 사회적 행복이 반드시 정비례하는 것은 아니다.

1090. competition
[kàmpətíʃən / kɔ̀m-]

compete *v.* 경쟁하다

n. 경쟁, 대회

He was astonished to learn he'd won the **competition**.
그는 자신이 대회에서 우승했다는 것을 알고는 무척 놀랐다.

1091. announce
[ənáuns]

announcement *n.* 발표

v. 발표하다, 안내 방송을 하다

It was **announced** that the flight was delayed.
그 비행기가 연착되었다는 안내 방송이 있었다.

☐ toast ☐ outline ☐ lock ☐ well-being ☐ competition ☐ announce

Advanced Stage

1092. barbershop
[báːrbərʃàp / -ʃɔ̀p]
barber *n.* 이발사

n. 이발소 = **barber's**

I haven't had a haircut at a **barbershop** for years.
나는 몇 년째 이발소에서 머리를 자르지 않았다.

1093. attention
[əténʃən]
attentive *a.* 주목하는

n. 주의, 정신 집중

May I have your **attention**, please?
잠깐 주목해 주시겠습니까?

1094. promotion
[prəmóuʃən]
promote *v.* 승진시키다, 촉진하다
promotional *a.* 판촉의

n. 승진, 판촉, 촉진

Her **promotion** means she is $150 a week better off. 그녀는 승진을 해서 일주일에 150달러를 더 받게 된다.
▶ 1135 promote

1095. audience
[ɔ́ːdiəns]

n. 청중, 관중

The **audience** broke into rapturous applause.
관객들은 우레와 같은 박수를 보냈다.
TOEIC tips spectator : 한 명의 관람객 (특히 스포츠 경기 관람객) / audience : 관람객 전체, 관중

1096. newsletter
[njúːzlètər]

n. 소식지

The **newsletter** helps keep all our far-flung graduates in touch. 소식지는 여기저기 흩어져 있는 졸업생들이 모두 연락하고 지내는 데 도움이 된다.

1097. convenience
[kənvíːnjəns]

n. 편의, 편리 ↔ **inconvenience**

Can you give me a call at your **convenience** to arrange a meeting?
편하실 때 저한테 전화하셔서 회의 일정을 잡아 주시겠어요?

☐ barbershop ☐ attention ☐ promotion ☐ audience ☐ newsletter ☐ convenience

Day 37

1098. therefore
[ðɛ́ərfɔ̀ːr]

ad. 그러므로, 따라서 = **consequently**

He is only 15 and **therefore** is not eligible to get a driver's license.
그는 이제 15세밖에 되지 않았으므로 운전면허를 취득할 자격이 안 된다.

1099. applicant
[ǽplikənt]

apply *v.* 신청하다
application *n.* 신청

n. 신청자, 지원자

The job ad stipulates that the **applicant** must have four years' experience.
구인 광고에는 지원자가 4년의 경력이 있어야 한다고 명시되어 있다.

1100. urgent
[ə́ːrdʒənt]

urge *n.* 충동, 자극
urgency *n.* 긴급

a. 긴급한, 다급한 = **pressing**

He was called away from the meeting to take an **urgent** phone call.
그는 회의를 하던 중 급한 전화를 받으라는 호출을 받았다.

1101. tropical
[trápikəl / trɔ́p-]

tropics *n.* 열대지방

a. 열대의

Tropical rainforests have the most varied assemblage of plants in the world. 열대 우림에는 전 세계에서 가장 다양한 종의 식물들이 집결되어 있다.

1102. tradition
[trədíʃən]

traditional *a.* 전통적인

n. 전통

We are the inheritors of a great cultural **tradition**.
우리는 훌륭한 문화 전통의 계승자이다.

1103. substitute
[sʌ́bstitjùːt]

substitution *n.* 대체

v. 대체하다 *n.* 대체하는 것, 대신하는 사람

If he has not fully recovered, his likely **substitute** will be Jason.
그가 완전히 회복되지 않았다면 그를 대체할 선수는 아마 제이슨이 될 것이다.

☐ therefore ☐ applicant ☐ urgent ☐ tropical ☐ tradition ☐ substitute

1104. security
[sikjúəriti]
secure v. 확보하다 a. 안전한

n. 보안, 경비

You may not enter the **security** area without authorization.
인증을 받지 않으면 경비 구역에 출입할 수 없습니다.

1105. store
[stɔːr]

n. 상점, 저장물 v. 저장하다

Store the cake in an airtight container.
그 케이크를 공기가 새지 않는 용기에 보관하라.

1106. construction
[kənstrʌ́kʃən]
construct v. 건축하다

n. 공사, 건축

Work has begun on the **construction** of the new bridge. 새로운 다리의 건설 공사가 시작되었다.

1107. bumpy
[bʌ́mpi]
bump v. 부딪히다

a. 울퉁불퉁한 = **uneven**, (차량이) 흔들거리는

The new legislation faces a **bumpy** ride.
새로운 법안의 앞날이 험난하다.

1108. obligation
[àbləɡéiʃən / ɔ̀b-]
oblige v. 강제하다
obligatory a. 강제적인

n. 의무, 강제 = **commitment**

I will send you an estimate for the work without **obligation**.
그 작업의 견적서를 보내 드릴 텐데 꼭 수락하실 필요는 없습니다.

1109. neglect
[niɡlékt]
negligent a. 태만한
negligence n. 태만

v. 소홀히 하다, 게을리 하다

Traditional music has been **neglected** by television.
텔레비전에서는 전통 음악을 소홀히 다루었다.

☐ security ☐ store ☐ construction ☐ bumpy ☐ obligation ☐ neglect ☐ observation

Day 37

1110. observation
[àbzərvéiʃən / ɔ̀b-]
observe v. 관찰하다, 발언하다

n. 관찰, 발언 = **remark**
The boy has outstanding powers of **observation**.
그 소년은 대단한 관찰력을 지니고 있다.
▶ 1151 **observe**

Day 37 EXERCISE

A 영어는 우리말로, 우리말은 영어로 옮기시오.

1. neglect _____
2. obligation _____
3. security _____
4. substitute _____
5. tropical _____
6. urgent _____
7. applicant _____
8. carpenter _____
9. attention _____
10. announce _____
11. 관찰 _____
12. 울퉁불퉁한 _____
13. 건축 _____
14. 저장하다 _____
15. 전통 _____
16. 소식지 _____
17. 승진 _____
18. 이발소 _____
19. 잠그다 _____
20. 개요 _____

B 다음 중 알맞은 어휘를 고르시오.

1. a ⓐ comfort / ⓑ convenience store ▶ 편의점

2. a(n) ⓐ audience / ⓑ spectator of 20,000 ▶ 2만 관중

3. He is only 15 and _____ is not eligible to get a driver's license.
   ⓐ however   ⓑ nevertheless   ⓒ otherwise   ⓓ therefore

정답 **A** 1. 소홀히 하다 2. 의무 3. 경비 4. 대체하다 5. 열대의 6. 긴급한 7. 신청자 8. 목수 9. 주의 10. 발표하다 11. observation 12. bumpy 13. construction 14. store 15. tradition 16. newsletter 17. promotion 18. barbershop 19. lock 20. outline **B** 1. ⓑ 2. ⓐ 3. ⓓ

Day 38

월 일

1111. stability
[stəbíləti]
stable *a.* 안정된
stabilize *v.* 안정되다

n. 안정 ↔ **instability**

One of the most urgent things now is the **stability** of the dollar on the world's money markets. 지금 가장 급한 것 가운데 한 가지는 달러화가 국제 통화 시장에서 안정되는 것이다.

1112. boundary
[báundəri]

n. 경계선

The fence marks the **boundary** between his property and hers.
그 담장이 그의 땅과 그녀의 땅을 가르는 경계선이다.

1113. applaud
[əplɔ́ːd]
applause *n.* 박수갈채

v. 박수 치다, 갈채를 보내다

The audience **applauded** the orchestra's performance. 관객은 오케스트라의 공연에 박수갈채를 보냈다.

1114. plant
[plænt / plɑːnt]

n. 설비, 공장, 식물 *v.* 심다

Most of the country's car **plants** have moved to China. 그 나라의 자동차 공장들 대부분이 중국으로 이전했다.

1115. spare
[spɛər]

a. 여분의, 예비용의

Besides working as a doctor, he writes financial columns in his **spare** time.
그는 의사로 일하면서 남는 시간에 경제 칼럼을 쓴다.

☐ stability ☐ boundary ☐ applaud ☐ plant ☐ spare

Day 38

1116. apparently
[əpǽrəntli / əpéər-]
apparent *a.* 명백한, 표면적인

ad. 전해들은 바로는, 보아하니 = **seemingly**

I thought he had retired, but **apparently** he hasn't. 그가 은퇴한 줄 알았는데 알고 보니 그렇지 않았다.

1117. omit
[oumít]
omission *n.* 생략

v. 생략하다, 빠뜨리다 = **leave out**

If you are single, you may **omit** questions 20-23.
독신인 분들은 20-23번 질문은 넘어가셔도 됩니다.

1118. humidity
[huːmídəti]
humid *a.* 습기 많은

n. 습도

It's not the heat, it's the **humidity**.
힘든 건 더위가 아니라 습도이다.

1119. province
[právins / próv-]
provincial *a.* 지방의

n. 지방, 행정 단위

The **province** is heavily forested and sparsely populated.
그 지방은 숲이 무성하고 인구밀도가 낮다.

1120. fuel
[fjúːəl]

n. 연료

The plane circled the airport to burn up excess **fuel**. 그 비행기는 남는 연료를 없애기 위해 공항을 맴돌았다.

1121. explore
[iksplɔ́ːr]
exploration *n.* 탐험
explorer *n.* 탐험가

n. 탐험하다, 탐구하다 = **analyze**

I'm going to **explore** the possibility of a permanent job.
나는 정규직에 취직할 가능성을 알아보려 한다.

☐ apparently ☐ omit ☐ humidity ☐ province ☐ fuel ☐ explore

1122. couch
[kautʃ]

n. 소파 = **sofa, settee**

I fell asleep while watching TV on the **couch**.
나는 소파에서 TV를 보다 잠이 들었다.

1123. decade
[dékeid / dəkéid]

n. 10년

Two thirds of the region has been deforested in the past **decade**.
지난 10년 동안 그 지역의 숲 가운데 2/3가 없어졌다.

1124. attraction
[ətrǽkʃən]

n. 매력 = **charm, fascination**, 명소

Where are the popular tourist **attractions** in Seoul?
서울에서 인기 있는 관광 명소는 어디 있어요?

1125. instrument
[ínstrəmənt]

instrumental
a. 연주의 *n.* 연주곡

n. 기구, 악기 = **musical instrument**

The **instrument** can detect small amounts of radiation. 그 기구는 소량의 방사능도 탐지할 수 있다.

1126. confidence
[kánfidəns / kɔ́n-]

confident *a.* 확신하는, 자신 있는

n. 확신, 믿음, 자신감

He lost **confidence** and backed out of the deal at the last minute.
그는 자신감을 잃고 마지막 순간에 거래에서 물러섰다.

1127. colleague
[káli:g / kɔ́l-]

n. 동료 = **coworker**

The teachers are protesting against the firing of a **colleague**. 교사들은 동료 한 명이 해고당한 데 항의하고 있다.

☐ couch ☐ decade ☐ attraction ☐ instrument ☐ confidence ☐ colleague

Day 38

1128. represent
[rèprizént]

representative *n.* 대표자
representation *n.* 대표

v. 대표하다, 나타내다

A lawyer was appointed to **represent** the child.
그 아이의 변론을 맡을 변호사가 선임되었다.
▶ 1140 representative

1129. witness
[wítnis]

v. 목격하다 *n.* 목격자, 증인 = **eyewitness**

He has been traumatized by the violent scenes he **witnessed**.
그는 자신이 목격한 폭력적인 장면의 충격에서 벗어나지 못했다.

1130. proper
[prápər / prɔ́p-]

a. 적절한, 적당한 = **appropriate** ↔ **improper**

Complaints must be made through **proper** channels.
이의 제기는 적절한 경로를 통해서 해야 한다.

1131. determined
[ditə́ːrmind]

determine *v.* 결심시키다
determination *n.* 결의

a. 굳게 결심한 = **resolute**

He has been making a **determined** effort to stop smoking.
그는 담배를 끊으려고 굳게 마음먹고 열심히 노력하고 있다.

1132. even
[íːvən]

a. 고른, 평평한 = **flat** ↔ **uneven** *ad.* 심지어

Divide the dough into four **even** amounts.
반죽을 같은 양의 덩어리 네 개로 나누어라.

1133. negative
[négətiv]

a. 부정적인, 음성의 ↔ **positive**

We need both positive and **negative** feedback from our customers.
우리는 고객들로부터 긍정적인 소감과 부정적인 소감 모두 받아야 한다.

☐ represent ☐ witness ☐ proper ☐ determined ☐ even ☐ negative

1134. symptom
[símptəm]

n. 증상, 징후 = **indication**

Symptoms include a headache and a runny nose.
증상에는 두통과 콧물이 있다.

1135. promote
[prəmóut]

promotion *n.* 승진, 판촉

v. 승진시키다 ↔ **demote**, 판촉하다, 촉진하다 = **encourage**

It is not ethical to **promote** cigarettes through advertising. 광고를 통해 담배를 판촉하는 것은 비윤리적이다.

1136. council
[káunsəl]

councilor *n.* 지방 의원

n. 지방 의회, 협의회

The **council** is expected to adopt the new policy at its next meetinig.
의회는 다음 회의에서 새로운 정책을 채택할 것으로 보인다.

1137. device
[diváis]

devise *v.* 고안하다

n. 도구, 장치 = **gadget**

That is a **device** to measure brain activity during sleep. 그것은 수면시 뇌의 활동을 측정하는 장치이다.

1138. generous
[dʒénərəs]

generosity *n.* 관대함

a. 인심 좋은 ↔ **mean**, 관대한, 푸짐한 = **lavish**

They are very **generous** givers to charity.
그들은 자선사업에 많이 기부하는 사람들이다.

1139. fasten
[fǽsn / fáːsn]

v. 매다, 꽉 조이다 = **do up** ↔ **unfasten**

We will be landing shortly. Please **fasten** your seat belts. 곧 착륙할 예정입니다. 안전띠를 매 주십시오.

☐ symptom ☐ promote ☐ council ☐ device ☐ generous ☐ fasten ☐ representative

1140. **representative**
[rèprizéntətiv]

represent v. 대표하다

n. 대표자, 대리인, 변호사 = **lawyer** a. 대표하는

The survey covers a **representative** sample of teachers.
그 설문조사는 교사들을 상대로 표본 조사를 한 것이다.

Day 38 EXERCISE

A 영어는 우리말로, 우리말은 영어로 옮기시오.

1. fasten _____
2. generous _____
3. promote _____
4. determined _____
5. colleague _____
6. confidence _____
7. spare _____
8. omit _____
9. humidity _____
10. couch _____

11. 대표자 _____
12. 증상 _____
13. 부정적인 _____
14. 목격자 _____
15. 악기 _____
16. 경계선 _____
17. 박수 치다 _____
18. 연료 _____
19. 탐험하다 _____
20. 10년 _____

B 다음 중 알맞은 어휘를 고르시오.

1. a water-saving ⓐ device / ⓑ devise ▶ 물 절약 장치

2. a city ⓐ counsel / ⓑ council ▶ 시 의회

3. Where are the popular tourist _____ in Seoul?
   ⓐ charms ⓑ attractions ⓒ fascinations ⓓ sites

정답 A 1. 매다 2. 인심 좋은 3. 승진시키다 4. 굳게 결심한 5. 동료 6. 확신 7. 여분의 8. 생략하다 9. 습도 10. 소파 11. representative 12. symptom 13. negative 14. witness 15. instrument 16. boundary 17. applaud 18. fuel 19. explore 20. decade B 1. ⓐ 2. ⓑ 3. ⓑ

Advanced Stage

월   일

1141. **intelligent**
[intélədʒənt]

intelligence *n.* 지능

a. 영리한, 지능이 높은 ↔ **unintelligent**

She's too **intelligent** to fall for his flattery.
그녀는 무척 영리해서 그의 아첨에 넘어가지 않는다.

1142. **deserve**
[dizə́ːrv]

v. ~할 만하다, ~할 자격이 있다.

The report **deserves** careful consideration.
그 보고서는 신중히 검토되어야 한다.

1143. **layoff**
[léiɔ(ː)f / -ɑf]

n. (일시적) 해고, 결근, 결장

In a recession, there are often mass **layoffs** of factory workers.
경기 침체기에는 공장 노동자들의 대량 해고가 자주 벌어진다.
(*cf.* **lay A off** A를 해고하다)

1144. **dispute**
[dispjúːt]

n. 토론 = **discussion**, 논쟁   *v.* 토론하다 = **discuss**

Both sides in the **dispute** have agreed to go to arbitration. 분쟁에 휘말렸던 양측은 중재에 들어가기로 합의했다.

1145. **punish**
[pʌ́niʃ]

punishment *n.* 처벌

v. 처벌하다

The father **punished** his son by sending him to his room early at night.
아버지가 아들에게 내린 벌은 그를 초저녁에 제 방에 보내 못 나오게 하는 것이었다.

☐ intelligent   ☐ deserve   ☐ layoff   ☐ dispute   ☐ punish

Day 39

1146. **beneficial**
[bènəfíʃəl]

benefit *n.* 이득

a. 이득이 되는, 혜택이 가는
= **advantageous**, **favorable**

It is desirable to build a mutually **beneficial** relationship.
서로 이득이 되는 관계를 쌓는 것이 바람직하다.

1147. **grade**
[greid]

n. 성적, 등급, 학년 *v.* 점수를 매기다

For this course a pass in English at **grade** B is acceptable.
이 강의를 들으려면 영어 과목에서 B학점을 맞으면 된다.

1148. **subtle**
[sʌ́tl]

subtlety *n.* 미묘함
subtly *ad.* 미묘하게

a. 미묘한, 교묘한, 잘 안 보이는 ↔ **obvious**

The warning signs are so **subtle** that they are often ignored.
그 경고문은 눈에 잘 띄지 않아서 못 보고 지나치는 경우가 많다.

1149. **former**
[fɔ́ːrmər]

formerly *ad.* 이전에

a. 이전의 = **previous** ↔ **latter**

The **former** option would be much more sensible than the latter.
이전에 제시된 선택사항이 나중 것보다 훨씬 더 좋을 것이다.

1150. **up-to-date**
[ʌp tu deit]

a. 최신의

Foreign embassies in the United States can provide **up-to-date** information on their countries. 미국에 있는 외국 대사관들은 자기 나라에 대한 최신 정보를 제공할 수 있다.

1151. **observe**
[əbzə́ːrv]

observation *n.* 관찰, 발언
observance *n.* 준수

n. 관찰하다, 발언하다 = **remark**, 준수하다 = **obey**

He was careful to **observe** the proprieties.
그는 주의를 기울여 예의를 지켰다.

☐ beneficial ☐ grade ☐ subtle ☐ former ☐ up-to-date ☐ observe

1152. jam
[dʒæm]

n. 막힘, 체증 *v.* 막히다, 고장 나다

The copier keeps **jamming** up.
복사기에 자꾸 종이가 걸린다.

1153. cargo
[káːrgou]

n. 화물 = **freight**

The **cargo** was hoisted aboard by crane.
크레인으로 화물을 배 위로 올려놓았다.

1154. moderate
[mɑdərèit / mɔ́d-]

a. 중간 수준의, 온건한 ↔ **immoderate**, **radical**

Set the oven to a **moderate** heat.
오븐 온도를 중간으로 맞춰 두시오.

1155. pavement
[péivmənt]

pave *v.* 도로를 포장하다

n. 보도, 포장 도로 = **sidewalk**, 차도 표면

What annoyed him was that everybody parked on the **pavement** in front of his house.
그가 짜증났던 이유는 너도나도 그의 집 앞 보도에 차를 댔기 때문이었다.

1156. install
[instɔ́ːl]

installation *n.* 설치

v. 설치하다

Follow the instructions to download and **install** the patch.
패치를 다운로드받아 설치하려면 설명대로 따라하시오.

1157. frequently
[fríːkwəntli]

frequent *a.* 자주 있는
frequency *n.* 빈도

ad. 자주, 빈번히 ↔ **infrequently**

The illness **frequently** coexists with other chronic diseases.
그 병은 흔히 다른 만성 질환과 공존한다.

☐ jam ☐ cargo ☐ moderate ☐ pavement ☐ install ☐ frequently

Day 39

1158. convey
[kənvéi]

conveyance *n.* 수송
conveyor *n.* 컨베이어 벨트

v. 전달하다 = **communicate**,
수송하다 = **transport**

A crack had developed in one of the main cooling pipes which are used to **convey** water.
물을 보내는 데 사용되는 주요 냉각 파이프 중 하나에서 균열이 생겼다.

1159. successive
[səksésiv]

succession *n.* 연속
successor *n.* 후임

a. 연이은, 연속적인 = **consecutive**

Successive governments have tried to deal with the issue.
후임 정부들이 그 문제를 처리하려는 시도를 계속해 왔다.

1160. conference
[kánfərəns / kɔ́n-]

n. 회의, 회합 = **meeting**

The meetings are always in the main **conference** room.
모든 회의는 제1 회의실에서 열린다.

1161. foundation
[faundéiʃən]

found *v.* 설립하다

n. 기반, 설립 = **establishment**, 기관

The rumor is totally without **foundation**.
그 소문은 전혀 근거가 없는 것이다.

1162. tendency
[téndənsi]

tend *v.* ~하곤 하다

n. 경향, 성향 = **trend**

There is a **tendency** for this disease to run in families.
이 병은 가족 내력으로 전해지는 경향이 있다.

1163. embarrass
[imbǽrəs / em-]

embarrassment *n.* 창피

v. 당황케 하다, 창피를 주다

The interviewer's questions about his private life **embarrassed** him.
인터뷰 진행자가 그의 사생활에 대해 묻자 그는 당황했다.

☐ convey ☐ successive ☐ conference ☐ foundation ☐ tendency ☐ embarrass

Advanced Stage

1164. **corridor**
[kɔ́:ridər / kár-]

n. 복도 = **hallway**

That **corridor** leads to the classrooms.
저 복도를 따라가면 교실이 나온다.

1165. **interrupt**
[ìntərʌ́pt]
interruption *n.* 중단, 방해

v. 말을 자르다 = **cut in**, 잠시 중단하다

We **interrupt** this program to bring you an important news bulletin.
잠시 프로그램 방영을 중단하고 중대 뉴스를 전해 드리겠습니다.

1166. **artificial**
[à:rtəfíʃəl]
artificiality *n.* 인공

a. 인공적인, 인위적인 = **man-made**, 가짜인 = **fake**

The chef always uses real vanilla made from vanilla beans rather than **artificial** vanilla flavoring. 그 요리사는 언제나 인공 바닐라 맛 재료를 쓰지 않고 바닐라 원두에서 뽑아낸 진짜 바닐라를 쓴다.

1167. **decision-maker**
[disíʒən méikə:r]
decision-making *n.* 의사 결정

n. 의사 결정권자

The **decision-makers** in government have great influence on policy.
정부에 재직하는 의사 결정권자들은 정책에 큰 영향력을 갖는다.

1168. **shift**
[ʃift]

v. 옮기다, 바꾸다 *n.* 이동, 변화

There has been a **shift** of emphasis from manufacturing to service industries.
제조업에서 서비스 산업으로 중점을 두는 분야가 옮겨졌다.

1169. **modest**
[mádist / mɔ́d-]
modesty *n.* 겸손

a. 크지 않은, 겸손한

She charged a relatively **modest** fee.
그녀는 비교적 저렴한 수수료를 청구했다.

☐ corridor ☐ interrupt ☐ artificial ☐ decision-maker ☐ shift ☐ modest ☐ greed

Day 39

1170. **greed**
[griːd]

greedy *a.* 욕심 많은

n. 욕심, 식탐

I had another helping of spaghetti out of pure **greed**.
나는 배가 부른데도 그저 더 먹고 싶어서 스파게티 1인분을 더 먹었다.

Day 39 EXERCISE

A 영어는 우리말로, 우리말은 영어로 옮기시오.

1. shift _____
2. corridor _____
3. embarrass _____
4. conference _____
5. foundation _____
6. moderate _____
7. convey _____
8. frequently _____
9. cargo _____
10. layoff _____
11. 욕심 _____
12. 겸손한 _____
13. 의사 결정권자 _____
14. 인위적인 _____
15. 경향 _____
16. 설치하다 _____
17. 포장 도로 _____
18. 최신의 _____
19. 이전의 _____
20. 미묘한 _____

B 다음 중 알맞은 어휘를 고르시오.

1. his fifth [ⓐ successful / ⓑ successive] win ▶ 그의 5연승

2. [ⓐ deserve / ⓑ enable] a mention ▶ 언급될 만하다

3. We _____ this program to bring you an important news bulletin.
   ⓐ interfere   ⓑ interact   ⓒ interrupt   ⓓ pose

정답 A 1. 옮기다 2. 복도 3. 당황시키다 4. 회의 5. 설립 6. 온건한 7. 전달하다 8. 자주 9. 화물 10. 해고 11. greed 12. modest 13. decision-maker 14. artificial 15. tendency 16. install 17. pavement 18. up-to-date 19. former 20. subtle B 1. ⓑ 2. ⓐ 3. ⓒ

Day 40

월 일

1171. decorate
[dékərèit]
decoration *n.* 장식

v. 장식하다, 꾸미다 = **adorn**

Decorate the cake with curls of chocolate.
초콜릿을 돌돌 말아 짜서 케이크를 장식하시오.

1172. transfer
[trænsfə́ːr]

v. 옮기다, 갈아타다, 전학하다 *n.* 환승, 전근

He has asked for a **transfer** to the company's London branch.
그는 그 회사의 런던 지사로 전근을 보내 달라고 요청했다.

1173. rare
[rεər]
rarely *ad.* 거의 ~않다

a. 드문 = **scarce**, 고기를 거의 안 익힌

I'd like my steak **rare**.
스테이크는 살짝만 익혀 주세요.

1174. desperate
[déspərit]
despair *n.* 절망

a. 필사적인, 절망적인

People are prepared to commute long distances if they are **desperate** for work.
사람들은 일자리 찾기에 혈안이 되어 있으면 장거리 출퇴근도 마다하지 않는다.

1175. grateful
[gréitfəl]
gratitude *n.* 감사

a. 고마워하는 = **thankful**

I would be **grateful** if you could send the completed form back as soon as possible.
작성하신 서류를 가능한 한 빨리 다시 보내 주시면 감사하겠습니다.

☐ decorate ☐ transfer ☐ rare ☐ desperate ☐ grateful

Day 40

1176. gradually
[ɡrǽdʒuəli]
gradual *a.* 점진적인

ad. 점차 = **increasingly, by degrees**
The cliff is **gradually** crumbling away.
절벽이 조금씩 깎여나가고 있다.

1177. insurance
[inʃúərəns]
insure *v.* 보험을 들다

n. 보험, 보증
We can probably claim the damage on our **insurance**.
우리가 들어 놓은 보험으로 피해 보상금을 청구할 수 있을 것이다.

1178. premium
[príːmiəm]

n. 보험료, 할증금
When your insurance is updated, the **premium** may be increased.
보험이 갱신될 때 보험료가 인상될 수 있습니다.

1179. collaboration
[kəlæbəréiʃən]
collaborate *v.* 협력하다
collaborative *a.* 협력하는

n. 협력, 합작
He wrote the book in **collaboration** with one of his assistant professors.
그는 자신의 조교수 가운데 한 사람과 공동으로 그 책을 저술했다.

1180. layout
[léiàut]

n. 터 잡기, 지면 배정, 배치
A diagram of the new road **layout** was superimposed on the map of the city.
새로 건설된 도로의 배치도가 도시의 지도 위에 겹쳐져 보였다.

1181. theft
[θeft]
thief *n.* 도둑

n. 도둑질, 절도 = **burglary**
Are you fully covered for fire and **theft**?
화재와 절도 피해에 대해 보험으로 전액 보상받는가?

☐ gradually ☐ insurance ☐ premium ☐ layout ☐ theft

Advanced Stage

1182. rebate
[ríːbeit]

n. 환불 금액, 할인 금액 = **discount**

Buyers are offered a cash **rebate**.
구입 고객들은 할인 금액을 현금으로 받는다.

1183. mileage
[máilidʒ]

n. 주행거리, 연비

The car's average **mileage** is 25 miles per gallon.
그 차의 평균 연비는 1갤런당 25마일이다.

1184. describe
[diskráib]

description *n.* 묘사
descriptive *a.* 묘사하는

v. 묘사하다 = **depict**, 설명하다

The teacher **described** how to do the experiment.
선생은 그 실험을 어떻게 하는지를 설명했다.

1185. favorable
[féivərəbəl]

favor *n.* 호의, 부탁

a. 호의적인, 유리한
= **advantageous** ↔ **unfavorable**

The response has been overwhelmingly **favorable**.
거의 대부분의 반응은 호의적이었다.

1186. signature
[sígnətʃər]

sign *v.* 서명하다

n. (서류상의 공식) 서명

On closer examination it was found that the **signature** was not genuine.
더 면밀히 조사해 보니 그 서명이 진짜가 아니라는 것이 밝혀졌다.

TOEIC tips autograph : 연예인 등 유명인의 기념 서명

1187. coordinate
[kouɔ́ːrdənit / -nèit]

coordination *n.* 조정
coordinator *n.* 조정자

v. 조정하다, 조율하다

She **coordinated** a research project by telling each scientist what to do and sharing the results with all of them. 그녀는 과학자들 각자에게 할 일을 지시하고 연구 결과를 다 함께 공유하면서 연구 프로젝트를 조율했다.

☐ rebate ☐ mileage ☐ describe ☐ favorable ☐ signature ☐ coordinate

Day 40

1188. intern
[intə́ːrn]
internship *n.* 수습 기간

n. 수습사원, 의대 인턴

During her college years, she was a summer **intern** in a New York law office.
그녀는 대학에 다닐 때 여름방학에는 뉴욕에 있는 법률 사무소에서 견습사원으로 일했다.

1189. enthusiasm
[enθúːziæzəm]
enthusiastic *a.* 열정적인
enthusiast *n.* 애호가

n. 열정, 정열

She was full of **enthusiasm** for the plan.
그녀는 그 계획에 대한 열정이 가득했다.

1190. blueprint
[blúːprìnt]

n. 청사진, 설계도, 계획

Conservation groups have suggested a **blueprint** for a 'Green World.'
자연보호 단체들은 '녹색 세상'의 청사진을 제시했다.

1191. candid
[kǽndid]
candor *n.* 솔직함

a. 솔직한

The owner was **candid** with her employees about the financial problems the company faced.
사장은 회사에게 닥쳐온 재정적 문제에 관해 직원들에게 솔직하게 알려주었다.

1192. concern
[kənsə́ːrn]

n. 관심사, 우려
v. 영향을 주다 = **affect**, ~에 관한 것이다

Stress at work is a matter of **concern** for staff and management. 업무에서 받는 스트레스는 직원들과 경영진 모두가 우려할 만한 일이다.

1193. lottery
[lάtəri / lɔ́t-]

n. 복권

The probability of winning the **lottery** is supposed to be lower than that of being struck by lightning.
복권에 당첨될 확률은 번개에 맞을 확률보다 더 적다고들 한다.

☐ intern ☐ enthusiasm ☐ blueprint ☐ candid ☐ concern ☐ lottery

Advanced Stage

1194. poll
[poul]

n. 설문조사 = **survey**, 투표(수) = **ballot**

The **poll** gave a popular approval rating of 23% for the President.
대국민 설문조사 결과 대통령 지지도가 23%로 나타났다.

1195. currency
[kə́:rənsi]

n. 통화, 돈

Tourism used to be the country's biggest foreign **currency** earner.
한때 그 나라의 최대 외화벌이 수단은 관광이었다.

1196. claim
[kleim]

v. 지급을 요청하다, 소유권을 주장하다
n. 지급 요청, 법적 소유권

They had no **claim** on the land.
그들은 그 토지의 법적 소유권이 없었다.

1197. proof
[pru:f]

prove *v.* 증명하다

n. 증거 = **evidence**

The case was dismissed in the absence of any definite **proof**.
그 사건은 확실한 증거가 없다는 이유로 기각되었다.

1198. latter
[lǽtər]

n. a. 후자(의) ↔ **former**

Of the two solutions she presented, the **latter** seems better.
그녀가 제시한 두 가지 해결책 가운데 후자가 더 나아 보인다.

1199. indicate
[índikèit]

indication *n.* 지적, 암시
indicative *a.* 보여주는
indicator *n.* 지표

v. 보여주다, 가리키다, 암시하다 = **indicate**

The results are **indicated** in Table 3.
결과는 표3에 나와 있다.

☐ poll ☐ currency ☐ claim ☐ proof ☐ latter ☐ indicate ☐ object

Day 40

1200. **object**
[ábdʒikt / ɔ́b-]

n. 물체, 대상, 목표 = **objective**, **aim**

Her sole **object** in life is to win a tennis championship.
그녀의 유일한 인생 목표는 테니스 대회에서 우승하는 것이다.

Day 40 EXERCISE

A 영어는 우리말로, 우리말은 영어로 옮기시오.

1. indicate _____
2. proof _____
3. currency _____
4. poll _____
5. candid _____
6. enthusiasm _____
7. coordinate _____
8. favorable _____
9. rebate _____
10. layout _____
11. 복권 _____
12. 청사진 _____
13. 수습사원 _____
14. 묘사하다 _____
15. 주행 거리 _____
16. 도둑질 _____
17. 합작 _____
18. 보험료 _____
19. 고마워하는 _____
20. 장식하다 _____

B 다음 중 알맞은 어휘를 고르시오.

1. [ⓐ claim / ⓑ insist] damages for the injury ▶ 부상 피해의 보상금을 요구하다

2. Of the two solutions she presented, the [ⓐ latter / ⓑ later] seems better.

3. Her sole _____ in life is to win a tennis championship.
   ⓐ obstacle   ⓑ object   ⓒ injection   ⓓ objection

정답 **A** 1. 가리키다 2. 증거 3. 통화 4. 설문조사 5. 솔직한 6. 정열 7. 조정하다 8. 호의적인 9. 환불 금액 10. 터잡기 11. lottery 12. blueprint 13. intern 14. describe 15. mileage 16. theft 17. collaboration 18. premium 19. grateful 20. decorate   **B** 1. ⓐ 2. ⓐ 3. ⓑ

Day 41

월 일

1201. critical
[krítikəl]
criticize *v.* 비판하다
critic *n.* 비평가

a. 중대한 = **crucial**, 비판적인

Reducing levels of carbon dioxide in the atmosphere is of **critical** importance.
대기 중 이산화탄소의 수치를 줄이는 것은 매우 중요한 일이다.

1202. overcome
[òuvərkʌ́m]

v. 극복하다, 압도하다 = **overwhelm**

In the finals Korea easily **overcame** Japan.
한국은 결승전에서 일본을 쉽게 이겼다.

1203. deny
[dinái]
denial *n.* 부정

v. 부정하다, 부인하다

He was unable to **deny** the charges in the face of new evidence.
그는 새로운 증거가 나타나자 혐의를 부정할 수가 없었다.

1204. identification
[aidèntəfikéiʃən / i-]
identify *v.* 신원을 확인하다

n. 신분 증명, 신분증 = **ID**

May I see some **identification**, please?
신분증을 보여 주시겠습니까?

1205. resistance
[rizístəns]
resist *v.* 저항하다
resistant *a.* 저항하는

n. 저항, 반항 = **protest**

He has good **resistance** against sickness.
그는 질병에 대한 저항력이 강하다.

☐ critical ☐ overcome ☐ deny ☐ identification ☐ resistance

Day 41

1206. width [widθ / witθ]
wide *a.* 넓은

n. 폭, 너비 = **breadth**

The rug is available in different **widths**.
그 깔개는 여러 가지 폭으로 시중에 나와 있다.

1207. voluntary [váləntèri / vɔ́ləntəri]
volunteer *v.* 자원하다 *n.* 자원봉사자

a. 자원하는, 스스로 하는 ↔ **compulsory**

The charity relies almost exclusively on **voluntary** donations.
그 자선단체는 거의 전적으로 자발적 기부에 의존한다.

1208. following [fálouiŋ / fɔ́l-]

a. n. 다음에 나오는 (것)

The **following** is a summary of previous episodes.
다음은 지금까지 소개된 에피소드들을 요약한 것이다.

1209. departure [dipá:rtʃər]
depart *v.* 출발하다

n. 출발, 출발하는 차편 ↔ **arrival**

Weather conditions were poor, but he did not delay his **departure** on that account.
날씨가 좋지 않았지만 그는 그 때문에 출발을 연기하지는 않았다.

1210. note [nout]

n. 쪽지, 간단한 필기 *v.* 주의하다, 유념하다 = **notice**

Please **note** that the store will be closed on Wednesday.
수요일에는 상점 영업을 하지 않음을 유의해 주십시오.

1211. absolutely [æ̀bsəlú:tli]
absolute *a.* 절대적인

ad. 물론, 절대적으로, 무척

Can I leave a little early? — **Absolutely**!
조금 일찍 자리를 떠도 될까요? — 물론이죠!

☐ width ☐ voluntary ☐ following ☐ departure ☐ note ☐ absolutely

Advanced Stage

1212. **visible**
[vízəbəl]
visibility *n.* 눈에 보임

a. 눈에 보이는, 명백한 = **obvious** ↔ **invisible**

The pattern of the Mystery Circle is clearly **visible** from a height.
미스터리 서클의 문양은 높은 곳에서 보면 똑똑히 보인다.

1213. **method**
[méθəd]
methodical *a.* 신중한, 논리적인

n. (체계적) 방식

The business uses trucks as its **method** of transporting goods.
그 업체는 제품을 수송하는 방법으로 트럭을 이용한다.

1214. **reasonable**
[ríːzənəbəl]
reasonably *ad.* 적절히

a. 합리적인, 적절한
= **rational**, **fair** ↔ **unreasonable**, **irrational**

It is **reasonable** to think that he will be unhappy if he doesn't get more money. 그가 돈을 더 많이 받지 못하면 불행해질 거라고 생각하는 것은 합당하다.

1215. **appointment**
[əpɔ́intmənt]
appoint *v.* 임명하다

n. 약속, 임명, 지정

I have a dental **appointment** at six.
나는 6시에 치과 진료 예약을 해 두었다.
TOEIC Tips **promise** : '담배를 끊겠다' 는 것과 같이 개인들끼리 하는 다짐 / **plan** : 개인끼리 만나서 무엇을 하자고 한 약속 / **appointment** : 업무상의 약속이나 병원 진료 예약 같은 약속

1216. **associate**
[əsóuʃièit]
association *n.* 연계

v. 연관시키다, 제휴하다, 어울려 다니다 *n.* 친구, 동료

What kind of problems are **associated** with cancer treatment?
암 치료와 연관된 문제점에는 어떤 것들이 있는가?

1217. **maximum**
[mǽksəməm]

n. a. 최대(의) ↔ **minimum**

For **maximum** effect do the exercises every day.
최대의 효과를 거두려면 운동을 매일 해라.

☐ visible   ☐ method   ☐ reasonable   ☐ appointment   ☐ associate   ☐ maximum

Day 41

1218. **horizon**
[həráizən]

horizontal *a.* 수평의

n. 지평선, 수평선, 영역

The sun appeared on the **horizon**.
태양이 지평선 위로 모습을 보였다.

1219. **appreciate**
[əpríːʃièit]

appreciation *n.* 감상, 감사

v. 진가를 알다, 감사하다

The film is only funny if you **appreciate** American humor.
그 영화는 미국식 유머를 알아듣는 사람한테만 웃긴다.

1220. **attach**
[ətǽtʃ]

attachment *n.* 첨부

v. 붙이다, 첨부하다 ↔ **detach**

How do I scan a photo and **attach** it to an e-mail?
사진을 스캔해서 이메일에 첨부하려면 어떻게 해야 하지?

1221. **beg**
[beg]

v. 빌다, 애원하다

"Give me one more chance," she **begged**.
"한 번만 더 기회를 주세요." 그녀가 애원했다.

1222. **carry**
[kǽri]

v. 팔다, 재고로 갖고 있다

Do you **carry** this shirt in a larger size?
이 셔츠 더 큰 걸로 없나요?

1223. **analyze**
[ǽnəlàiz]

analysis *n.* 분석
analyst *n.* 분석가
analytical *a.* 분석적인

v. 분석하다

A scientist **analyzed** data from a study of cancer patients.
한 과학자가 암 환자들을 연구한 자료를 분석했다.

☐ horizon ☐ appreciate ☐ attach ☐ beg ☐ carry ☐ analyze

Advanced Stage

1224. range
[reindʒ]

n. 범위 = **variety**

The store carries a **range** of furnishings and accessories for the home.
그 상점은 여러 종류의 가정용 가구와 장신구를 판매한다.

1225. draft
[dræft / drɑ:ft]

n. 초안 *v.* 초안을 잡다

Joan is busy **drafting** her address for the conference.
조앤은 회의 때 자신이 할 연설 원고의 초안을 잡느라 바쁘다.

1226. correspondence
[kɔ̀:rəspándəns]

correspond *v.* 편지를 주고받다

n. 편지, 서신 왕래, 연관

There is no one-to-one **correspondence** between sounds and letters.
소리와 글자 사이에는 1대 1 대응 관계가 성립하지 않는다.

1227. affair
[əféər]

n. 업무, 일

An independent body has been set up to investigate the **affair**.
그 일을 조사하기 위해 독립 기구가 설립되었다.

1228. decisive
[disáisiv]

a. 결정적인 = **conclusive**, 결단력 있는 ↔ **indecisive**

This country needs **decisive**, strong leadership.
이 나라에는 결단력 있고 강력한 지도력이 필요하다.

1229. fundamental
[fʌ̀ndəméntl]

fundamentally *ad.* 근본적으로

a. 기본적인, 근본적인, 필수적인 = **basic**, **essential**

The argument is full of **fundamental** flaws.
그 주장에는 기본적인 오류가 무수히 많다.

☐ range ☐ draft ☐ correspondence ☐ affair ☐ decisive ☐ fundamental ☐ remind

1230. **remind**

[rimáind]

reminder n. 생각나게 하는 것

v. 생각나게 하다, 상기시키다

I put a mark in the margin to **remind** me to check the figure.
나는 나중에 잊지 않고 숫자를 확인해 보려고 여백에 표시를 해 두었다.

Day 41 EXERCISE

A 영어는 우리말로, 우리말은 영어로 옮기시오.

1. critical _____
2. fundamental _____
3. affair _____
4. correspondence _____
5. draft _____
6. beg _____
7. appreciate _____
8. associate _____
9. appointment _____
10. reasonable _____

11. 결정적인 _____
12. 범위 _____
13. 분석하다 _____
14. 첨부하다 _____
15. 지평선 _____
16. 최대 _____
17. 눈에 보이는 _____
18. 출발 _____
19. 부인하다 _____
20. 극복하다 _____

B 다음 중 알맞은 어휘를 고르시오.

1. May I see some [ⓐ identity / ⓑ identification], please?

2. Do you [ⓐ carry / ⓑ convey] this shirt in a larger size?

3. I put a mark in the margin to _____ me to check the figure.
   ⓐ recall   ⓑ remind   ⓒ recollect   ⓓ remain

정답 A 1. 중대한 2. 기본적인 3. 업무 4. 서신 왕래 5. 초안 6. 빌다 7. 감사하다 8. 연관시키다 9. 약속 10. 합리적인 11. decisive 12. range 13. analyze 14. attach 15. horizon 16. maximum 17. visible 18. departure 19. deny 20. overcome **B** 1. ⓑ 2. ⓐ 3. ⓑ

Advanced Stage

월 일

1231. **emphasize**
[émfəsàiz]

emphasis *n.* 강조
emphatic *a.* 강조하는

v. 강조하다 = **stress**

The manager **emphasized** the need to reduce expenses. 점장은 비용을 줄여야 할 필요성을 강조했다.

1232. **counselor**
[káunsələr]

counsel *v.* 상담하다

n. 상담사

The school **counselor** and I talked about which courses I should take.
나는 학교의 상담사와 함께 무슨 강좌를 수강해야 할지 의논했다.

TOEIC tips counselor : 개인의 문제에 대해 상담해주는 사람 / consultant : 개인이나 회사에 고용된 자문가 ▶ 1391 consult

1233. **requisition**
[rèkwəzíʃən]

require *v.* 요구하다

n. 요구, 요청

Instructors must fill out a **requisition** to use a VCR in class.
강사는 수업 시간에 VCR을 사용하려면 신청서를 작성해야 한다.

1234. **authority**
[əθɔ́ːriti / əθár-]

n. 권위, 당국, 공식 인가

Only the manager has the **authority** to sign checks. 점장만이 수표에 서명할 권한을 가지고 있다.

1235. **appliance**
[əpláiəns]

n. 전자제품

The newlyweds are shopping for some domestic **appliances** they need.
그 신혼부부는 필요한 가전제품을 사려고 돌아다니고 있다.

☐ emphasize ☐ counselor ☐ requisition ☐ authority ☐ appliance

Day 42

1236. executive
[iɡzékjətiv]

n. 임원, 중역 *a.* 관리직의, 행정의

Cindy has an **executive** position in the finance company. 신디는 금융 회사에서 임원직을 맡고 있다.

1237. reject
[ridʒékt]
rejection *n.* 거절

v. 거절하다, 거부하다 = **refuse**

It lies with you to accept or **reject** the proposals.
그 제안을 받아들이느냐 거부하느냐는 너한테 달렸다.

1238. recognize
[rékəɡnàiz]
recognition *n.* 인식

v. 알아보다, 인식하다 = **acknowledge**

I **recognize** the necessity for a written agreement.
서면으로 동의서를 만들어 둘 필요성이 있다고 봅니다.

1239. meet
[miːt]

v. 충족시키다, 맞추다 = **satisfy, fulfill**

I can't possibly **meet** that deadline.
나는 그 기한은 도저히 맞출 수 없다.

1240. remove
[rimúːv]
removal *n.* 제거, 이동

v. 없애다 = **get rid of**, 벗다 = **take off**, 옮기다 = **move**

Filters do not **remove** all the contaminants from water. 필터가 물에 있는 모든 오염물질을 없애주지는 않는다.

1241. bargain
[báːrɡən]

n. 싸게 산 것, 합의 *v.* 협상하다 = **negotiate**

I picked up some good **bargains** in the sale.
나는 세일에서 괜찮은 할인 품목 몇 개를 샀다.

☐ executive ☐ reject ☐ recognize ☐ meet ☐ remove ☐ bargain

1242. disgusting
[disgʌ́stiŋ]

disgust *n. v.* 구역질(나게 하다)

a. 역겨운 = **revolting**,
어처구니없는 = **outrageous**, **despicable**

That garbage in the street is **disgusting**.
거리에 있는 쓰레기는 무척 더럽다.

1243. distribution
[dìstrəbjúːʃən]

distribute *v.* 분배하다

n. 분배, 분포, 유통

He tried to even out the **distribution** of work among his employees.
그는 직원들에게 업무를 공평하게 배분해 주려고 노력했다.

1244. majority
[mədʒɔ́(ː)rəti]

n. 다수 ↔ **minority**

Female workers constitute the **majority** of the labor force.
여성 노동자가 노동력의 다수를 차지하고 있다.

1245. interest
[íntərist]

n. 이자, 이해관계

Many people act entirely in their own **interests**.
많은 사람들이 오로지 자신의 이익만을 위해 행동한다.

1246. capable
[kéipəbəl]

capability *n.* 능력

a. 능력 있는 = **skilled**, **competent**, 감당할 수 있는

The research shows that pre-school children are **capable** of thinking in abstract terms. 그 연구 결과 미취학 아동들이 추상적인 말로 사고할 수 있는 것으로 나타났다.

1247. declare
[diklέər]

declaration *n.* 선언

v. 선언하다, 선포하다 = **proclaim**, 신고하다

Do you have anything to **declare**?
신고할 물건이 있으십니까? 〈세관에서〉

☐ disgusting ☐ distribution ☐ majority ☐ interest ☐ capable ☐ declare

Day 42

1248. investigate
[invéstəgèit]

investigation *n.* 조사
investigator *n.* 조사관

v. 조사하다, 알아보다 = **look into**

He felt impelled to **investigate** further.
그는 더 자세히 알아봐야겠다는 생각이 들었다.

1249. exceed
[iksíːd]

excess *n.* 과다
exceedingly *ad.* 엄청나게

v. 초과하다, 넘어서다

It is dangerous to **exceed** the recommended dose.
권장량 이상을 복용하면 위험합니다.

1250. cultivate
[kʌ́ltəvèit]

cultivation *n.* 재배, 함양
cultivated *a.* 교양 있는

v. 재배하다, 함양하다

He has **cultivated** his knowledge of art.
그는 예술에 관한 지식을 쌓아 왔다.

1251. instruction
[instrʌ́kʃən]

n. 교육, 지시 = **order**, 설명문 = **directions**

Always read the **instructions** before you start.
시작하기 전에 반드시 설명서를 읽으시오.

1252. permanent
[pə́ːrmənənt]

permanence *n.* 지속, 확정

a. 지속적인, 늘 있는, 확정된 ↔ **temporary**

This house is now my **permanent** address.
이제 이 집이 확정된 내 주소지이다.

1253. split
[split]

v. 나누다, 쪼개다, 나뉘다

The instructor **split** the class into groups of three.
강사는 학급을 세 명씩 구성된 모둠으로 나누었다.

☐ investigate ☐ exceed ☐ cultivate ☐ instruction ☐ permanent ☐ split

1254. feature
[fíːtʃər]

n. 특징, 외모 *v.* ~에 중요한 특징[요소]로 넣다

The department store **featured** menswear in its annual sale.
그 백화점은 연례 할인 행사에서 신사복을 주요 품목으로 내세웠다.

1255. objective
[əbdʒéktiv]

n. 목표 = **object, aim**

The main **objective** of this meeting is to give further information on our plans.
이 회의의 주요 목적은 저희의 기획에 관한 더 자세한 정보를 제공하는 것입니다.

1256. loaf
[louf]

n. 덩어리 (*pl.* **loaves**)

She cut the **loaf** of bread into thick slices.
그녀는 그 식빵을 두툼하게 썰었다.

1257. dim
[dim]

dimness *n.* 어두움

a. 흐린, 어둑어둑한, 암울한

At last we could see the **dim** outline of an island.
마침내 어떤 섬의 윤곽이 희미하게 보였다.

1258. compromise
[kámprəmàiz / kɔ́m-]

n. v. 타협(하다)

He refused to **compromise** on any of his demands.
그는 자신의 요구에서 전혀 물러서지 않았다.

1259. obey
[oubéi]

obedient *a.* 순종하는

v. 복종하다, 준수하다 = **observe** ↔ **disobey**

Dogs can be trained to **obey** orders.
개를 훈련시키면 명령에 복종하게 할 수 있다.

☐ feature ☐ objective ☐ loaf ☐ dim ☐ compromise ☐ obey ☐ conceal

1260. **conceal**

[kənsíːl]

concealment *n.* 은폐

v. 숨기다 ↔ **reveal**

He couldn't **conceal** his envy of me.
그는 나를 질투하는 마음을 숨기지 못했다.

Day 42 EXERCISE

A 영어는 우리말로, 우리말은 영어로 옮기시오.

1. conceal _____
2. dim _____
3. loaf _____
4. feature _____
5. split _____
6. permanent _____
7. instruction _____
8. cultivate _____
9. investigate _____
10. appliance _____

11. 복종하다 _____
12. 타협하다 _____
13. 초과하다 _____
14. 선언하다 _____
15. 이자 _____
16. 분배 _____
17. 역겨운 _____
18. 없애다 _____
19. 거절하다 _____
20. 강조하다 _____

B 다음 중 알맞은 어휘를 고르시오.

1. the top ⓐ executive / ⓑ executioner ▶ 고위 간부

2. the principal ⓐ objective / ⓑ objection ▶ 주요 목표

3. The research shows that pre-school children are _____ of thinking in abstract terms.
   ⓐ able ⓑ accustomed ⓒ capable ⓓ reluctant

정답 **A** 1. 숨기다 2. 흐린 3. 덩어리 4. 특징 5. 쪼개다 6. 지속되는 7. 지시 8. 재배하다 9. 조사하다 10. 전자제품 11. obey 12. compromise 13. exceed 14. declare 15. interest 16. distribution 17. disgusting 18. remove 19. reject 20. emphasize **B** 1. ⓐ 2. ⓐ 3. ⓒ

Day 43

1261. abolish
[əbáliʃ / əbɔ́l-]
abolition *n.* 폐지

v. 폐지하다

The tax on pets should be **abolished**.
애완동물에게 부과하는 세금을 폐지해야 한다.

1262. ban
[bæn]

n. 금지 = **prohibition** *v.* 금지하다 = **prohibit**

She's been **banned** from leaving Korea while she is investigated.
그녀는 조사를 받는 동안 한국 출국이 금지된 상태이다.

1263. sponsor
[spánsər / spɔ́n-]
sponsorship *n.* 후원

n. 후원사, 후원인 *v.* 후원하다

A beer company **sponsored** the sporting event by paying for TV advertising. 한 맥주 회사가 TV 광고비를 부담해 주는 방식으로 그 스포츠 대회를 후원했다.

1264. speculation
[spèkjəléiʃən]
speculate *v.* 추측하다, 투기하다
speculative *a.* 추측하는, 투기성의

n. 추측, 투기

There was widespread **speculation** that he was going to resign.
그가 사임할 것이라는 추측이 무성했다.

1265. prompt
[prɑmpt / prɔmpt]

a. 즉시 하는 = **immediate**, 시간을 엄수하는 = **punctual** *v.* 유발하다 = **provoke**

Prompt payment of the invoice would be appreciated.
주문하신 물품 대금을 즉시 지불해 주시면 감사하겠습니다.

☐ abolish ☐ ban ☐ sponsor ☐ speculation ☐ prompt

Day 43

1266. defect
[difékt]
defective a. 흠 있는

n. 결함, 흠
Don't buy that tie; there's a **defect** in the material.
그 넥타이 사지 마. 원단에 흠이 있어.

1267. agenda
[ədʒéndə]

n. 의제, 안건
Let's go to the next item on the **agenda**.
이제 다음 안건으로 넘어갑시다.

1268. decent
[díːsənt]
decency n. 무난함

a. 번듯한, 괜찮은 = **respectable**
There are no **decent** schools around here.
이 근방에는 괜찮은 학교가 없다.

1269. fertile
[fə́ːrtl / -tail]
fertility n. 비옥함

a. 비옥한 ↔ **barren**, 생산적인 = **productive**
The plant likes sun and water as well as a **fertile**, well-drained soil. 그 식물은 비옥하고 배수가 잘 되는 땅뿐만 아니라 햇볕과 물을 좋아한다.

1270. freeze
[friːz]
freezing a. 무척 추운

v. 얼다, 얼리다 ↔ **thaw** n. 동결, 중단
The staff has agreed to a voluntary wage **freeze**.
직원들은 자발적인 임금 동결에 합의했다.

1271. frown
[fraun]

v. 찡그리다, 찌푸리다
What are you **frowning** at me for?
왜 날 보고 얼굴을 찡그려?

☐ defect ☐ agenda ☐ decent ☐ fertile ☐ freeze ☐ frown

Advanced Stage

1272. innovate
[ínouvèit]

innovation *n.* 혁신
innovative *a.* 혁신적인

v. 혁신하다, 도입하다

Their ability to **innovate** has allowed them to compete in world markets.
그들은 혁신할 수 있는 능력 덕분에 세계 시장에서 경쟁할 수 있었다.

1273. paycheck
[peitʃèk]

n. 급여 수표, 소득

Part of my **paycheck** went towards buying DVDs.
내 봉급 중 일부는 DVD를 사는 데 들어갔다.

1274. legitimate
[lidʒítəmit]

legitimacy *n.* 합법성
legitimize *v.* 합법화하다

a. 합법적인 = **legal, lawful**
　　합당한 = **valid, justifiable** ↔ **illegitimate**

He has a **legitimate** claim to part of the profits.
그는 수익금 중 일부를 요구할 법적 권리가 있다.

1275. relate
[riléit]

relation *n.* 관계

v. 연관 짓다 = **connect**, 진술하다 = **observe**

The report seeks to **relate** the rise in crime to an increase in unemployment.
그 보고서의 취지는 범죄의 증가와 실업률의 증가 사이의 관계를 살펴보는 것이다.

1276. hike
[haik]

n. 증가 = **rise, increase**, 등산　*v.* 늘리다

The price of flour has been **hiked** up by 40%.
밀가루 가격이 40% 인상되었다.

1277. considerate
[kənsídərit]

consideration *n.* 검토, 숙고

a. 신중한, 배려를 잘 하는
= **thoughtful** ↔ **inconsiderate**

He is **considerate** of others; he is kind and sympathetic.
그는 남들을 잘 배려한다. 친절하고 동정심이 많다.

☐ innovate　☐ paycheck　☐ legitimate　☐ relate　☐ hike　☐ considerate

Day 43

1278. yield
[ji:ld]

v. 굴복하다, 양보하다 = **give way**, (성과를) 내다

Yield to traffic on the left.
좌측으로 통행하는 차량에게 양보하시오.

1279. ignore
[ignɔ́:r]

ignorant *a.* 무식한
ignorance *n.* 무식

v. 무시하다, 못 본 척하다
= **disregard, take no notice of**

I **ignored** him and carried on with my work.
나는 그를 못 본 척하고 하던 일을 계속했다.

1280. detect
[ditékt]

detection *n.* 탐지
detector *n.* 탐지기
detective *n.* 탐정

v. 탐지하다, 찾아내다

The system is so sensitive that it can **detect** changes in temperature as small as 0.003 degrees. 그 장치는 0.003도밖에 안 되는 적은 온도 변화까지 탐지할 수 있을 정도로 정밀하다.

1281. glance
[glæns / glɑ:ns]

v. 흘깃 보다, 훑어보다 = **scan**

She **glanced** briefly down the list.
그녀는 명단을 잠깐 훑어보았다.

1282. sue
[su: / sju:]

suit *n.* 소송

v. 소송을 걸다

The singer has been **sued** for breach of contract.
그 가수는 계약 위반으로 고소를 당했다.

1283. fold
[fould]

v. 접다 ↔ **unfold**

Fold along the dotted line.
점선을 따라 접으시오.

☐ yield ☐ ignore ☐ detect ☐ glance ☐ sue ☐ fold

1284. response
[rispáns / -spɔ́ns]
respond v. 반응하다, 대답하다

n. 반응, 대응

The product was developed in **response** to customer demand.
그 제품은 소비자의 요구에 대응하여 개발되었다.

1285. particular
[pərtíkjələr]
particularly ad. 특히

a. 특정한, 특별한 = **specific**

Is there a **particular** type of film you enjoy?
특히 즐겨 보는 영화 장르라도 있니?

1286. temporary
[témpərèri / -rəri]
temporarily ad. 임시로

a. 일시적인, 임시의 ↔ **permanent**

New members will be issued with a **temporary** ID card. 새 회원들에게는 임시 회원증이 발급될 것이다.

1287. blanket
[blǽŋkit]

n. 모포, 이불, 두터운 층

I bundled her up in a **blanket** and gave her a hot drink.
나는 그녀에게 두꺼운 이불을 덮어 주고 뜨거운 음료수를 주었다.

1288. interfere
[ìntərfíər]
interference n. 간섭

v. 간섭하다

Try not to let work **interfere** with your personal life. 일 때문에 개인 생활에 지장을 받지 않도록 노력해라.

1289. restore
[ristɔ́ːr]
restoration n. 회복

v. 회복하다, 재도입하다 = **reintroduce**

The operation has **restored** her sight.
그녀는 수술을 받아 시력을 회복했다.

☐ response ☐ particular ☐ temporary ☐ blanket ☐ interfere ☐ restore ☐ solution

1290. **solution** [səlúːʃən]

n. 해결책, 대책 = **answer**

Do you have an alternative **solution**?
다른 해결책은 없나요?

Day 43 EXERCISE

A 영어는 우리말로, 우리말은 영어로 옮기시오.

1. interfere _____
2. blanket _____
3. temporary _____
4. particular _____
5. glance _____
6. detect _____
7. yield _____
8. paycheck _____
9. hike _____
10. legitimate _____

11. 해결책 _____
12. 회복하다 _____
13. 접다 _____
14. 소송을 걸다 _____
15. 무시하다 _____
16. 찡그리다 _____
17. 얼다 _____
18. 비옥한 _____
19. 결함 _____
20. 후원사 _____

B 다음 중 알맞은 어휘를 고르시오.

1. ⓐ abolish / ⓑ abandon the tax ▶ 세금을 폐지하다

2. She's been ⓐ boycotted / ⓑ banned from leaving Korea while she is investigated.

3. He is _____ of others; he is kind and sympathetic.
   ⓐ considerate ⓑ considerable ⓒ fearful ⓓ unaware

정답 A 1. 간섭하다 2. 담요 3. 일시적인 4. 특정한 5. 흘깃 보다 6. 탐지하다 7. 양보하다 8. 급여 수표 9. 증가 10. 합법적인
11. solution 12. restore 13. fold 14. sue 15. ignore 16. frown 17. freeze 18. fertile 19. defect 20. sponsor
B 1. ⓐ 2. ⓑ 3. ⓐ

Advanced Stage

월 일

1291. **extent**
[ikstént]

n. 정도 = **degree**, 규모

The report discusses the **extent** to which age affects language-learning ability.
그 보고서는 나이가 언어 학습 능력에 미치는 영향력을 논의한다.

1292. **compensate**
[kámpənsèit / kɔ́m-]
compensation n. 보상

v. 보상하다, 벌충하다 = **make up**

The insurance company **compensated** the man for his injury.
보험회사는 그가 입은 부상에 대한 보상금을 지급했다.

1293. **contrast**
[kántræst / kɔ́ntrɑːst]

n. 대조 v. 대조하다

The good weather was in stark **contrast** to the storms of previous weeks. 화창한 날씨는 그 전에 몇 주 동안 불어 닥친 폭풍과 큰 대조를 이루었다.

1294. **asset**
[ǽset]

n. 자산, 재산

She is very talented and is a real **asset** to our company.
그녀는 재능이 정말 뛰어난 사람으로 우리 회사의 큰 보물이다.

1295. **host**
[houst]

n. 주최인, 진행자 ↔ **guest** v. 개최하다, 소개하다

Our **host** shook each of us warmly by the hand.
우리를 초대해 준 사람은 모두에게 따뜻한 악수를 건넸다.

☐ extent ☐ compensate ☐ contrast ☐ asset ☐ host

Day 44

1296. considerable
[kənsídərəbəl]

considerably *ad.* 상당히

a. 상당한, 꽤 많은[큰] = **significant**

The family owns a **considerable** amount of land.
그 일가는 상당히 넓은 땅을 소유하고 있다.

1297. prevention
[privénʃən]

prevent *v.* 못 하게 하다
preventive *a.* 예방하는

n. 방지, 예방

Stores spend more and more on crime **prevention** every year.
상점들은 범죄 예방에 해가 갈수록 더 많은 돈을 들이고 있다.

1298. virtually
[və́ːrtʃuəli]

virtual *a.* 거의 근접한

ad. 거의 = **almost**

Check out the prices of our pizzas – we're **virtually** giving them away!
저희 피자의 가격을 보세요. 거의 공짜로 드리는 겁니다!

1299. dependent
[dipéndənt]

dependence *n.* 의존

a. 의존하는 ↔ **independent**, ~에 좌우되는

A number of people are financially **dependent** on their parents even when they have grown up.
몇몇 사람들은 어른이 되고서도 부모에게 경제적으로 의존한다.

1300. definition
[dèfəníʃən]

define *v.* 정의를 내리다

n. 뜻, 정의, 해상도

Can you give a more precise **definition** of the term? 그 용어의 정의를 더 정확하게 해 줄 수 있나요?

1301. vital
[váitl]

vitality *n.* 중대함, 생명력

a. 매우 중요한 = **crucial**, **critical**, 생명의

It is **vital** that leaking gas pipes are fixed immediately.
가스가 새는 파이프를 즉시 수리하는 것은 정말 중요한 일이다.

☐ considerable ☐ prevention ☐ virtually ☐ dependent ☐ definition ☐ vital

Advanced Stage

1302. **abrupt**
[əbrʌ́pt]

a. 갑작스러운, 퉁명스러운 = **curt**, **brusque**

The bus came to an **abrupt** halt.
버스가 갑자기 멈춰 섰다.

1303. **estimate**
[éstəmət / -mèit]

n. 견적, 추정치 *v.* 견적을 내다, 추정하다

The construction will cost an **estimated** $30 billion.
공사비용은 3백억 달러가 들 것으로 예상된다.

1304. **bankrupt**
[bǽŋkrʌpt / -rəpt]

bankruptcy *n.* 파산

a. 파산한 = **insolvent**

The company was declared **bankrupt** in court.
그 회사는 법원에서 파산 선고를 받았다.

1305. **bounce**
[bauns]

v. 튀어 오르다, 반송하다

Bounce the ball and try to hit it over the net.
공을 튀긴 다음 쳐서 그물을 넘겨봐라.

1306. **dash**
[dæʃ]

n. v. 돌진(하다) = **rush**

I **dashed** off to keep an appointment.
나는 약속을 지키려고 서둘러 갔다.

1307. **stock**
[stɑk / stɔk]

n. 주식 = **share**, 주가, 재고

He bought **stock** in an automaker.
그는 자동차 회사의 지분을 샀다.

☐ abrupt ☐ estimate ☐ bankrupt ☐ bounce ☐ dash ☐ stock

Day 44

1308. lick [lik]

v. 핥다

The baby was **licking** his fingers.
아기가 손가락을 빨고 있었다.

1309. perfume [pə́ːrfjuːm / pərfjúːm]

n. 향수, 향기 = **scent, fragrance**

Perfume interacts with the skin's natural chemicals.
향수는 피부에 있는 천연 화학물질과 상호작용을 한다.

1310. gaze [geiz]

v. 물끄러미 보다, 응시하다 = **stare**

I **gazed** at her in amazement.
나는 깜짝 놀라 그녀를 바라보았다.

1311. precisely [prisáisli]

precise a. 정확한

ad. 정확히 = **exactly**, 신중히 = **carefully**

The cause of the disease is hard to pin down **precisely**.
그 병의 원인은 정확히 집어내기가 어렵다.

1312. explode [iksplóud]

explosion n. 폭발
explosive a. 폭발의 n. 폭발물

v. 폭발하다, 터뜨리다 = **blow up**

He **exploded** when he heard the bad news.
그는 좋지 않은 소식을 듣자 분통을 터뜨렸다.

1313. ownership [óunərʃip]

own v. 소유하다
owner n. 소유자

n. 소유(권)

The building is now under common **ownership**.
현재 그 건물은 공동 소유로 되어 있다.

☐ lick ☐ perfume ☐ gaze ☐ precisely ☐ explode ☐ ownership

1314. purchase
[pə́ːrtʃəs]

n. v. 구입(하다)

The company has just announced its $35 million **purchase** of the leisure facilities.
그 회사는 휴양 시설을 3천 5백만 달러에 매입했다고 방금 발표했다.

1315. interpret
[intə́ːrprit]

interpretation *n.* 통역
interpreter *n.* 통역사

v. 통역하다, 해석하다

He couldn't speak much English so his son had to **interpret** for him. 그는 영어를 별로 잘 하지 못했기 때문에 그의 아들이 통역을 해 줘야 했다.

1316. occupy
[ákjəpài / ɔ́k-]

occupation *n.* 점유, 직업

v. 점유하다, 차지하다 = **take up**, 직책을 갖다

How much memory does the program **occupy**?
그 프로그램은 메모리를 얼마나 잡아먹나요?

1317. brief
[briːf]

a. 간략한, 간단한

I was given a **brief** demonstration of the device's functions.
나는 그 장치의 기능을 간단히 시연하는 것을 보았다.

1318. differ
[dífər]

difference *n.* 차이

v. 다르다, 의견차를 보이다 = **disagree**

I have to **differ** with you on that point.
그 점에서는 당신과 의견이 다르다고 해야겠네요.

1319. possession
[pəzéʃən]

possess *v.* 소유하다

n. 소유, 소지, 소유물 = **belongings**

The **possession** of a passport is essential for foreign travel.
해외여행을 할 때 여권을 소지하는 것은 필수이다.

☐ purchase ☐ interpret ☐ occupy ☐ brief ☐ differ ☐ possession ☐ deliberate

Day 44

1320. deliberate
[dilíbərit]

deliberately *ad.* 일부러

a. 고의적인 = **intentional** ↔ **unintentional**, 신중한

That was no accident; it was **deliberate**.
그것은 우연이 아니었다. 고의적이었다.

Day 44 EXERCISE

A 영어는 우리말로, 우리말은 영어로 옮기시오.

1 possession	_____	11 고의적인	_____
2 differ	_____	12 통역하다	_____
3 brief	_____	13 폭발하다	_____
4 occupy	_____	14 향기	_____
5 purchase	_____	15 핥다	_____
6 ownership	_____	16 파산한	_____
7 precisely	_____	17 해상도	_____
8 gaze	_____	18 예방	_____
9 dash	_____	19 튀어 오르다	_____
10 estimate	_____	20 보상하다	_____

B 다음 중 알맞은 어휘를 고르시오.

1 in [ⓐ contrast / ⓑ contradict] to ▶ ~와 대조되는

2 The family owns a [ⓐ considerate / ⓑ considerable] amount of land.

3 The report discusses the _____ to which age affects language-learning ability.
   ⓐ extension   ⓑ expansion   ⓒ extent   ⓓ way

정답 A 1. 소유 2. 다르다 3. 간단한 4. 점유하다 5. 구입하다 6. 소유권 7. 정확히 8. 응시하다 9. 돌진 10. 견적 11. deliberate 12. interpret 13. explode 14. perfume 15. lick 16. bankrupt 17. definition 18. prevention 19. bounce 20. compensate **B** 1. ⓐ 2. ⓑ 3. ⓒ

Advanced Stage

월 일

1321. **concrete**
[kánkri:t / kɔ́-]

a. 구체적인 ↔ **abstract**, 콘크리트로 만든

Try to think in **concrete** terms rather than in the abstract.
추상적인 말보다 구체적인 말로 생각하려고 노력하라.

1322. **consequence**
[kánsikwèns / kɔ́nsikwəns]

consequent a. 결과로 생기는
consequently ad. 결과적으로

n. 결과 = **result**

It was an inevitable **consequence** of the decision.
그것은 그 결정으로 인한 어쩔 수 없는 결과였다.

1323. **expense**
[ikspéns]

n. 비용

We were taken out for dinner at the company's **expense**.
우리는 회사 부담으로 저녁 식사를 하러 나가게 되었다.

1324. **recovery**
[rikʌ́vəri]

recover v. 회복하다

n. 회복 = **restoration**

Some experts are forecasting a **recovery** in the economy.
몇몇 전문가들이 경기 회복을 예상하고 있다.

1325. **adapt**
[ədǽpt]

adaption / adaptation
n. 적응

v. 조절하다, 수정하다 = **modify**, 적응하다 = **adjust**

It's amazing how animals **adapt** to their environment.
동물들이 환경에 적응하는 모습은 정말 놀랍다.

☐ concrete ☐ consequence ☐ expense ☐ recovery ☐ adapt

Day 45

1326. **acquainted**
[əkwéintid]

acquaint v. 익숙해지게 하다
acquaintance n. 아는 사람

a. 안면을 튼, 아는 사이인

She and I got **acquainted** at the conference.
그녀와 나는 그 회의장에서 안면을 텄다.

1327. **superior**
[səpíəriər / su-]

superiority n. 우월

a. 우월한 ↔ **inferior**

The product is vastly **superior** to its competitors.
그 제품은 경쟁사 제품보다 훨씬 더 좋다.

1328. **conquest**
[káŋkwest / kɔ́ŋ-]

conquer v. 정복하다

n. 정복, 제압

The palace was built following the Arab **conquest**.
그 궁전은 아랍의 정복 이후에 건설되었다.

1329. **identity**
[aidéntəti]

n. 신분, 정체(성), 특징

The donor's **identity** is a close secret.
기증자의 신분은 절대로 비밀이다.

1330. **impression**
[impréʃən]

impress v. 인상을 주다
impressive a. 인상적인

n. 인상, 느낌, 영향 = **effect**

His trip to Italy has made a strong **impression** on him. 그의 유럽 여행은 그에게 큰 영향을 미쳤다.

1331. **similar**
[símələr]

similarity n. 유사성

a. 비슷한, 유사한 ↔ **dissimilar**

Do you have anything **similar** to this material but cheaper?
이 재료와 비슷하면서 더 싼 것은 없나요?

☐ acquainted ☐ superior ☐ conquest ☐ identity ☐ impression ☐ similar

1332. appearance
[əpíərəns]

n. 겉모습, 외모, 출연

Judging by **appearance** can be misleading.
겉모습만 보고 판단하면 착오를 일으킬 수 있다.

1333. prevent
[privént]

prevention *n.* 예방
preventable *a.* 예방 가능한

v. 못 하게 하다, 방지하다

Health measures have been taken to **prevent** the spread of the disease.
그 질병의 확산을 막기 위한 보건 조치들이 취해졌다.

1334. compare
[kəmpéər]

comparison *n.* 비교
comparative *a.* 상대적인

v. 비교하다, 비유하다

His English is good, but it can't **compare** with yours. 그의 영어실력은 훌륭하지만 네 실력과는 비교가 안 된다.

1335. relative
[rélətiv]

relatively *ad.* 비교적

a. 상대적인 = **comparative** ↔ **absolute**
n. 친척 = **relation**

I weighed up the **relative** merits of the five candidates.
나는 다섯 후보들의 상대적인 장점을 꼼꼼히 비교해 보았다.

1336. involve
[inválvmənt / -vɔ́lv-]

involvement *n.* 연루

v. 연루시키다, 포함하다 = **entail**

He was **involved** in a car accident in which the other driver was drunk.
그는 술에 취해 차를 몰던 운전자와 자동차 사고에 휘말렸다.

1337. blame
[bleim]

n. 비난 = **criticism** *v.* 비난하다, 탓하다

You can't **blame** anyone else; you alone made the decision.
너는 남들을 탓할 수 없어. 그 결정은 너 혼자 한 거잖아.

☐ appearance ☐ prevent ☐ compare ☐ relative ☐ involve ☐ blame

Day 45

1338. comparison
[kəmpǽrisən]

compare *v.* 비교하다
comparative *a.* 상대적인

n. 비교

The student made a **comparison** between what people do at Christmas in his country and what people do in the U.S. 그 학생은 크리스마스 때 자기네 나라 사람들이 하는 것과 미국 사람들이 하는 것을 비교해 보았다.

1339. iron
[áiərn]

n. 다리미 *v.* 다림질하다 = **press**

I'll need to **iron** that dress shirt before I can wear it. 저 와이셔츠는 다려야만 입을 수 있겠다.

1340. excess
[iksés / ékses]

excessive *a.* 과다한
exceed *v.* 초과하다

n. 과다, 초과

We cover costs up to $700 and then you pay the **excess**. 700달러까지는 저희가 부담하며 넘는 금액은 여러분이 부담합니다.

1341. expose
[ikspóuz]

exposure *n.* 노출

v. 드러내다, 노출하다 = **reveal**

By swimming alone, she **exposed** herself to danger. 그녀는 혼자 수영해서 자신을 위험에 노출시켰다.

1342. dwell
[dwel]

dweller *n.* 주민

v. 살다, 거주하다

There **dwelt** a woodsman and his family in the middle of the forest. 숲 속에 나무꾼과 그의 가족이 살고 있었다.

1343. motivation
[mòutəvéiʃən]

motivate *v.* 동기를 부여하다
motive *n.* 동기
motivator *n.* 동기를 주는 것

n. 동기, 의욕(부여)

She's intelligent enough but she lacks **motivation**. 그녀는 머리는 참 좋은데 의욕이 부족하다.

☐ comparison ☐ iron ☐ excess ☐ expose ☐ dwell ☐ motivation

Advanced Stage

1344. **outstanding**
[àutstǽndiŋ]

a. 눈에 띄는 = **remarkable, prominent**
미지급된, 미해결된

He has **outstanding** debts of over $4 million.
그는 청산하지 못한 부채가 4백만 달러 넘게 있다.

1345. **devoted**
[divóutid]

devote *v.* 바치다
devotion *n.* 헌신

a. 헌신하는, 열성을 다 하는
= **dedicated, committed**

Greg is a **devoted** family man.
그렉은 가정적이고 헌신적인 남자이다.

1346. **distinguish**
[distíŋgwiʃ]

distinguished *a.* 저명한, 눈에 띄는
distinguishable *a.* 구별이 가는

v. 구별하다 = **discriminate, differentiate**

I can never **distinguish** between the twins.
나는 그 쌍둥이를 좀처럼 구별하지 못한다.

1347. **restless**
[réstlis]

restlessness *n.* 불안

a. 불안한, 불편한 = **disturbed**

He is **restless** in his present job and wants a new one.
그는 현재 직업에 만족하지 못하고 새 직업을 구하고 싶어 한다.

1348. **poison**
[pɔ́izən]

poisonous *a.* 독한

v. 독을 먹이다[넣다] *n.* 독

His blood was found to contain **poison**.
그의 피에는 독성 물질이 들어 있는 것으로 밝혀졌다.

1349. **conclusion**
[kənklúːʒən]

conclude *v.* 결론 내리다
conclusive *a.* 결정적인

n. 결론, 맺음말

In **conclusion**, I would like to thank all the staff.
마지막으로 직원 여러분 모두에게 감사드리고 싶습니다.

☐ outstanding ☐ devoted ☐ distinguish ☐ restless ☐ poison ☐ conclusion ☐ roast

1350. roast [roust]

v. 굽다, 구워지다 *n.* 구이

The main course was **roast** duck.
주 요리는 오리 구이였다.

Day 45 EXERCISE

A 영어는 우리말로, 우리말은 영어로 옮기시오.

1. poison
2. restless
3. distinguish
4. devoted
5. motivation
6. dwell
7. excess
8. blame
9. similar
10. identity

11. 굽다
12. 결론
13. 눈에 띄는
14. 노출하다
15. 다리미
16. 비교
17. 상대적인
18. 우월한
19. 구체적인
20. 적응하다

B 다음 중 알맞은 어휘를 고르시오.

1. ⓐ prevent / ⓑ predict accidents ▶ 사고를 예방하다

2. She and I got ⓐ acquired / ⓑ acquainted at the conference.

3. Some experts are forecasting a _____ in the economy.
   ⓐ recess ⓑ cover ⓒ discovery ⓓ recovery

정답 A 1. 독 2. 불안한 3. 구별하다 4. 헌신적인 5. 동기 6. 살다 7. 과다 8. 탓하다 9. 유사한 10. 신분 11. roast 12. conclusion 13. outstanding 14. expose 15. iron 16. comparison 17. relative 18. superior 19. concrete 20. adapt
B 1. ⓐ 2. ⓑ 3. ⓓ

Advanced Stage

월 일

1351. sticky
[stíki]
stick *v.* 달라붙다, 붙이다
stickiness *n.* 끈적거림

a. 끈적거리는, 달라붙는

My hand touched **sticky** wet paint on the bench.
나는 벤치에 칠한 끈적거리고 마르지 않은 페인트를 손으로 만졌다.

1352. translate
[trænsléit]
translation *n.* 번역
translator *n.* 번역가

v. 번역하다, 해석하다 = **interpret**

I **translated** her gesture as rejection.
나는 그녀의 몸짓을 거절로 해석했다.

1353. upright
[ʌ́pràit]

a. 곧은, 허리를 쭉 편, 수직의 = **vertical**

Keep the box in an **upright** position.
그 상자를 수직으로 세워 두어라.

1354. anchor
[ǽŋkər]

n. 닻, 뉴스 진행자
v. 고정하다 = **fix**, ~에 토대를 두다 = **base**

His comedy is **anchored** in everyday experience.
그의 코미디는 일상생활의 경험에 바탕을 둔 것이다.

1355. victim
[víktim]
victimize *v.* 희생시키다

n. 희생자, 사상자 = **casualty**

The accident **victim** was helped by ambulance attendants.
그 사고 피해자는 구급차를 타고 온 사람들의 보살핌을 받았다.

☐ sticky ☐ translate ☐ upright ☐ anchor ☐ victim

Day 46

1356. wrist
[rist]

n. 손목

She wore a copper bracelet on her **wrist**.
그녀는 손목에 구리 팔찌를 꼈다.

1357. succeed
[səksíːd]

succession *n.* 연속, 계승
successive *a.* 연속적인

v. 이어받다, 계승하다, 성공하다

Who **succeeded** Thatcher as Prime Minister?
대처의 후임으로 수상직에 오른 사람은 누구인가?

1358. poverty
[pávərti / póv-]

poor *a.* 가난한

n. 가난, 결핍 = **lack**

There is a **poverty** of color in his work.
그의 작품에는 색깔이 부족하다.

1359. amusement
[əmjúːzmənt]

amuse *v.* 즐겁게 하다

n. 즐거움, 오락

His expression changed from surprise to **amusement**.
그의 표정이 놀라움에서 즐거움으로 바뀌었다.

1360. fabric
[fæbrik]

n. 천, 직물 = **cloth**, **textile**

The sofa is covered with a soft **fabric**.
소파가 보드라운 천으로 덮여 있다.

1361. shorten
[ʃɔ́ːrtn]

v. 줄이다, 줄다 ↔ **lengthen**

His name is Edward, generally **shortened** to Eddie.
그의 이름은 에드워드인데, 보통 에디라고 줄여 말한다.

☐ wrist ☐ succeed ☐ poverty ☐ amusement ☐ fabric ☐ shorten

Advanced Stage

1362. plaster
[plǽstər / plá:s-]

n. 회반죽, 석고 반죽, 깁스 *v.* 회칠을 하다

He has his leg in a **plaster** cast.
그는 다리에 깁스를 하고 있다.

1363. impressive
[imprésiv]

impress *v.* 인상을 주다
impression *n.* 인상

a. 인상적인, 강한 인상을 주는

The building looked as **impressive** in actuality as it did in photos.
그 건물은 사진에서 본 것만큼이나 실물로 봤을 때도 인상적이었다.

1364. establish
[istǽbliʃ]

establishment *n.* 설립, 확립

v. 설립하다, 확립하다 = **found, set up**
규명하다 = **ascertain, determine**

Police are trying to **establish** the cause of his death.
경찰은 그의 사망 원인을 규명하려고 노력하고 있다.

1365. summit
[sʌ́mit]

n. 꼭대기, 정점 = **peak**, 정상 회담

She has reached the **summit** of her career.
그녀는 자기 일에서 정점에 이르렀다.

1366. crisis
[kráisis]

n. 위기, 고비

The business is still in **crisis** but it has survived the worst of the recession.
그 업체는 아직도 위기에 있지만 최악의 불황에서 살아남기는 했다.

1367. earnest
[ə́:rnist]

a. 진실한, 성실한 = **sincere**

The construction will begin in **earnest** on Tuesday.
공사는 화요일에 본격적으로 시작될 것이다.

☐ plaster ☐ impressive ☐ establish ☐ summit ☐ crisis ☐ earnest

Day 46

1368. boast
[boust]

boastful *a.* 뽐내는

v. 뽐내다, 자랑하다 *n.* 자랑

The city **boasts** an excellent opera house.
그 시의 자랑거리는 훌륭한 오페라 공연장이다.

1369. scope
[skoup]

n. 잠재력, 능력 = **potential**, 범위 = **range**

That subject lies beyond the **scope** of this talk.
그 주제는 이 대담의 범위를 벗어나는 것이다.

1370. conviction
[kənvíkʃən]

convict *v.* 유죄 판결하다

n. 확신, 신념, 유죄 판결 ↔ **acquittal**

The jury voted for **conviction**.
배심원의 투표 결과는 유죄였다.

1371. preach
[pri:tʃ]

v. 설교하다

She **preached** about the benefits of quitting smoking.
그녀는 담배를 끊는 것의 이점을 열심히 설명했다.

1372. hatred
[héitrid]

hate *v.* 미워하다

n. 미움, 증오

There was intense **hatred** in his voice.
그의 목소리에는 깊은 증오가 담겨 있었다.

1373. rubbish
[rʌ́biʃ]

n. 쓰레기 = **garbage**, **waste**

The ground was littered with **rubbish**.
운동장에는 쓰레기가 널려 있었다.

☐ boast ☐ scope ☐ conviction ☐ preach ☐ hatred ☐ rubbish

Advanced Stage

1374. uneasy [ʌníːzi]
uneasiness n. 불편함

a. 불편한, 불안한
= **uncomfortable, anxious** ↔ **easy**

He felt **uneasy** in the unfamiliar surroundings.
그는 낯선 환경에서 불편함을 느꼈다.

1375. enrich [enrítʃ]
enrichment n. 풍요

v. 풍요롭게 하다, 부유하게 하다

Tourism has **enriched** the small town.
관광업이 그 작은 도시를 윤택하게 했다.

1376. envy [énvi]
envious a. 시샘하는

n. 질투, 부러움 = **jealousy** v. 질투하다

He looked with **envy** at the car that I have just bought. 그는 내가 방금 산 자동차를 부러운 눈으로 바라보았다.

1377. swear [swɛər]

v. 맹세하다 = **vow**, 욕하다

I **swear** on my honor that I knew nothing about this. 내 명예를 걸고 맹세하는데 이것에 대해 나는 아무것도 몰랐다.

1378. torture [tɔ́ːrtʃər]

n. 괴롭힘, 고문 v. 괴롭히다 = **torment**

He spent his life **tortured** by the memories of the tragedy.
그는 그 비극적인 일에 대한 기억으로 괴로워하며 나날을 보냈다.

1379. eternal [itə́ːrnəl]
eternity n. 영원

a. 영원한, 끊임없는 = **constant**

People of many religions believe that God is **eternal**.
많은 종교의 신자들은 신이 영원하다고 믿는다.

☐ uneasy ☐ enrich ☐ envy ☐ swear ☐ torture ☐ eternal ☐ contempt

Day 46

1380. **contempt**
[kəntémpt]

n. 경멸, 무시

They looked on his behavior with **contempt**.
그들은 그의 행동을 경멸 어린 시선으로 보았다.

contemptuous *a.* 경멸하는
contemptible *a.* 경멸당할 만한

Day 46   EXERCISE

A 영어는 우리말로, 우리말은 영어로 옮기시오.

1 eternal _____   11 경멸   _____
2 torture _____   12 맹세하다   _____
3 envy   _____   13 설교하다   _____
4 enrich   _____   14 유죄 판결 _____
5 uneasy   _____   15 자랑하다   _____
6 rubbish _____   16 위기   _____
7 hatred   _____   17 정상 회담 _____
8 scope   _____   18 규명하다   _____
9 earnest _____   19 가난   _____
10 plaster _____   20 손목   _____

B 다음 중 알맞은 어휘를 고르시오.

1 sit ⓐ upright / ⓑ uptight   ▶ 똑바로 앉다

2 drop ⓐ anchor / ⓑ sail   ▶ 닻을 내리다

3 His name is Edward, generally _____ to Eddie.
   ⓐ prolonged ⓑ lengthened ⓒ referred ⓓ shortened

정답 **A** 1. 영원한 2. 고문 3. 질투 4. 풍요롭게 하다 5. 불편한 6. 쓰레기 7. 미움 8. 잠재력 9. 진실한 10. 석고 반죽 11. contempt 12. swear 13. preach 14. conviction 15. boast 16. crisis 17. summit 18. establish 19. poverty 20. wrist **B** 1. ⓐ 2. ⓐ 3. ⓓ

Day 47

월   일

1381. inspire
[inspáiər]
inspiration n. 의욕

v. 의욕을 불어넣다, 영감을 주다 = **motivate**

The concert **inspired** him to practice the piano harder.
그는 그 공연에 감명을 받아 피아노 연습을 더 열심히 했다.

1382. scar
[ska:r]

n. 흉터   v. 흉터를 남기다

The cut healed up without leaving a **scar**.
찢어진 상처는 흉터를 남기지 않고 잘 아물었다.

1383. porter
[pɔ́:rtər]

n. 짐꾼, 짐 나르는 사람

The hotel manager signed to the **porter** to pick up my case.
호텔 지배인이 짐꾼에게 서명을 해 주고 내 가방을 찾아왔다.

1384. restrict
[ristríkt]
restriction n. 규제

v. 규제하다, 제한하다 = **limit, impede**

The mini skirt **restricted** her movements.
미니스커트가 그녀의 움직임을 제한했다.

1385. coward
[káuərd]
cowardly a. 겁 많은
cowardice n. 용기 없음

n. 겁쟁이

I know I'm a **coward** about going to the dentist.
나는 치과에 갈 때면 겁쟁이가 된다는 걸 안다.

☐ inspire ☐ scar ☐ porter ☐ restrict ☐ coward

Day 47

1386. evaluate
[ivǽljuèit]
evaluation *n.* 평가

v. 평가하다, 값을 매기다 = **assess**

The management **evaluates** performance on a scale from 1 to 10.
경영진에서는 1부터 10까지 범위에서 성과를 평가한다.

1387. liberal
[líbərəl]
liberalism *n.* 자유주의

a. 자유분방한, 교양의, 잘 베푸는
= **lavish, generous**

He is **liberal** with his cash.
그는 자기 돈을 남들을 위해 잘 쓴다.

1388. offspring
[ɔ́:fsprìŋ]

n. 자손, 자녀들

There are a variety of problems that parents have with their teenage **offspring**.
부모들과 10대 자녀들 사이에 생기는 문제에는 여러 가지가 있다.

1389. mercy
[mə́:rsi]
merciful *a.* 자비로운
merciless *a.* 무자비한

n. 자비, 아량

I'm not going to put myself at the **mercy** of the boss. 나는 상사에게 처분을 맡기고 가만히 있지는 않겠다.

1390. hug
[hʌg]

v. 껴안다 = **cuddle, embrace** *n.* 포옹

He sat in the chair, **hugging** his knees.
그는 무릎을 안은 채 의자에 앉아 있었다.

1391. consult
[kənsʌ́lt]
consultation *n.* 상의, 참고
consultant *n.* 자문위원

v. 상의하다, 참고하다 = **refer to**

If the pain continues, **consult** your doctor.
통증이 사라지지 않으면 의사와 상의하시오.

☐ evaluate ☐ liberal ☐ offspring ☐ mercy ☐ hug ☐ consult

Advanced Stage

1392. frustrate
[frʌ́streit]
frustration *n.* 좌절

v. 좌절시키다, 못 하게 하다 = **prevent, thwart**

The rescue attempt was **frustrated** by heavy rain.
폭우 때문에 구조 활동을 할 수가 없었다.

1393. exception
[iksépʃən]

n. 예외

With the possible **exception** of the Beatles, no other group has become so successful so quickly.
비틀즈 정도를 제외한 다른 어떤 그룹도 그렇게 짧은 시간에 그렇게 성공한 예가 없다.

1394. surgery
[sə́ːrdʒəri]
surgeon *n.* 외과 의사
surgical *a.* 수술의

n. 수술 = **operation**

She had three **surgeries** over a month.
그녀는 한 달 동안 수술을 세 번 받았다.

1395. domain
[douméin]

n. 영역, 인터넷 주소

Architecture used to be very much a male **domain**.
예전에 건축 설계는 압도적으로 남성의 영역이었다.

1396. pace
[peis]

n. 속도, 발걸음 = **step**, 보폭

Recently wage increases have failed to keep **pace** with inflation.
최근 급여의 증가가 인플레이션을 따라가지 못하고 있다.

1397. increasingly
[inkríːsiŋli]

ad. 점차, 점점 더 = **gradually, by degrees**

People have become **increasingly** health-conscious.
사람들은 점점 더 건강을 의식하게 되었다.

☐ frustrate ☐ exception ☐ surgery ☐ domain ☐ pace ☐ increasingly

Day 47

1398. attitude
[ǽtitjùːd]

n. 태도, 자세

If you want to improve your score, you'd better change your **attitude**.
점수를 올리고 싶다면 네 태도부터 바꿔야 한다.

1399. insult
n. [ínsʌlt] *v.* [insʌ́lt]

n. 모욕 *v.* 모욕하다

He made some **insulting** remarks about the minority group.
그는 소수자 집단에 대해 모욕적인 말을 했다.

1400. crack
[kræk]

v. 갈라지다, 깨다 *n.* 갈라진 틈

His lips were dry and **cracked**.
그의 입술은 메마르고 갈라졌다.

1401. fiscal
[fískəl]

a. 회계의, 공금의

We start the current **fiscal** year $40 million in debt.
현 회계연도는 4천만 달러의 부채를 안고 시작된다.

1402. refrain
[rifréin]

v. 삼가다, 참다 = **desist**
n. 반복되는 말, 후렴구 = **chorus**

He has **refrained** from criticizing the President in public. 그는 공개적으로 대통령을 비판하는 것을 삼갔다.

1403. immune
[imjúːn]

immunity *n.* 면역

a. 면역된, 면역력이 있는

Our **immune** systems are killing billions of germs right now.
우리 몸의 면역 체계는 지금 이 순간에도 수십억 마리의 균을 죽이고 있다.

☐ attitude ☐ insult ☐ crack ☐ fiscal ☐ refrain ☐ immune

Advanced Stage

1404. valid
[vǽlid]
validity *n.* 유효성

a. 유효한, 타당한 ↔ **invalid**

This special offer is **valid** until the end of the month.
이 특별 행사의 기간은 이달 말까지입니다.

1405. surge
[səːrdʒ]

v. 급증하다, 들이닥치다 *n.* 급증, 쇄도 = **rush**

They are having trouble keeping up with the recent **surge** in demand.
그들은 최근 급격히 증가한 수요를 맞춰 주느라 애를 먹고 있다.

1406. controversy
[kάntrəvə̀ːrsi / kɔ́n-]
controversial
a. 논란을 일으키는

n. 논란

There is a lot of **controversy** about the effect of violence in computer games on children.
컴퓨터 게임의 폭력성이 아이들에게 미치는 영향에 대해서는 많은 논란이 있다.

1407. baggage
[bǽgidʒ]

n. 짐 = **luggage**

I carried my **baggage** onto the train.
나는 짐을 날라 기차에 실었다.

TOEIC tips baggage와 luggage는 셀 수 없는 명사로서 **a baggage**, **luggages**로 쓸 수 없다.

1408. foothold
[fúthòuld]

n. 기반, 발 디딜 곳

He was scrambling for a **foothold** on the steep cliff. 그는 가파른 절벽에서 발 디딜 곳을 찾아 허둥지둥했다.

1409. region
[ríːdʒən]
regional *a.* 지역의

n. 지역, 신체 부위

The northeast **region** of the U.S. includes New York and the six New England states.
미국의 북동부 지역에는 뉴욕과 뉴잉글랜드의 6개 주가 들어간다.

☐ valid ☐ surge ☐ controversy ☐ baggage ☐ foothold ☐ region ☐ alien

1410. alien
[éiljən / -liən]

a. 이질적인, 외국의 = **foreign**, **hostile**
n. 외국인 = **non-citizen**

Over a hundred illegal **aliens** were deported to their countries last month.
지난달에 1백 명이 넘는 불법 체류 외국인들이 본국으로 강제 출국되었다.

Day 47 EXERCISE

A 영어는 우리말로, 우리말은 영어로 옮기시오.

1. region _____
2. foothold _____
3. baggage _____
4. controversy _____
5. surge _____
6. valid _____
7. fiscal _____
8. increasingly _____
9. domain _____
10. surgery _____
11. 외국의 _____
12. 면역된 _____
13. 삼가다 _____
14. 갈라지다 _____
15. 모욕 _____
16. 예외 _____
17. 좌절시키다 _____
18. 껴안다 _____
19. 자녀들 _____
20. 겁쟁이 _____

B 다음 중 알맞은 어휘를 고르시오.

1. [ⓐ inspire / ⓑ aspire] great loyalty ▶ 깊은 충성심을 일으키다

2. If you want to improve your score, you'd better change your [ⓐ attitude / ⓑ altitude].

3. Recently wage increases have failed to keep _____ with inflation.
   ⓐ face   ⓑ stance   ⓒ pace   ⓓ down

정답 A 1. 지역 2. 기반 3. 짐 4. 논란 5. 급증하다 6. 유효한 7. 회계의 8. 점차 9. 영역 10. 수술 11. alien 12. immune 13. refrain 14. crack 15. insult 16. exception 17. frustrate 18. hug 19. offspring 20. coward **B** 1. ⓐ 2. ⓐ 3. ⓒ

Day 48

1411. token
[tóukən]

n. 화폐 대용, 증거, 표시 = **expression, mark**

Please accept this small gift as a **token** of our respect.
저희가 존경하는 뜻으로 드리는 이 작은 선물을 받아 주세요.

1412. nasty
[næsti / ná:s-]

a. 불쾌한, 역겨운 = **offensive, disgusting**

He fell over and got a **nasty** crack on the head.
그는 넘어져서 머리에 심하게 금이 갔다.

1413. refund
[rífʌnd]

n. 환불 *v.* 환불해주다 = **reimburse**

You can ask for a full **refund** if the goods are faulty.
제품이 불량이면 전액 환불을 요구할 수 있다.

1414. masterpiece
[mǽstəːrpìːs / máːs-]

n. 걸작

The work has been acclaimed as a **masterpiece**.
그 작품은 걸작이라는 찬사를 받았다.

1415. plea
[pliː]

plead *v.* 주장하다, 간청하다

n. (유무죄) 주장, 간청

The man's lawyer entered a **plea** of not guilty before the court.
그 남자의 변호사는 의뢰인이 무죄라는 주장을 법원에 제출했다.

☐ token ☐ nasty ☐ refund ☐ masterpiece ☐ plea

Day 48

1416. sober
[sóubər]

a. 술에 취하지 않은 ↔ **drunk**, 진지한 = **serious**

You promised me you'd stay **sober** tonight.
오늘 밤은 술 안 마시기로 약속했잖아요.

1417. cosmetic
[kazmétik / kɔz-]

cosmetics *n.* 화장품

a. 겉모습의 = **superficial**, 성형의

He broke several teeth and had to get dental **cosmetic** work.
그는 이 몇 개가 부러져서 치아 성형을 받아야 했다.

1418. fulfill
[fulfíl]

fulfillment *n.* 완수

v. 이룩하다 = **achieve**, 충족하다 = **satisfy**

Schools should **fulfill** the needs of poorer children, giving them a chance in society.
학교는 빈곤층 아동이 필요로 하는 것을 만족시켜 주고 그들에게 사회 진출의 기회를 주어야 한다.

1419. mandate
[mǽndeit]

mandatory *a.* 의무적인

n. 임기, 권한 *v.* 규정하다

The law **mandates** that all meat be labeled with its place of origin.
모든 고기에는 원산지 표시를 붙이도록 법으로 규정되어 있다.

1420. overtake
[òuvərtéik]

v. ~보다 앞서다, 추월하다 = **pass**, **outstrip**

The Internet will soon **overtake** television as the most popular form of entertainment.
곧 있으면 인터넷이 가장 인기 있는 오락거리로서 텔레비전을 앞지를 것이다.

1421. blossom
[blásəm / blɔ́s-]

n. v. 꽃(피다) = **bloom**

The roses **blossomed** last week.
지난주에 장미꽃이 피었다.

☐ sober ☐ cosmetic ☐ fulfill ☐ mandate ☐ overtake ☐ blossom

1422. prosperous
[práspərəs / prɔ́s-]
prosper v. 번창하다
prosperity n. 번영

a. 번창하는, 성공한 = **affluent**

After the war, Germany became one of Europe's most **prosperous** countries. 세계대전 이후 독일은 유럽에서 가장 번영하는 국가 중 하나가 되었다.

1423. relaxation
[rìːlækséiʃən]
relax v. 긴장을 풀다

n. 휴식, 취미활동, 긴장 풀기, 완화

Try to keep a balance between work and **relaxation**. 일과 휴식 사이의 균형을 유지하려고 노력해라.

1424. intersection
[ìntərsékʃən]

n. 교차로

The traffic lights at the **intersection** are out of order. 그 교차로의 신호등이 고장 났다.

1425. insider
[ìnsáidər]

n. 조직의 내부인 ↔ **outsider**

Gary is an **insider** with the mayor; Gary and the mayor have been good friends for many years. 게리는 시장의 편에 있는 사람이다. 게리와 시장은 오랫동안 친한 친구 사이였다.

1426. fuss
[fʌs]

n. 야단법석, 호들갑

I don't know what all the **fuss** is about. 대체 무슨 난리인지 모르겠다.

1427. tourism
[túərizəm]
tourist n. 관광객

n. 관광, 관광업

The province is heavily dependent on **tourism**. 그 군은 관광업에 크게 의존하고 있다.

☐ prosperous ☐ relaxation ☐ intersection ☐ insider ☐ fuss ☐ tourism

Day 48

1428. **runway**
[rʌ́nwèi]

n. 활주로, 패션쇼 무대 = **catwalk**
The plane coasted down the **runway**.
비행기가 엔진을 끈 상태에서 활주로를 달렸다.

1429. **condominium**
[kàndəmíniəm / kɔ̀n-]

n. 콘도 (건물 또는 하나의 호수), 아파트 = **condo**
She owns a two-bedroom **condominium** in that building. 그녀는 저 건물에 침실 두 개짜리 콘도를 갖고 있다.

1430. **dental**
[déntl]

dentist *n.* 치과의사

n. 치아의, 치과의
I've got a **dental** appointment at 2 o'clock.
나는 2시에 치과 진료 예약이 있다.

1431. **infant**
[ínfənt]

infancy *n.* 유아기

n. 아기, 유아
He was seriously ill as an **infant**.
그는 아기였을 때 많이 아팠다.

1432. **freelance**
[fríːlæns / -láːns]

freelancer *n.* 자유직 종사자

a. 소속 없이 일하는, 자유직의
n. 자유직 종사자 = **freelancer**
She earns her living as a **freelance** interpreter.
그녀는 무소속 통역사로 일해서 생계를 유지한다.

1433. **limousine**
[líməzìːn]

n. 공항 셔틀버스, 대형 고급 승용차 = **limo**
The movie star arrived at the theater in a chauffeured **limousine**.
그 영화계 스타는 운전사가 딸린 리무진을 타고 극장에 도착했다.

☐ runway ☐ condominium ☐ dental ☐ infant ☐ freelance ☐ limousine

Advanced Stage

1434. commodity
[kəmádəti / -mɔ́d-]

n. 상품, 일용품 = **item, article**

Crude oil is the most important **commodity** in the Middle East.
원유는 중동 지역에서 가장 중요한 상품이다.

1435. outlook
[áutlùk]

n. 전망 = **prospect**, 관점, 태도 = **attitude**

The **outlook** for the weekend is cold and snowy.
주말에는 춥고 눈이 올 것으로 예상됩니다.

1436. naughty
[nɔ́:ti / ná:ti]

a. 버릇없는, 짓궂은 = **risque**

It's unfair to label such a small baby as **naughty**.
저렇게 어린 아이한테 버릇없다는 낙인을 찍는 건 부당하다.

1437. passive
[pǽsiv]
passivity *n.* 수동성

a. 수동적인, 소극적인 ↔ **active**

Emily plays far too **passive** a role in group discussions.
에밀리는 집단 토론에서 너무 소극적인 역할을 한다.
cf. impassive *a.* 무심한

1438. manifest
[mǽnəfèst]
manifestation *n.* 증명

v. 증명하다 = **demonstrate**, 보이다 = **appear**

The symptoms of the disease **manifested** themselves five days later.
그 병의 증상은 5일 후에 나타났다.

1439. cue
[kju:]

n. 신호, 큐 사인 = **signal** *v.* 신호를 주다

The film director pointed at the actors as a **cue** for them to start acting. 영화감독은 배우들을 손가락으로 가리켜 연기를 시작하라는 신호를 보냈다.

☐ commodity ☐ outlook ☐ naughty ☐ passive ☐ manifest ☐ cue ☐ sanction

1440. **sanction** [sǽŋkʃən]

n. 인허가 = **authorization**, 제재 = **penalty**
v. 허가하다, 제재하다

The government has **sanctioned** a further cut in interest rates. 정부는 이자율의 추가 인하를 인가했다.

Day 48 EXERCISE

A 영어는 우리말로, 우리말은 영어로 옮기시오.

1. cue
2. manifest
3. naughty
4. outlook
5. commodity
6. freelance
7. infant
8. dental
9. insider
10. blossom
11. 인허가
12. 콘도
13. 공항 셔틀버스
14. 활주로
15. 관광
16. 호들갑
17. 교차로
18. 번창하는
19. 추월하다
20. 걸작

B 다음 중 알맞은 어휘를 고르시오.

1. ⓐ passive / ⓑ negative] smoking ▶ 간접흡연

2. claim a [ⓐ refill / ⓑ refund] ▶ 환불을 요구하다

3. The man's lawyer entered a _____ of not guilty before the court.
   ⓐ charge ⓑ petition ⓒ plead ⓓ plea

정답 **A** 1. 신호 2. 증명하다 3. 짓궂은 4. 전망 5. 상품 6. 자유직 종사자 7. 아기 8. 치아의 9. 내부인 10. 꽃 11. sanction 12. condominium 13. limousine 14. runway 15. tourism 16. fuss 17. intersection 18. prosperous 19. overtake 20. masterpiece **B** 1. ⓐ 2. ⓑ 3. ⓓ

1441. **neighboring**
[néibəriŋ]

a. 이웃해 있는, 바로 옆에 있는 = **nearby**

The fair attracted thousands of people from **neighboring** towns and villages.
그 박람회는 인근 도시와 촌락에서 수천 명의 사람들을 불러들였다.

1442. **intolerable**
[intálərəbəl / -tɔ́l-]

intolerably ad. 못 견딜 만큼
intolerant a. 참을성이 없는
tolerate v. 견디다

a. 견딜 수 없는, 참기 힘든 = **unbearable**

The heat and humidity were **intolerable**.
더위와 습도가 견디기 힘들었다.

1443. **allege**
[əlédʒ]

allegation n. 혐의
allegedly ad. 들리는 말로는

v. (근거 없이) 주장하다, 혐의를 씌우다 = **accuse**

The prosecution **alleged** that she was driving while drowsy.
검찰은 그녀가 졸음운전을 했다고 주장했다.

1444. **nutrition**
[nju:tríʃən]

nutritional a. 영양의
nutritious a. 영양 많은
nutrient n. 영양분

n. 영양, 영양 공급

The body requires proper **nutrition** in order to maintain itself.
몸은 자신을 유지하기 위해 적절한 영양 공급을 필요로 한다.

1445. **momentary**
[móuuməntèri / -təri]

momentarily ad. 잠시

a. 잠깐 동안의, 한 순간의 = **brief**

A **momentary** lapse in the final set cost the team the match.
그 팀은 마지막 세트에서 잠깐 방심하는 바람에 경기를 졌다.

☐ neighboring ☐ intolerable ☐ allege ☐ nutrition ☐ momentary

Day 49

1446. deceive
[disíːv]
deceit *n.* 속임
deception *n.* 속임
deceptive *a.* 속이는

v. 속이다, 착각을 일으키다 = **mislead**

His wife has been **deceiving** him for years.
그의 아내가 오랫동안 그를 속여 왔다.

1447. hospitable
[háspitəbəl / hɔ́s-]
hospitality *n.* 환대, 접대

a. 대접을 잘 하는, 다정히 맞이하는 = **welcoming**

They are a very **hospitable** couple to both friends and strangers.
그들은 친구와 낯선 사람들 모두에게 대접을 잘 하는 부부이다.

1448. quicken
[kwíkən]

v. 빨라지다, 빠르게 하다, 활발해지다

Interest in the idea has **quickened** recently.
최근 그 생각에 대한 관심이 증가했다.

1449. temptation
[temptéiʃən]
tempt *v.* 유혹하다

n. 유혹

I found the **temptation** to miss the class too hard to resist.
나는 수업을 빼먹고 싶은 유혹을 견디기가 너무 힘들었다.

1450. modernize
[mádərnàiz]
modernization *n.* 현대화

v. 현대화하다, 갱신하다 = **update**

The company is investing $40 million to **modernize** its factories.
그 회사는 공장을 현대화하기 위해 4천만 달러를 투자하고 있다.

1451. pregnant
[préɡnənt]
pregnancy *n.* 임신

a. 임신한

I gave up my seat to a **pregnant** woman in the subway. 나는 지하철에서 임신한 여자에게 자리를 양보했다.

☐ deceive ☐ hospitable ☐ quicken ☐ temptation ☐ modernize ☐ pregnant

Advanced Stage

1452. **warrant**
[wɔ́(:)rənt / wár-]
warranty n. 품질 보증서

n. 보증, 영장

The police officer has a **warrant** for his arrest.
경찰관은 그의 체포 영장을 가지고 있다.

1453. **spokesperson**
[spoúkpə̀ːrsən]

n. 대변인

A government **spokesperson** made a statement to the press.
정부 대변인이 언론에 성명서를 발표했다.

1454. **multiple**
[mʌ́ltəpəl]

a. 많은, 다수의

I've been issued a **multiple** entry visa.
나는 복수 입국 비자를 발급받았다.

1455. **audit**
[ɔ́ːdit]
auditor n. 감사원

n. 회계 감사, 검사 v. 회계 감사를 하다

An accountant did a year-end **audit** of our financial records.
회계사가 우리의 금전출납 기록에 대한 연말 감사를 했다.

1456. **flyer**
[fláiər]

n. 전단지, 광고지 = **bill**, **leaflet**,
   비행기 승객 = **flier**

People were giving out **flyers** advertising the event. 그 행사를 홍보하는 전단지를 나누어주고 있었다.

1457. **guideline**
[gáidlàin]

n. 지침, 정책 = **policy**

The teacher gave us **guidelines** for writing our paper; it had to be double-spaced and 12-15 pages long. 선생이 우리에게 보고서 작성 지침을 주었다. 행간 200%에 길이는 12-15페이지였다.

☐ warrant ☐ spokesperson ☐ multiple ☐ audit ☐ flyer ☐ guideline

Day 49

1458. **certification**
[sə́ːrtifəkeiʃən]

certify *v.* 증명하다
certificate *n.* 증명서, 합격증

n. 증명, 자격증

She has her **certification** as an English teacher.
그녀는 영어 교사 자격증을 가지고 있다.

1459. **embassy**
[émbəsi]

n. 대사관

A crowd began to collect in front of the **embassy**.
대사관 앞에 사람들이 모여들기 시작했다.

1460. **tenant**
[ténənt]

n. 세입자 ↔ **landlord**

Under the provisions of the lease, the **tenant** is responsible for repairs.
임대차 계약에 의거하여 수리의 책임은 세입자에게 있다.

1461. **breakthrough**
[bréikθrùː]

n. 획기적인 발전, 돌파구

The discovery was perceived as a significant **breakthrough**.
그 발견은 큰 의미가 있는 계기라고 인식되었다.

1462. **conditional**
[kəndíʃənəl]

condition *n.* 조건

a. 조건이 붙은, 조건부의 ↔ **unconditional**

Our purchase of the house is **conditional** upon our making the first payment on it by tomorrow.
우리가 그 집을 구입하는 조건은 내일까지 집값의 첫 번째 대금을 치르는 것이다.

1463. **punctual**
[pʌ́ŋktʃuəl]

punctuality *n.* 시간 엄수

a. 시간을 잘 지키는

He was **punctual**; he arrived at 11:00 on the dot.
그는 시간을 칼같이 지켰다. 정확히 11시에 왔다.

☐ certification ☐ embassy ☐ tenant ☐ breakthrough ☐ conditional ☐ punctual

1464. console
[kənsóul]

consolation *n.* 위로

v. 위로하다 = **comfort** *n.* 제어장치, 콘솔

A priest was called in to **console** victims' families.
희생자의 가족들을 위로하기 위해 목사를 불러 왔다.

1465. imbalance
[imbǽləns]

n. 불균형 ↔ **balance**

There is an **imbalance** in my diet; I should eat more vegetables and less fat. 내 식생활은 균형이 맞지 않는다. 채소를 더 먹고 지방 섭취를 줄여야겠다.

1466. circuit
[sə́ːrkit]

n. 순회, 한 바퀴 돎, 회로

Yona did a **circuit** around the ice rink.
연아는 빙상 경기장을 한 바퀴 돌았다.

1467. presume
[prizúːm]

presumption *n.* 추정

v. 짐작하다, 추정하다 = **assume**

In the law, a person is **presumed** innocent until proven guilty.
법적으로 유죄가 입증될 때까지는 무죄로 간주된다.

1468. sincerely
[sinsíərli]

sincere *a.* 진실한

ad. 진심으로, 진실로

I **sincerely** believe that he won't let me down.
그가 나를 실망시키지 않을 거라고 진심으로 믿는다.

1469. proficient
[prəfíʃənt]

proficiency *n.* 능숙함

a. 능숙한, 유창한 = **fluent**

She's a reasonably **proficient** driver.
그녀는 운전 솜씨가 꽤나 능숙하다.

☐ console ☐ imbalance ☐ circuit ☐ presume ☐ sincerely ☐ proficient ☐ outrage

1470. **outrage**
[áutrèidʒ]

outrageous
a. 황당한, 충격적인

n. 격분, 횡포, 참사 = **atrocity**

The mayor's decision to demolish the buildings is an **outrage**.
그 건물들을 철거하기로 한 시장의 결정은 횡포이다.

Day 49　EXERCISE

A 영어는 우리말로, 우리말은 영어로 옮기시오.

1. nutrition _____
2. proficient _____
3. presume _____
4. console _____
5. punctual _____
6. conditional _____
7. breakthrough _____
8. guideline _____
9. multiple _____
10. pregnant _____
11. 진심으로 _____
12. 회로 _____
13. 불균형 _____
14. 세입자 _____
15. 대사관 _____
16. 자격증 _____
17. 전단지 _____
18. 회계 감사 _____
19. 대변인 _____
20. 영장 _____

B 다음 중 알맞은 어휘를 고르시오.

1. a [ⓐ momentary / ⓑ momentous] lapse of concentration ▶ 잠시 집중력이 흐트러짐

2. The heat and humidity were [ⓐ intolerant / ⓑ intolerable].

3. The mayor's decision to demolish the buildings is a(n) _____.
   ⓐ rage　ⓑ charity　ⓒ outburst　ⓓ outrage

정답　**A** 1. 영양　2. 유창한　3. 추정하다　4. 위로하다　5. 시간을 잘 지키는　6. 조건부의　7. 돌파구　8. 지침　9. 많은　10. 임신한　11. sincerely　12. circuit　13. imbalance　14. tenant　15. embassy　16. certification　17. flyer　18. audit　19. spokesperson　20. warrant　**B** 1. ⓐ　2. ⓑ　3. ⓓ

Day 50

1471. **standstill**
[stǽndstìl]

n. 마비, 중단 = **halt**

Traffic in the southbound lane is at a complete **standstill**.
남쪽방향 차선의 교통은 완전히 마비 상태이다.

1472. **short-cut**
[ʃɔːrt kʌt]

n. 지름길, 요령

Some people say that there are useful **short-cuts** to learning English.
어떤 사람들은 영어를 배우는 유용한 요령이 있다고 말한다.

1473. **second-hand**
[sékənd hand]

a. 중고의 = **used**, 남에게 얻어들은 *ad.* 중고로

Do you know anywhere I can buy a **second-hand** computer? 중고 컴퓨터를 살 수 있는 데 아세요?

1474. **straightforward**
[strèitfɔ́ːrwərd]

straightforwardness *n.* 쉬움, 솔직함

a. 쉬운, 솔직한

A **straightforward** person is easy to do business with. 솔직한 사람과는 일을 같이 하기가 쉽다.

1475. **aim**
[eim]

n. 목표 = **goal**, **object** *v.* 겨누다, 목표로 삼다

We **aim** to improve opportunities for the less advantaged in society.
우리는 사회의 소외 계층에게 더 많은 기회를 제공한다는 목표를 갖고 있다.

☐ standstill ☐ short-cut ☐ second-hand ☐ straightforward ☐ aim

Day 50

1476. fruitful
[frúːtfəl]

a. 결실을 맺는, 성과가 있는
= **productive** ↔ **fruitless**

So far, the investigation has not been very **fruitful**. 지금까지는 조사로 얻은 성과가 별로 없었다.

1477. cholesterol
[kəléstəròul / -ròl]

n. 콜레스테롤

Scientists have established a connection between **cholesterol** level and heart disease.
과학자들은 콜레스테롤 수치와 심장병 간의 상관관계를 규명했다.

1478. brief
[briːf]

a. 간단한, 짧은 시간의

Each student is to write a **brief** outline of the book. 학생은 전원 그 책에 대한 간결한 요약문을 써야 한다.

1479. exaggerate
[igzǽdʒərèit]

exaggeration *n.* 과장

v. 과장하다

It isn't that she lied, but she did tend to **exaggerate**.
그녀가 거짓말을 했다는 말은 아닌데, 확실히 과장하기는 했다.

1480. slash
[slæʃ]

v. 긋다 = **slit**, 대폭 줄이다

The budget has been **slashed** by half.
예산이 절반으로 삭감되었다.

1481. tumor
[tjúːmər]

n. 종양

The **tumor** had not spread to other areas of the body. 그 종양은 다른 신체 부위로 퍼지지는 않았다.

☐ fruitful ☐ cholesterol ☐ brief ☐ exaggerate ☐ slash ☐ tumor

Advanced Stage

1482. skyrocket
[skai-ràkit / -rɔ̀k-]

v. 급증하다, 급등하다 = **surge**

The price of my apartment **skyrocketed** from $200,000 to $350,000 in two years.
내 아파트 값이 2년 사이에 20만 달러에서 35만 달러로 급격히 치솟았다.

1483. infection
[infékʃən]

infect v. 감염시키다

n. 감염

Dressings are changed three times hourly to help prevent **infection**.
감염 예방을 돕기 위해 3시간마다 붕대를 교체한다.

1484. changeable
[tʃéindʒəbəl]

changeability n. 가변성

a. 변할 수 있는, 자주 바뀌는 = **unpredictable**

The weather in this region is very **changeable** at this time of year.
매년 이맘 때 이 지역의 날씨는 변화가 무척 심하다.

1485. sort
[sɔːrt]

n. 종류 v. 분류하다

This **sort** of problem is quite common.
이러한 종류의 문제는 상당히 흔하다.

1486. anxious
[ǽŋkʃəs]

anxiety n. 열망, 걱정

a. 열망하는, 걱정하는

He is **anxious** to finish school and get a job.
그는 어서 학교를 마치고 취직을 하고 싶어 한다.

1487. express
[iksprés]

a. 급행의, 속달의 ad. 속달로

I'd like to send this **express**, please.
이것을 속달로 부치고 싶습니다.

☐ skyrocket ☐ infection ☐ changeable ☐ sort ☐ anxious ☐ express

Day 50

1488. notification
[nòutəfikéiʃən]
notify *v.* 통보하다

n. 통보, 통지

You should receive **notification** of our decision in the next week.
다음 주에 저희가 결정한 사항을 통보받으실 것입니다.

1489. prospective
[prəspéktiv]
prospect *n.* 전망

a. 가능성 있는 = **potential**,
곧 있을 = **forthcoming**

Her **prospective** employment with the company will be decided next week.
그녀가 그 회사에 입사할지 여부는 다음 주에 결정될 것이다.

1490. presumably
[prizú:məbəl]
presume *v.* 추정하다

ad. 아마도, 추측컨대 = **probably**

Presumably he has received the parcel by now, since I mailed it last week.
내가 소포를 지난주에 보냈으니 그가 지금쯤은 받았을 것이다.

1491. envelope
[énvəlòup / á:n-]

n. 봉투

There was an **envelope** containing dollar bills on the table.
탁자 위에 달러 지폐가 든 봉투가 놓여 있었다.

1492. attendance
[əténdəns]
attend *v.* 출석하다

n. 출석, 참석자 수

There was an **attendance** of 55 at the meeting.
회의에 참석한 인원은 55명이었다.

1493. anticipation
[æntìsəpéiʃən]
anticipate *v.* 기대하다

n. 기대, 예상 = **expectation**

I waited in eager **anticipation** for him to arrive.
나는 그가 도착하기를 간절한 마음으로 기다렸다.

☐ notification ☐ prospective ☐ presumably ☐ envelope ☐ attendance ☐ anticipation

1494. rust
[rʌst]
rusty *a.* 녹슨

n. 녹 *v.* 녹슬다 = **corrode**

The car was covered with **rust**.
차에 잔뜩 녹이 슬어 있었다.

1495. bare
[bɛər]
barely *ad.* 거의 ~않다

a. 벌거벗은 = **naked**, 텅 빈

He hunted a boar with his **bare** hands.
그는 맨손으로 멧돼지를 잡았다.

1496. lust
[lʌst]
lustful *a.* 성욕이 강한

n. 성욕, 욕망 = **desire**, **passion**

He has a real **lust** for life.
그는 삶에 대한 의욕이 강하다.

1497. cite
[sait]
citation *n.* 인용

v. 인용하다 = **quote**, 언급하다

It is necessary to **cite** examples to support your argument.
자신의 주장을 뒷받침하려면 예를 드는 것이 필요하다.

1498. literary
[lítərèri]
literature *n.* 문학, 문헌

a. 문학의, 문어적인 ↔ **colloquial**

The writer is said to really have turned Korean into a **literary** language.
그 작가는 사실상 한국어를 문학적 언어로 바꾼 사람이라고들 한다.

1499. fate
[feit]

n. 운명, 운 = **destiny**

The twins did not suffer the same **fate**.
그 쌍둥이는 같은 운명을 겪지 않았다.

☐ rust ☐ bare ☐ lust ☐ cite ☐ literary ☐ fate ☐ consulate

Day 50

1500. consulate
[kánsəlit / kɔ́nsjul-]

consul *n.* 영사

n. 영사관

Many countries have **consulates** in Seoul to help their citizens.
많은 나라에서 자기네 국민들을 돕기 위해 서울에 영사관을 두고 있다.

Day 50 EXERCISE

A 영어는 우리말로, 우리말은 영어로 옮기시오.

1. literary _____
2. cite _____
3. lust _____
4. anticipation _____
5. attendance _____
6. presumably _____
7. prospective _____
8. notification _____
9. anxious _____
10. changeable _____
11. 영사관 _____
12. 운명 _____
13. 벌거벗은 _____
14. 녹슬다 _____
15. 봉투 _____
16. 감염 _____
17. 급증하다 _____
18. 종양 _____
19. 과장하다 _____
20. 지름길 _____

B 다음 중 알맞은 어휘를 고르시오.

1. ⓐ sort / ⓑ kind the mail ▶ 우편물을 분류하다

2. Do you know anywhere I can buy a ⓐ secondary / ⓑ second-hand computer?

3. Traffic in the southbound lane is at a complete _____ .
   ⓐ stand-up ⓑ standstill ⓒ fuss ⓓ drawback

정답 **A** 1. 문학의 2. 인용하다 3. 욕망 4. 기대 5. 출석 6. 아마도 7. 가능성 있는 8. 통보 9. 열망하는 10. 변할 수 있는
11. consulate 12. fate 13. bare 14. rust 15. envelope 16. infection 17. skyrocket 18. tumor 19. exaggerate
20. short-cut **B** 1. ⓐ 2. ⓑ 3. ⓑ

MEMO